[Wissen für die Praxis]

Weiterführend empfehlen wir:

Zuwendungsrecht für die Praxis in Bund, Ländern und Gemeinden
ISBN: 978-3-8029-1832-2

E-Mail: WALHALLA@WALHALLA.de
https://www.WALHALLA.de

Walhalla Fachverlag · Haus an der Eisernen Brücke · 93042 Regensburg
Telefon 0941 5684-0 · Telefax 0941 5684-111

DVWE
Deutscher Verband der Wirtschaftsförderungs- und Entwicklungsgesellschaften e.V.

WALHALLA

Kommunale und regionale Wirtschaftsförderung als Erfolgsfaktor

Ein Handbuch für die Praxis

Bibliografische Information der Deutschen Nationalbibliothek
Die Deutsche Nationalbibliothek verzeichnet diese Publikation in der Deutschen Nationalbibliografie; detaillierte bibliografische Daten sind im Internet über www.dnb.de abrufbar.

Zitiervorschlag:
DVWE, Wirtschaftsförderung,
Walhalla Fachverlag, Regensburg 2025

Walhalla
Mediengruppe

WALHALLA – eine Marke der Walhalla Mediengruppe

Angabe 1. Auflage
Rechtsstand: Juli 2025

Kontakt bei Fragen zur Produktsicherheit:
Walhalla u. Praetoria Verlag GmbH & Co. KG, Haus an der Eisernen Brücke,
93042 Regensburg, E-Mail: produktsicherheit@walhalla.de, Telefon: 0941 5684-0

Produktion: Walhalla Mediengruppe, Regensburg
Umschlaggestaltung: Grubergrafik, Augsburg
Printed in Germany
ISBN 978-3-8029-1516-1

Zur Walhalla Mediengruppe gehören die Marken WALHALLA, Deichmann+Fuchs, metropolitan und Annual Multimedia Award.

Schnellübersicht

Abbildungsverzeichnis

Abkürzungen

Abkürzung	Bezeichnung
Abs.	Absatz
Anm.	Anmerkung
Art.	Artikel
Aufl.	Auflage
AWZ	Ausschließliche Wirtschaftszone
BauGB	Baugesetzbuch
BI	Business Intelligence
B-Plan	Bebauungsplan
bzw.	beziehungsweise
CRM	Customer Relationship Management
DACH	Deutschland, Österreich, Schweiz
d. h.	das heißt
DVWE	Deutscher Verband der Wirtschaftsförderungs- und Entwicklungsgesellschaften
Ed.	Edition
e. g.	exempli gratia
etc.	et cetera
ESG	Environmental, Social and Governance
EU	Europäische Union
EUR	Euro
e. V.	eingetragener Verein
evtl.	eventuell
f./ff.	folgende [Seite/Seiten]
F-Plan	Flächennutzungsplan
GG	Grundgesetz
ggf.	gegebenenfalls
GmbH	Gesellschaft mit beschränkter Haftung
ha	Hektar
IAB	Institut für Arbeitsmarkt- und Berufsforschung
i. d. R.	in der Regel
i. H. v.	in Höhe von
IHK	Industrie- und Handelskammer
i. S./i. S. d./i. S. v.	im Sinne/im Sinne des (der)/im Sinne von
i. V. m.	in Verbindung mit
KI	Künstliche Intelligenz
km^2	Quadratkilometer
KMU	kleine und mittlere Unternehmen

Abkürzung	Bezeichnung
KPI	Key Performance Indicator
m^2	Quadratmeter
max.	maximal
MINT	Mathematik, Informatik, Naturwissenschaften, Technik
Mio.	Millionen
Nr./Nrn.	Nummer/Nummern
o. Ä.	oder Ähnliches
OKR	Objectives and Key Results
PMI	Project Management Institutes
ROG	Raumordnungsgesetz
S.	Seite
SMART	spezifisch, messbar, attraktiv, realistisch, terminiert
sog.	sogenannte/n/r/s
SWOT	Strengths, Weaknesses, Opportunities, Threats
TöB	Träger öffentlicher Belange
u. a.	unter anderem
usw.	und so weiter
u. U.	unter Umständen
vgl.	vergleiche
WFG	Wirtschaftsförderungsgesellschaft
WMG	Wolfsburg Wirtschaft und Marketing GmbH
z. B.	zum Beispiel

Vorwort

Kommunale und regionale Wirtschaftsförderung im Zeitalter globaler Transformationen

Wir erleben derzeit eine Zeit beispielloser Umbrüche: Globale Megatrends wie Klimawandel, Digitalisierung, geopolitische Verschiebungen, der Wandel der industriellen Wertschöpfung und die Transformation hin zu einer nachhaltigen Wirtschaftsweise prägen zunehmend auch die lokale und regionale Ebene. Gemeinden, Städte, Landkreise und Regionen stehen unter wachsendem Druck, sich zukunftssicher aufzustellen und aktiv neue Wege der Entwicklung zu gestalten. Auch wenn viele Entwicklungen zumindest zum Teil auf nationaler oder gar internationaler Ebene ausgelöst und bestimmt werden: In diesem Umfeld kommt der kommunalen und regionalen Wirtschaftsförderung eine zentrale Rolle zu.

Dieser Praxisleitfaden richtet sich insbesondere an praktizierende Wirtschaftsförderinnen und Wirtschaftsförderer, die ihre tägliche Arbeit professionalisieren und für neue Anforderungen wappnen möchten, aber ebenso an Studierende und Absolventinnen und Absolventen einschlägiger Studiengänge, die sich auf eine Tätigkeit in der Wirtschaftsförderung vorbereiten. Und er bietet darüber hinaus politischen Entscheidungsträgern, den Mitarbeitenden in Verwaltungen oder sonstigen standortbezogen Agierenden oder Interessierten Orientierung, die für wirtschaftsnahe Aufgabenbereiche verantwortlich sind oder die Bedeutung moderner Wirtschaftsförderung für die Entwicklung ihrer Kommune erkennen und fördern wollen.

Globale Entwicklungen – lokale Verantwortung

Denn die Auswirkungen aktueller globaler und großräumiger Entwicklungen sind auf lokaler Ebene nicht nur längst spürbar – sie bedürfen auch zumindest der Reaktion, besser noch des lokalen Mitgestaltens und Handelns:

- Der Klimawandel und die daraus resultierenden Verpflichtungen zu Klimaschutz und Anpassungsmaßnahmen erfordern tiefgreifende Veränderungen in Infrastruktur, Produktion und Mobilität. Wirtschaftsförderung wird zur Mitgestalterin nachhaltiger, ressourcenschonender Wirtschaftsstrukturen.
- Die Transformation der Energiewirtschaft hin zu erneuerbaren Energien verändert Standortfaktoren grundlegend. Kommunen,

die aktiv in grüne Technologien und nachhaltige Versorgungssysteme investieren, verschaffen sich Wettbewerbsvorteile – Wirtschaftsförderung wird hier zur Wegbereiterin.

- Deindustrialisierung und Strukturwandel fordern Regionen heraus, neue Branchen und Zukunftsmärkte zu erschließen. Besonders industrielle Standorte müssen durch gezielte Innovationsförderung und Transformationsoffensiven weiterentwickelt werden.
- Globale Wertschöpfungs- und Lieferketten werden durch geopolitische Umbrüche, Handelskonflikte und Krisen neu strukturiert. Resiliente regionale Wertschöpfungsketten zu stärken, wird zu einem strategischen Ziel, das Wirtschaftsförderung aktiv unterstützt.
- Digitalisierung und technologische Innovationen wie KI, Robotik und Plattformökonomie revolutionieren Geschäftsmodelle, Arbeitsweisen und Standortanforderungen. Wirtschaftsförderung muss Innovationen nicht nur begleiten, sondern selbst innovationsfähig sein.
- Demografischer Wandel und Fachkräftemangel machen Regionen nur dann zukunftsfähig, wenn sie gezielt in Bildung, Qualifizierung, Internationalität und attraktive Standortbedingungen investieren – ein zentrales Aufgabenfeld moderner Wirtschaftsförderung.

Aufgaben- und Rollenverständnis der Wirtschaftsförderung im Wandel

Vor diesem Hintergrund verändert sich auch das Berufsbild dynamisch: Wirtschaftsförderung ist heute weit mehr als Bestandsmanagement und klassische Ansiedlungsförderung. Sie entwickelt sich zur integrativen Gestaltungsinstanz an der Schnittstelle von Politik, Verwaltung, Wirtschaft, Wissenschaft und Gesellschaft.

Moderne Wirtschaftsförderinnen und Wirtschaftsförderer übernehmen i. d. R. gleich mehrere und auch unterschiedliche und wechselnde Rollen wie z. B. als:

- strategische Standortentwickler, die Entwicklungsstrategien im Kontext globaler Herausforderungen formulieren und umsetzen,

- Innovationsmanager, die Innovationsökosysteme initiieren und begleiten,
- Transformationsberater, die Unternehmen auf dem Weg zur klimaneutralen, digitalen Wirtschaft unterstützen,
- Netzwerkmanager, die regionale Kooperationen, Cluster und Partnerschaften aufbauen und moderieren,
- Krisenmanager, die flexibel auf externe Schocks wie Lieferkettenstörungen, Wirtschaftskrisen oder Naturkatastrophen reagieren,
- Kommunikationsprofis, die komplexe Transformationsprozesse vermitteln und Akzeptanz schaffen.

Diese Vielschichtigkeit macht Wirtschaftsförderung heute zu einem hochinteressanten und herausfordernden Berufsfeld mit großem Gestaltungsspielraum – erfordert jedoch auch eine breite Wissensbasis, methodische Kompetenz, Innovationsfreude und die Bereitschaft zum lebenslangen Lernen.

Ziel und Aufbau dieses Handbuchs

Dieses Handbuch wurde inhaltlich von 16 Expertinnen und Experten der kommunalen und regionalen Wirtschaftsförderung gestaltet, allesamt berufserfahren und praxiserprobt, zumeist in Führungs- und Gestaltungsverantwortung aktiv. Diese wollen Ihnen in ihrer jeweiligen Rolle eine praxisnahe Unterstützung bieten. Die Autorinnen und Autoren vermitteln dabei:

- die Grundlagen der kommunalen und regionalen Wirtschaftsförderung, einschließlich rechtlicher, politischer und organisatorischer Rahmenbedingungen,
- praxisorientierte Methoden und Instrumente von der Flächenentwicklung über Innovationsförderung bis hin zum Transformationsmanagement,
- Impulse für die strategische und operative Weiterentwicklung von Wirtschaftsförderung in Zeiten globaler Unsicherheit und rascher Veränderung,
- Hinweise auf Kompetenzprofile und Qualifikationsanforderungen sowohl für Berufseinsteiger als auch für erfahrene Fachkräfte,

- zahlreiche Fallbeispiele, Praxistipps und Handlungsempfehlungen, die eine direkte Umsetzung im Arbeitsalltag ermöglichen.

Die Themen reichen dabei von den wesentlichen Grundlagen und Rahmenbedingungen über klassische Aufgaben wie Unternehmensservice, Flächen- und Standortentwicklung sowie -vermarktung bis hin zu neuen Handlungsfeldern wie Digitalisierung der Wirtschaft, Förderung regionaler Innovationsnetzwerke und Resilienzstrategien. Auch Methoden der strategischen Entwicklung von Organisationseinheiten der Wirtschaftsförderung werden beleuchtet.

Zukunft gestalten – Wirtschaft fördern

Wirtschaftsförderung ist im 21. Jahrhundert mehr denn je Zukunftsgestaltung. Sie agiert nicht im luftleeren Raum, sondern ist eingebettet in globale Entwicklungen, lokale Realitäten und gesellschaftliche Erwartungen. Erfolgreiche Wirtschaftsförderung trägt nicht nur zur wirtschaftlichen Stärke einer Region bei, sondern auch zu ihrer ökologischen Verantwortung, sozialen Balance und Innovationsfähigkeit.

Wir laden Sie ein, dieses Handbuch als Anregung, Werkzeug und Kompass zu nutzen – für Ihre tägliche Arbeit, für Ihre persönliche Weiterentwicklung und für die Gestaltung einer nachhaltigen und resilienten wirtschaftlichen Zukunft Ihrer Stadt oder Region.

Wir wünschen Ihnen eine inspirierende Lektüre und viel Erfolg bei Ihrer wichtigen Arbeit.

Über den DVWE

Der Deutsche Verband der Wirtschaftsförderungs- und Entwicklungsgesellschaften e. V. (DVWE) ist die starke Stimme kommunaler und regionaler Wirtschaftsförderungseinrichtungen. Das Ziel des Verbandes ist es, die Interessen seiner Mitglieder und der Wirtschaftsförderung insgesamt engagiert zu bündeln und eine dynamische und nachhaltige Wirtschaft in Deutschland voranzutreiben.

Seit fast 25 Jahren bietet der DVWE ein qualifiziertes Netzwerk für den aktiven Informations- und Erfahrungsaustausch sowie für die Weiterbildung und Beratung bei Fragen rund um aktuelle und zukunftsorientierte Themen der Wirtschafts-, Struktur- und Standortentwicklung.

In gegenwärtig sechs Facharbeitsgruppen werden aktuelle Themen diskutiert sowie Positionspapiere erarbeitet und es wird Stellung zu wichtigen wirtschaftspolitischen und strukturellen Fragestellungen bezogen. In seiner Außenkommunikation sowie in zahlreichen etablierten und auch modernen Veranstaltungsformaten wirkt der DVWE meinungsbildend und entscheidungsfördernd sowohl für seine Mitglieder als auch für Akteure und Entscheidungsträger auf lokaler, regionaler und nationaler Ebene. Das Selbstverständnis ist das eines Impulsgebers und eines lösungsorientierten Akteurs i. S. einer innovativen, nachhaltigen und erfolgreichen Wirtschaftsentwicklung für ganz Deutschland.

Dabei arbeiten Vorstand, Geschäftsstelle und Mitglieder eng mit renommierten Partnern aus Politik, Verwaltung, Wissenschaft, anderen Verbänden und Institutionen zusammen, um Mehrwert zu liefern und Chancen zu eröffnen. Gemeinsam agiert der DVWE als Interessenvertretung gegenüber Politik und Gesellschaft, formuliert fachliche Positionen und gibt richtungsweisende Anregungen zur Entwicklung zielgerichteter Rahmenbedingungen.

Mit großer Leidenschaft, kompetentem Fachwissen und einem klaren Blick auf die Herausforderungen von morgen wird somit eine wettbewerbsfähige und zukunftsweisende Wirtschaft in Deutschland gestaltet. Mehr Informationen zum DVWE finden sich auf der Webseite: www.dvwe.de.

Rolf Kammann, Deutscher Verband der Wirtschaftsförderungs- und Entwicklungsgesellschaften DVWE e. V.

Einführung in die kommunale Wirtschaftsförderung – Rollen finden und eine nachhaltige regionale Verankerung sicherstellen

1. Einführung in die kommunale Wirtschaftsförderung – Rollen finden und eine nachhaltige regionale Verankerung sicherstellen

Michael Stolte, Gesellschaft für Wirtschaftsförderung im Kreis Höxter mbH

1

Die kommunale Wirtschaftsförderung in der Organisationsform von Gesellschaften hat sich im Laufe der Zeit aus verschiedenen Strukturen der kommunalen Verwaltung entwickelt.

1.1 Entwicklung und Definition der kommunalen Wirtschaftsförderung: vom Amt zur multifunktionalen Zukunfts- und Kreativagentur

Ursprünglich war sie häufig als Stabsstelle, z. B. direkt im Büro eines Bürgermeisters oder Landrates, und damit innerhalb der Stadtverwaltung angesiedelt. Diese Stabsstellen dienten als zentrale Anlaufstelle für wirtschaftsbezogene Anliegen, koordinierten Unternehmensanfragen und begleiteten Ansiedlungsprojekte. Mit der zunehmenden Bedeutung und Komplexität ihrer Aufgaben – gerade in Deutschland mit der Wiedervereinigung im Jahr 1990 – wurde die Wirtschaftsförderung insbesondere in größeren Städten und Landkreisen jedoch zunehmend in eigenständige Fachabteilungen überführt. Es begannen auch in vielen Regionen Deutschlands die Überlegungen zur Weiterentwicklung der bisherigen Strukturen der Wirtschaftsförderung in Richtung von privatwirtschaftlich organisierten Gesellschaften (i. d. R. GmbHs), um mit den ortsansässigen Unternehmen „auf Augenhöhe" in den Dialog um die wirtschaftliche Entwicklung des Standorts einzutreten. Ein weiterer Ursprung der Wirtschaftsförderung findet sich in den Bau- und Planungsämtern der Städte und Gemeinden sowie der Landkreise, da viele Projekte eng mit der Flächenentwicklung, der Standorterschließung und der Bebauungsplanung verbunden waren. In diesen Anfängen lag der Schwerpunkt vor allem auf der baulichen Entwicklung, doch mit der Zeit wurde deutlich, dass wirtschaftspolitische Fragestellungen über diese Themen hinausgehen und eine deutlich höhere Relevanz mit Blick auf die wirtschaftliche Entwicklung des Standorts haben. Dies führte ebenfalls zur Ausgliederung in eigene Strukturen. In einigen Fällen waren auch die Finanz- und Steuerämter ausschlaggebend bei den Überlegungen zu den eigenen Strukturen der Wirtschaftsförderung, da diese häufig mit der kommunalen Haushaltsplanung verknüpft war. Hierbei standen vor allem die Steuerung von Investitionen und die Verwaltung von Gewerbesteuern im Vordergrund. Bei allen drei zuvor genannten Ursprüngen für die Aktivitäten einer Kommune oder eines Landkreises zur Professionalisierung der eigenen Wirtschaftsförderungsstrukturen und deren Dienstleistungen ist die wachsende Notwendigkeit, flexibler und unternehmerischer agieren zu können, maßgeblicher Entscheidungsfaktor, der dazu führte, dass schrittweise die Überführung in privatrechtlich organisierte Gesellschaften stattfand.

Hinzunahme von Tourismus-, Stadt- und Standortmarketing in die Organisation der Wirtschaftsförderung

Ein weiterer Bereich, aus dem sich die Wirtschaftsförderung entwickelt hat, sind die Tourismus- und Stadtmarketingabteilungen in den kommunalen Verwaltungsstrukturen. In vielen Kommunen wurde die Vermarktung des Standorts als Lebens- und Arbeitsraum als eher nachgelagertes Entwicklungsziel gesehen. Vielmehr lag der Fokus darauf, dass vor allem das touristische Außenmarketing als deutlich relevanter angesehen wurde. Ab Mitte der 1990er-Jahre wandelte sich diese Sichtweise aber sehr deutlich. Für alle tätigen Akteure auf der Ebene von Städten und Gemeinde, Landkreisen und Regionen wurde nach der Wiedervereinigung der Druck deutlich spürbar, der sich in einigen Bereichen bis hin zu einem fast ruinösen Standortwettbewerb entwickelte – gerade auch durch die Förderangebote in den neuen Bundesländern. Neben Flächenverfügbarkeit, Gewerbesteuer und Erschließungsthemen rückten vermehrt die Fragestellungen zur Attraktivität eines Standorts oder einer Region in den Fokus. Gleiches gilt auch für das touristische Marketing. Dieses entwickelte sich durch ein geändertes Reiseverhalten der Gäste deutlich in Richtung eines touristischen Destinationsmanagements, das multifunktional unterschiedliche Aufgaben des Außen- und Innenmarketings abbildet. Diese zuvor beschriebenen Entwicklungen führten in sehr vielen Fällen dazu, dass die bis dahin gegründeten privatwirtschaftlich organisierten Wirtschaftsförderungen um diese Aufgaben angereichert wurden. Formal oft sogar so weit, dass bestehende Organisationen, z. B. Tourismusmarketingvereine, in die Wirtschaftsförderung formaljuristisch integriert wurden und somit zur heute in ganz vielen Fällen vorhandenen kombinierten Struktur von Wirtschaftsförderungs- und Tourismusmarketinggesellschaften geführt hat.

1

Aufnahme weiterer wirtschaftlicher Megatrends in die Wirtschaftsförderung

Die kommunale Wirtschaftsförderung hat sich in den letzten Jahrzehnten als ein zentrales Instrument der Standortentwicklung etabliert. Die ursprünglich formulierten Aufgaben, wie die Ansiedlung von Unternehmen, die Förderung von Innovationen, die Akquise von Fördermitteln und die Stärkung lokaler Wirtschaftsstrukturen sind immer noch vorhanden, werden aber kontinuierlich durch die wirtschaftlichen Megatrends erweitert. Doch wie entwickelt sich diese Disziplin weiter und wie beeinflusst der gesellschaftliche und wirtschaftliche Wandel ihre Ausrichtung? Die Wirtschaft steht vor einer Reihe von Herausforderungen, die durch globale und technologische Veränderungen sowie durch den demografischen Wandel bedingt sind. In diesem Kontext spielen Megatrends wie Fachkräftesicherung und Fachkräfteentwicklung, Digitalisierung und die Transformation der Wirtschaft eine zentrale Rolle für die Gestaltung der Zukunft. Alle Wirtschaftsförderungen auf ihren unterschiedlichen Aktionsebenen müssen diese Megatrends aktiv in ihre Strategien und Aufgaben integrieren, um Wettbewerbsfähigkeit und Innovation in ihren Wirtschaftsstandorten zu sichern. Die Wirtschaftsförderung ist aufgefordert, Maßnahmen zu entwickeln, die einerseits den Fachkräftemangel in den betroffenen Sektoren adressieren und andererseits die Fachkräfteentwicklung langfristig fördern. Entscheidender Faktor für eine erfolgreiche Unterstützung in diesem wichtigen Thema durch die Wirtschaftsförderung ist die Zusammenarbeit mit anderen Partnern im Netzwerk, dies sind neben den ansässigen Unternehmen, z. B. regionale Bildungseinrichtungen, die institutionellen Akteure der Arbeitsmarktpolitik (Agentur für Arbeit etc.), die Kammerorganisationen und die regionale Hochschullandschaft. Diese Aufzählung ist bei Weitem nicht vollständig und ist immer abhängig von regionalen Besonderheiten, die den Aktionsradius einer Wirtschaftsförderung beeinflussen und prägen.

Die Digitalisierung verändert nicht nur die Produktion und den Arbeitsmarkt, sondern auch das Geschäftsmodell vieler Unternehmen. Wirtschaftsförderungen müssen digitale Transformationen aktiv begleiten, um die Wettbewerbsfähigkeit der Unternehmen zu sichern und neue wirtschaftliche Impulse zu setzen. Eine der wichtigsten Aufgaben der Wirtschaftsförderung im Bereich der Digitalisierung ist in vielen Fällen die Begleitung der Städte, Gemeinden und Landkreise beim Ausbau der digitalen Infrastruktur, der insbesondere den flächendeckenden Ausbau von gigabitfähigen Glasfaserinfrastrukturen und 5G-Netzen umfasst, um Unternehmen in der Region eine zukunftsfähige digitale Basis zu bieten. Auch die Förderung von digitalen Gründerzentren, Innovationshubs oder Co-Working-Spaces kann zur Vernetzung von Start-ups, etablierten Unternehmen und Forschungseinrichtungen beitragen und so die digitale Transformation vorantreiben. Darüber hinaus gehört es bei vielen Wirtschaftsförderungen zum Serviceangebot, gezielt über Förderprogramme zu informieren und beratende Unterstützung für Unternehmen bereitzustellen, die digitale Technologien implementieren möchten.

Eine weitere große Herausforderung stellt die wirtschaftliche Transformation für Unternehmen am Standort dar und wird durch eine Vielzahl von Faktoren wie den Klimawandel, demografische Veränderungen und technologische Innovationen vorangetrieben. Wirtschaftsförderungen sind dabei gefordert, die Entwicklung neuer Geschäftsmodelle zu unterstützen und die Transformation hin zu einer nachhaltigeren Wirtschaft zu begleiten. Die Integration von Nachhaltigkeit und grünen Technologien in die Wirtschaft wird zunehmend wichtig, und Wirtschaftsförderungen können durch die umfangreiche Palette von Unterstützungs- und Informationsangeboten für Unternehmen bei der Entwicklung und Implementierung nachhaltiger Technologien einen wichtigen Beitrag leisten. Neben der Förderung nachhaltiger Geschäftsmodelle ist auch die Förderung von Innovationsprozessen entscheidend. Auch in diesem Themenfeld liegt die wesentliche Aufgabe der Wirtschaftsförderung darin, die Unternehmen bei ihren Strategien und Entwicklungen im Kontext innovativer Geschäftsfeldentwicklungen zu unterstützen. Dies kann etwa durch die Einrichtung von Innovations- und Technologiezentren geschehen, die als Inkubatoren für neue Technologien und Geschäftsmodelle dienen. Mit Blick auf die gesellschaftsrechtliche und organisatorische Aufstellung von Wirtschaftsförderungen gehören diese Innovations- und Technologiezentren in vielen Fällen mit zum infrastrukturellen Serviceangebot der jeweiligen Gesellschaft.

1.2 Wirtschaftsförderungsgesellschaften (WFGs) als agile Organisationen und Impulsgeber

1 Um mit den Unternehmen Entscheidungsfindungsprozesse für eine zukunftsgerichtete Standortentwicklung organisieren zu können, braucht es unternehmerisches Denken und Verständnis in der Wirtschaftsförderung. Auch wenn Wirtschaftsförderung eine klassische Querschnittsaufgabe mit vielfältigen Verästelungen und Verbindungen in die jeweiligen Verwaltungsebenen hinein bleiben oder sogar noch zunehmend zu einer solchen werden wird, spricht vieles für privatrechtliche Strukturen, die auch eine entsprechende Experimentier- und Fehlerkultur enthält. Aufsichtsgremien und Beiräte spielen hierbei eine wichtige Rolle; auf der einen Seite in der Wahrnehmung ihrer gesetzlichen Aufsichtspflichten, auf der anderen Seite aber auch als Beratungsgremien im Kontext der Aufgabenbeschreibungen für die Wirtschaftsförderung. Die Wirtschaftsförderung ist einerseits eine freiwillige Aufgabe, andererseits ist sie aber auch Teil der Daseinsvorsorge, da sie elementar für die Standort- und Lebensqualität ist. Vor dem Hintergrund der wachsenden Komplexität und der Verwobenheit der Themen sind agile Arbeitsformen mit interdisziplinären Projektteams ein Schlüssel zum effizienten Ressourceneinsatz. Darüber hinaus ist ein vollständig digitalisiertes Produktportfolio ein „Must-have", auch wenn nach wie vor der persönliche Kontakt eine wichtige Basis für die Zielerreichung darstellt. Die eigene Weiterentwicklungsfähigkeit und die dafür notwendige Offenheit müssen gewährleistet sein, da nur so die komplexeren Herausforderungen angegangen werden können.

Gedanklich ausgehend vom Jahr 1990, dem Jahr der deutschen Wiedervereinigung, wird mit den zuvor gemachten Ausführungen zur Genese und zur kontinuierlichen Weiterentwicklung der Aufgaben und Themen für die kommunale Wirtschaftsförderung deutlich, wie vielschichtig sich das Gesamtthema mittlerweile darstellt. Die nachfolgenden Kapitel beleuchten viele weitere wichtige Details und liefern zusätzliche Informationen.

Aus dem Selbstverständnis der Wirtschaftsförderung heraus seine Rollen sowie Aufgaben finden und inhaltlich ausgestalten

Abgeleitet aus den Aufgaben schlüpft die Wirtschaftsförderung in eine Vielzahl von Rollen. Sie ist Steuerungsinstitution und Koordinator. Sie kann als Mittelstandslotse, Ansprechpartner und Ratgeber bezeichnet werden. Sie ist Vernetzer, Bindeglied, Vermittler und Vermarkter. Sie ist Gestalter, Impulsgeber und Trendsetter. Wirtschaftsförderung ist wie eine Lokomotive, die den „Karren" zieht und die Federführung und kurzfristig auftretende Aufgabenstellungen übernimmt. Und schließlich ist sie auch zunehmend Projektentwickler und -manager. Die Rolle als Mediator, Krisenmanager („Troubleshooter") und Know-how-Manager übernimmt die Wirtschaftsförderung bedarfsorientiert. Wirtschaftsförderung muss auch als Außenvertreter und Standortmanager aufgefasst werden, da der Erfolg des Standorts beeinflusst werden kann. Durch einen proaktiven Wirtschaftsförderungsansatz muss auf weitere Themen eingewirkt werden, sodass auch die Rolle als Profilgestalter eingenommen werden kann. Diese Aufzählung drückt aus, dass die Branche Wirtschaftsförderung neben der Ebenenbetrachtung auch im Rollenbild nicht einheitlich zu fassen ist.

Bei all diesen Rollen muss die Wirtschaftsförderung auch aufpassen, den eigenen Kompass und den Fokus nicht aus den Augen zu verlieren. Zwar ist jeder bestrebt, sich unentbehrlich zu machen. Daraus jedoch eine Allzuständigkeit abzuleiten, trägt nicht zur Profilbildung und zur Stärkung der Wirtschaftsförderung bei. Die Wirtschaftsförderung muss vielmehr die eigene Rolle unter unternehmerischen und regionalen Gesichtspunkten sehen. Die Organisation an sich und die Verankerung als „Mittelpunkt im Netz" ist dabei in den Blick zu nehmen, denn die kooperative Zusammenarbeit ist und bleibt ein wichtiges Element der Wirtschaftsförderung.

Veränderungen bedürfen der Diskussion nach innen und außen. Wenn aber die Wirtschaftsförderung die Rolle als Standortgestalter der Zukunft ausfüllen soll, muss es dafür eine grundsätzliche Positionierung des Standorts geben, für die auch sachliche Auseinandersetzungen mit den Gesellschaftern und politischen Entscheidungsträgern in Kauf genommen und von allen Beteiligten mit der Zielsetzung einer nachhaltige Standortentwicklung geführt werden müssen. Wirtschaftsförderung und Gesellschafter müssen sich immer wieder gemeinsam auf den Weg machen, geeignete Leitbilder und Konzepte für die Regional-, Kreis- und Stadtentwicklung vorzuhalten und diese in regelmäßigen Abständen auch fortzuschreiben. Denn nicht nur die Regelungen des Gesellschaftsvertrags, sondern auch substanzielle Konzepte, wie z. B. Standort-, Regional- oder Kreisentwicklungskonzepte, müssen Leitplanken für die Arbeit der Wirtschaftsförderung sein. In diesem Zusammenhang ist auch zu prüfen, ob die bestehenden Anteilseigner die allein richtigen Akteure sind, um die Herausforderungen der Zukunft vor dem Hintergrund der stärkeren strategischen und ganzheitlichen Ausrichtung angehen zu können.

Eine Herausforderung in diesem Zusammenhang ist die Zuordnung oder gar Abhängigkeit zu bzw. von den Gesellschaftern, sprich im Regelfall von der Politik. Diese erschwert mitunter eine neutrale Wahrnehmung oder Akzeptanz durch einzelne Akteursgruppen, weil die Wirtschaftsförderung zu sehr dem politischen Träger (Landräten, Bürgermeistern usw.) zugeordnet wird. Deshalb muss Wirtschaftsförderung viel und fair mit unterschiedlichen Interessengruppen kommunizieren, sich dadurch ein eigenes Profil zulegen und akzeptanzfördernd agieren.

1.3 Passender Organisationsrahmen als Grundvoraussetzung

Die Struktur folgt der Funktion – ein alter Grundsatz aus dem Projektmanagement ist auch auf die Organisation der Wirtschaftsförderung direkt zu übertragen. An dieser Stelle können allerdings nur allgemeine Aussagen zum Organisationsrahmen gemacht werden, da die Heterogenität der in Deutschland mittlerweile tätigen Wirtschaftsförderungen und den dahinterstehenden Organisationsmodelle zu groß ist, um hier eine umfassende Darstellung zu liefern. Ist die Wirtschaftsförderung in einer privatwirtschaftlichen Rechtsform, z. B. einer GmbH, organisiert, sind per se die klassischen Organisationseinheiten eines Unternehmens vorzufinden, denn das Rechnungs- und Personalwesen, das Controlling, steuerliche Anforderungen, die interne Organisation und Beschaffung und andere Themen müssen organisatorisch abgebildet und bearbeitet werden. Demgegenüber kann eine Wirtschaftsförderung, die z. B. als Stabstelle in einer Verwaltung angesiedelt ist, auf viele zentrale Dienste der Verwaltung zurückgreifen. In diesem Fall muss sie diese Aufgaben nicht in ihren eigenen Strukturen inhaltlich und personell abbilden. Hierdurch kann der Organisationsrahmen für die eigentlichen Kernthemen der Wirtschaftsförderung kleiner gehalten werden.

1.4 Die gewählten Rollen definieren die Organisation

Für die Erstellung eines möglichst optimalen Organisationsrahmens ist es jedoch zwingend erforderlich, diesen von den der Wirtschaftsförderung zugewiesenen Aufgaben und Rollen abzuleiten. Hierbei müssen die Rollen von Politik, Gesellschaftern, Unternehmen und weiteren Stakeholdern klar formuliert werden. Sie können von einer aktiven und gestaltenden Rolle i. S. v. Umsetzung über eine beratende Funktion für die definierten Zielgruppen der Wirtschaftsförderung bis hin zu einer reinen Vernetzungsrolle reichen. Je mehr die aktive Gestaltung von Prozessen und Projekten durch die Wirtschaftsförderung gewollt ist, desto mehr muss sich die abzubildende Organisationsform an den klassischen Organisationsmerkmalen eines Unternehmens und weniger an denen einer Verwaltung ausrichten. Werden z. B. durch die Wirtschaftsförderung eigene Projekte entwickelt, geplant und umgesetzt – dies möglicherweise auch unter Nutzung von Fördermitteln – dann ist die Organisationsform so auszugestalten, dass neben der inhaltlichen Bearbeitung des Projektthemas auch z. B. das Finanzcontrolling, die Berichtslegung sowie das Fördermittelmanagement abgebildet werden können. Neben der fachlichen Perspektive muss somit auch ein organisatorischer „Unterbau" vorhanden sein, der verschiedene Querschnittsaufgaben im Projektgeschäft umsetzt und unterstützt. Ist die Rolle der Wirtschaftsförderung eher eine beratende und vernetzende, kann dieser Unterstützungsbereich eher kleiner ausgestaltet werden. Gut strukturierte Wirtschaftsförderungen zeichnen sich in der Praxis dadurch aus, dass sie einerseits agil sind und somit auch auf kurzfristig an sie delegierte Aufgabenstellungen reagieren können und andererseits intern thematisch und personell in einem hohen Maße fachlich interdisziplinär aufgebaut sind, um ein breites Wissens- und Kompetenzspektrum abzubilden. Gut umzusetzen sind die zuvor formulierten Anforderungen durch ein Organigramm, das sich nach strategischen Geschäftsfeldern gliedert. Neben dem klassischen Unternehmensservice, ggf. einem Fachkräfteservice oder dem Tourismusmarketing, können sich in einer solchen Geschäftsfeldstruktur auch der Bereich Infrastrukturmanagement bzw. das Standortmarketing als integraler Bestandteil wiederfinden. Wichtigste Aufgabe der Leitung oder Geschäftsführung der Wirtschaftsförderung ist es dabei, die Themen, Aufgaben und Projekte der einzelnen Geschäftsfelder einerseits in der Außenwirkung transparent darzustellen und andererseits intern möglichst hohe Synergiepotenziale durch eine gute Kommunikation und Kooperation in der gesamten Organisation sicherzustellen. Gelingt dies, so ergeben sich für die unterschiedlichen Kunden- und Zielgruppen der Wirtschaftsförderung echte Mehrwerte durch direkt wahrnehmbare Dienstleistungen oder eine hohe Qualität von abgefragten Informationen, die z. B. von Unternehmen für Standort- und Investitionsentscheidungen benötigt werden.

Nutzung digitaler Instrumente sichert Erfolg und Effizienz

Um auf Augenhöhe mit Unternehmen und anderen Stakeholdern der Wirtschaftsförderung zu agieren, ist das Thema der Digitalisierung von Dienstleistungen und Prozessen nicht mehr aus der Praxis wegzudenken. Aktuell wird leider an vielen Stellen gerade bei diesem wichtigen Thema auf die Bremse getreten, da sich einige Akteure immer noch von klassischen Organisationsabläufen in (kommunalen) Verwaltungen leiten lassen. Dies ist aber nicht der richtige Weg, um potenzielle Synergien in der eigenen Arbeit zu erschließen und in der Kommunikation mit den unterschiedlichen Kundengruppen erfolgreich und effizient zu sein. Investitionen in digitale Instrumente und Dienstleistungen sind weiter zu forcieren und umzusetzen, denn nicht nur Kunden, sondern auch die Mitarbeitenden fordern dies ein. Mobiles Arbeiten und Homeoffice sowie ein digitales Dokumenten- und Kundendatenmanagement sind in der Wirtschaftsförderung machbare und zwingend erforderliche organisatorische Maßnahmen, denn sie tragen in einem hohen Maß zur Fachkräftegewinnung und -bindung für die eigene Organisation bei. Weiterhin bringt der Einsatz digitaler Dienste auch Verbesserungen in der internen Prozesssteuerung und der Wahrnehmbarkeit der Dienstleistungen der Wirtschaftsförderung bei den unterschiedlichen Kunden. Beispiele für interne Prozessverbesserungen sind die Reduzierung von Reise- und Fahrtzeiten für Beratungen von Unternehmen durch den alternativen Einsatz von digitalen Austauschmedien und die Reduzierung von Ressourcen durch ein digitales Dokumentenmanagementsystem. Die Wahrnehmbarkeit und Akzeptanz von unterschiedlichen Formaten der Kommunikation und Information der Wirtschaftsförderung kann durch die Neu- und Umgestaltung der Abläufe erfolgreich gelingen. Allein schon das Angebot einer hybriden Teilnahme (Wahlmöglichkeit zwischen Präsenz und digitaler Zuschaltung) bei Veranstaltungen erhöht tendenziell die Anzahl der erreichten Kunden und Gäste. Der Einsatz digitaler Dienste und Instrumente gehört somit zu den Pflichtaufgaben in der Organisation der Wirtschaftsförderung und muss sich im gewählten Organisationsrahmen wiederfinden.

Finanzrahmen und Organisationsform müssen zueinander passen

Aus den gewollten Rollen und Aufgaben für die Wirtschaftsförderung und der dann aufgebauten Organisationsform sind auch die passenden und angemessenen Finanzressourcen abzuleiten. Die Praxis zeigt, dass diese Schrittfolge auch zielführend und transparent in der Diskussion mit Politik, Gesellschaftern und anderen Netzwerkpartnern ist. Gerade vor dem Hintergrund knapper werdender öffentlicher bzw. kommunaler Finanzen und der kritischen Betrachtung von freiwilligen Aufgaben in der politischen Diskussion ist die Ableitung des benötigten Budgets für die Wirtschaftsförderung aus deren Aufgaben sowie der dahinterstehenden Organisationsstruktur der genau richtige Weg. Im Rahmen der Überprüfung der Wirksamkeit der Leistungen der Wirtschaftsförderung bietet dieses Vorgehen für alle Beteiligten auch eine Basis für die Diskussion und ggf. auch für eine Aufgabenkritik. Sinnvoll kann an dieser Stelle auch die jährliche Festlegung einer qualitativ und quantitativ messbaren Zielvereinbarung sein, die dann am Ende auch mit den erreichten Ergebnissen abgeglichen werden kann. Eine aufgabenorientierte Zielvereinbarung über die Leistungen der Wirtschaftsförderung ermöglicht eine passgenaue Budgetierung der bereitzustellenden Finanzressourcen in Form eines jährlichen Wirtschaftsplans und schafft ein hohes Maß an Transparenz über Mittelherkunft und -verwendung für alle Beteiligten. Dieses Instrument eignet sich allerdings nur für die jährliche Betrachtungsebene der Aufgaben und Leistungen der Wirtschaftsförderung. Ergänzend dazu muss eine mittelfristige Ressourcen- und Finanzplanung (z. B. für fünf Jahre) erarbeitet werden, von der sich auch eine Prognose der finanziellen Entwicklungen in den weiteren Jahren und somit die Sicherstellung der Leistungsfähigkeit der Wirtschaftsförderung ableiten lässt. Bei Verhandlungen mit Gesellschaftern oder der Politik sollte der Hinweis gegeben werden, dass sich eine Sicherstellung der Finanzierung der Wirtschaftsförderung z. B. auf den zuvor genannten Zeitraum der mittelfristigen Finanzplanung auch positiv auf die Organisationsstruktur auswirkt, weil hierdurch eine Planbarkeit im Bereich der personellen und finanziellen Ressourcen gewährleistet ist. Eine jährliche Entscheidung über die Finanzressourcen führt tendenziell zu einer objektiven oder gefühlten Unsicherheit gerade bei den Mitarbeitenden in der Wirtschaftsförderung i. S. d. Arbeitsplatzsicherheit. Damit einhergehende Fluktuationstendenzen bei den Personalressourcen gilt es angesichts wachsender Herausforderungen für die Fachkräftegewinnung und -bindung für die Wirtschaftsförderung zu vermeiden. Neben der Bereitstellung von Finanzressourcen durch die öffentliche Hand ist auch das Einwerben von Fördermitteln gelebte Praxis in der Wirtschaftsförderung und kann zu einer Entlastung der kommunalen Kassen beitragen. Wenn durch die Wirtschaftsförderung entsprechende Fördermittel auf der Ebene der EU, des Bundes bzw. des betreffenden Bundeslandes eingeworben werden, so sind diese regelmäßig projekt- oder themenbezogen einzusetzen. Es können sich im Bereich der Kosten der allgemeinen Organisation der Wirtschaftsförderung hier Synergie- und Einsparungspotenziale ergeben. Es gilt jedoch immer sehr kritisch zu prüfen, ob sich hier möglicherweise zuwendungsrechtliche Restriktionen ergeben, die am Ende auch zur Rückforderung von Fördermitteln führen könnten.

1.5 Aufgabenzuwachs aus dem Selbstverständnis der Wirtschaftsförderung als Dienstleistungsorganisation heraus

Zu Beginn des Kapitels wurde die „Genese der typischen Wirtschaftsförderungsgesellschaft (WFG)“ aufgezeigt. Grundkonsens aller beteiligten Akteure war hierbei immer, dass Wirtschaftsförderung im Einvernehmen mit den kommunalen Strukturen vor Ort dazu beitragen soll, beste Rahmenbedingungen zu schaffen, die es den Unternehmen ermöglichen, am Standort zu investieren, an die Zukunft angepasste Arbeitsplätze zu sichern und zu entwickeln und damit zur Prosperität eines Standorts führt. Dieser Grundkonsens bleibt bestehen. Die Veränderung ist vielmehr in den Ausprägungen der Rahmenbedingungen und den damit verbundenen Erwartungshaltungen der Stakeholder an die Wirtschaftsförderung zu sehen. Dabei muss Wirtschaftsförderung aber auch aktuelle gesamtgesellschaftliche Entwicklungen beachten und jahrzehntealte Wachstumsdefinitionen neu verorten. Es geht nicht mehr (nur) um quantitatives unternehmerisches Wachstum oder die Schaffung neuer Arbeitsplätze. Vielmehr müssen aktuelle Veränderungstrends wie Klima- und Ressourcenschutz, soziale Nachhaltigkeit i. S. d. Teilhabe der Bevölkerung an der Wirtschafts- und Standortentwicklung sowie qualitative Aspekte und andere Dinge wesentlich stärker mitgedacht werden, auch wenn die kommunale oder regionale Wirtschaftsförderung keinen unmittelbaren oder bestenfalls nur einen geringen Einfluss auf z. B. globale Veränderungsprozesse nimmt.

Auffällig ist auch, dass trotz einer Transformation keine bis ganz wenige Themen- und Aufgabenbereiche komplett aus dem Portfolio verschwinden. Sie bleiben grundsätzlich Teil der Wirtschaftsförderung, die Transformation führt vielmehr innerhalb eines Themen- und Aufgabenbereichs zu Veränderungen – sei es im Hinblick auf die Methodik, die Prozesse oder auch die Bedeutung eines Bereichs in der täglichen Praxis. Zum Teil führt diese Tendenz am Ende zu einem sehr heterogenen Aufgabenspektrum, das sehr schnell die Fragen nach der Sinnhaftigkeit und der Effizienz mit sich bringt. Daher muss die Anpassung des bisherigen Portfolios unter Berücksichtigung eines stärkeren strategischen Ansatzes im Fokus der weiteren Ausführungen stehen.

Die beschriebenen Aufgabenkontinuität ist auch der Grund dafür, dass die Bestandspflege der Unternehmen, trotz des dynamischen Wandels, weiterhin die zentrale Aufgabe der Wirtschaftsförderung darstellt. Durch die Bestandspflege wird die Grundlage für die Standortsicherung, eine mögliche Standorterweiterung oder auch für den Austausch zwischen Unternehmen und der öffentlichen Seite gelegt. Damit einhergehen weitere klassische Aufgaben wie die für das Ansiedlungsmanagement bedeutsame Gewerbeflächenbereitstellung bzw. deren Vermarktung durch das Standortmarketing oder auch die Schaffung wirtschaftsnaher Infrastrukturen. Es ergibt sich somit eine zunehmend breite horizontale und vertikale Aufgabenpalette, die nur bedingt steuerbar ist.

Komplexität und Vielfalt der Themen kennzeichnen das Leistungsportfolio der WFG

Wie in anderen Branchen, so zeigt sich auch in der Wirtschaftsförderung, dass die Aufgaben ständig komplexer und herausfordernder werden, was nicht nur an der Globalisierung, der Fachkräfteproblematik, der Digitalisierung oder dem zunehmenden Wettbewerb liegt. Zurückzuführen ist diese Entwicklung vor allem darauf, dass Planungen und Entwicklungen zunehmend umfassender und ganzheitlicher betrachtet werden. Die Wirtschaftsförderung ist zum Teil intensiv in die Entwicklung großer Infrastrukturvorhaben eingebunden, was hohe qualitative Anforderungen an die interne Kompetenzentwicklung in diesem Bereich mit sich bringt. Dass die Standortentwicklung in ihrer Gänze betrachtet wird, ist dabei zu begrüßen, weil in der Vergangenheit oftmals eine eindimensionale Betrachtung überwogen hat und der eigentliche Mehrwert erst durch die Berücksichtigung der ökonomischen, ökologischen und sozialen Wechselwirkungen sichtbar wird. Hierdurch verschiebt sich aber auch die Positionierung der Wirtschaftsförderung – weg von der reinen Umsetzung hin zu einer stärkeren strategischen Ausrichtung und damit verbunden einer frühzeitigen und dauerhaften Einbindung in Entscheidungsprozesse. Damit übernimmt die Wirtschaftsförderung als „Full-Service-Agentur" der kommunalen Gesellschafter noch stärker als bisher Aufgaben der Koordination und der Prozesssteuerung.

In einer globalisierten Welt wirken sich naturgemäß auch übergeordnete Veränderungen wie Klima- und Ressourcenschutz, die Stabilität oder Unterbrechung von Lieferketten oder die Ab- oder Rückwanderung von Industrien und Gewerben ganz unmittelbar auf lokale Standortentwicklungen aus und beeinflussen somit in Summe auch die Wettbewerbsfähigkeit des Standorts Deutschland. Vor diesem Hintergrund muss sich die kommunale und regionale Wirtschaftsförderung zunehmend auch den globalen Herausforderungen stellen, selbst wenn sie räumlich ganz andere Zuständigkeiten wahrnimmt.

Unter der Zielsetzung der Standortentwicklung fallen der Wirtschaftsförderung unterschiedliche und sich permanent ergänzende Aufgaben- und Themenbereiche zu. So bringt sich die Wirtschaftsförderung z. B. in die Unterstützung von Existenzgründungen ein, berät Unternehmen oder auch die öffentliche Seite im Hinblick auf Fördermöglichkeiten im Rahmen von wirtschaftsnahen Infrastrukturentwicklungen, betreut Investoren vom Erstkontakt bis zur Einweihung und darüber hinaus oder ist die Stelle des Wissens- und Technologietransfers. Durch ein proaktives Wirken der Wirtschaftsförderung können Standorte gezielt gestaltet werden. Dabei ist z. B. die langfristige Stärkung regionaler Wirtschaftskreisläufe ebenso in den Blick zu nehmen wie etwa der Umgang mit Knappheiten wie sie bei Flächen, Mitarbeitenden, Rohstoffen usw. herrschen. Diese

Prozesse bottom-up zu gestalten, kann zu einer höheren Resilienz des Standorts führen.

1.6 Strategisches Management von Erwartungen sichert nachhaltig die regionale Verankerung der WFG

Durch die zunehmende Komplexität und Vielschichtigkeit nimmt zunächst die Erwartungshaltung an die Wirtschafsförderung aus unterschiedlichen Richtungen quantitativ zu. Dies hängt damit zusammen, dass die Anzahl der Player in den Prozessen aufgrund der ganzheitlichen Betrachtung größer wird. Die Zusammenführung der standortbezogenen Wirtschaftslandschaft und anderer wirtschaftsrelevanter Akteure wie Hochschulen, Forschungseinrichtungen, Kammern, Wirtschaftsverbänden, Arbeitsagenturen usw. ist aber für die Qualität und die Tragfähigkeit der Lösungen wichtig. Oftmals wird der Wirtschaftsförderung zu Recht die koordinierende Funktion bei Fragen der Standortentwicklung überlassen oder zugewiesen, was sich aber auf der anderen Seite bei den vielfältigen Partikularinteressen, die zum Ausgleich gebracht werden sollten, als herausfordernd darstellen kann. Dem muss sich der Berufsstand offensiv stellen.

Oftmals sind die gesellschaftsrechtlichen Regelungen, die die Arbeit der Wirtschaftsförderung maßgeblich flankieren, ein zusätzlicher „Hemmschuh". Die Zusammenführung der standortbezogenen Wirtschaftslandschaft und anderer wirtschaftsrelevanter Akteure ist wesentliche Aufgabe der Wirtschaftsförderung. Gerade vor dem Hintergrund, dass auch neue Stakeholder von der Wirtschaftsförderung angesprochen und bedient werden sollen, muss sie sich mit einem angemessenen Selbstbewusstsein wie ein Lobbyist für ihre eigene Klientel und die eigenen Interessen einsetzen. Aber auch qualitativ steigt die Erwartungshaltung – allein schon aufgrund der Dynamik in den Prozessen und der Vielfalt der Themen. Gerade Unternehmen erwarten agile und schnelle Reaktionen. Eine flexible Erreichbarkeit unter Inanspruchnahme onlinegestützter Kommunikationsmittel und noch mehr der Gedanke der „One-Stop-Agency" bei den Dienstleistungen der Wirtschaftsförderung wird in Zukunft von den unterschiedlichen Kundengruppen als notwendig erachtet werden, sodass eine Wirtschaftsförderung auch selbst immer mit an der Spitze einer Entwicklung stehen sollte, um ihren innovativen

1

Charakter als Mehrwert auch vorzuleben. Um qualitativ die Erwartungshaltung erfüllen zu können, braucht es eine professionelle Analyse von Trends, aber auch die Durchführung kreativer Veranstaltungsformate. Es braucht somit ergänzend neue Instrumente, um die verschiedenen Stakeholder zu erreichen und vor allem der Vernetzungsfunktion gerecht zu werden.

Eine besondere Rolle im standörtlichen Akteursgeflecht übernehmen seit jeher die Gesellschafter der jeweiligen Organisationen, denn sie bestimmen zum einen maßgeblich die Aufgaben und die Rollen der Wirtschaftsförderorganisationen. Zum anderen ordnen z. B. Unternehmer oder andere Akteure die Wirtschaftsförderung den politischen Entscheidern zu, schieben sie also in ein spezielles Umfeld oder vorverurteilen sie sogar mitunter. Folglich beeinflussen Veränderungen der politisch motivierten Prioritätensetzung die Handlungsmöglichkeiten der Wirtschaftsförderung maßgeblich. Wirtschaftsförderung kann kommunal- und regionalpolitisch also schnell an Bedeutung verlieren, wenn andere politische Themen wichtiger geworden sind. Vollbeschäftigung und Demografie lassen das Ziel Arbeitsplatzschaffung z. B. nach hinten rücken, Flächenknappheit verringert den Verkaufsdruck von Gewerbeflächen, Funktionsverlust bzw. -wandel der Innenstädte formulieren neue Aufgabenfelder. Letztlich wirkt sich die Lage bei den Kommunalfinanzen stets unmittelbar auf die freiwillige Aufgabe der Wirtschaftsförderung aus und stellt sie nicht selten zur Disposition.

Um also nicht Spielball oder Getriebene der Politik zu werden, muss sich Wirtschaftsförderung stets bemühen, selbst Impulsgeber und Gestalter zu sein, Marken zu setzen und Profil zu entwickeln und sich als starker lokaler oder regionaler Partner unverzichtbar zu machen.

Zielkonflikte in der strategischen Positionierung der Wirtschaftsförderung erkennen und managen

Die Erwartungshaltungen unterschiedlicher Adressaten an die Wirtschaftsförderung aus z. B. dem Bereich der Unternehmen, der Politik, der Kommune und der Netzwerkpartner sind in den meisten Fällen als sehr heterogen zu charakterisieren. Hinzu kommt die Tatsache, dass sich die Aufgaben der Wirtschaftsförderung durch aktuelle Trends aus unterschiedlichen Richtungen immer schneller anpassen und darauf reagieren müssen. Es gilt, eine gute Balance einerseits aus den an die Wirtschaftsförderung herangetragenen Erwartungen und Aufgaben zu entwickeln und andererseits die eigenen Arbeitsprozesse daran anzupassen, ohne die eigene Dienstleistungsqualität zu reduzieren. Zielkonflikte zwischen neuen Erwartungen sowie Themen und der konkreten täglichen Aufgabenerledigung sind nicht immer zu vermeiden. Dass an der einen oder anderen Stelle Zielkonflikte für die Arbeit der Wirtschaftsförderung auftreten, liegt in der Natur der Sache aufgrund der vielfältigen Aufgaben und Themen, die es zu bearbeiten gilt. Wichtig ist in diesem Zusammenhang nur, dass mögliche Konfliktpotenziale zwischen unterschiedlichen Akteuren oder bei den Aufgaben erkannt und im Rahmen einer transparenten (regionalen) Zusammenarbeit abgestellt bzw. beseitigt werden. Klassische Zielkonflikte sind z. B. beim Thema „Flächenmanagement und Flächenvermarktung" vorhanden. Einerseits haben die vor Ort ansässigen Unternehmen klare Vorstellungen und Forderungen, wie sie ihren eigenen Standort auch mit Blick auf die Flächen(aus)nutzung entwickeln möchten, andererseits setzen Vorgaben der EU, des Bundes oder des betroffenen Bundeslandes im Rahmen der Landes-, Regional- und Bauleitplanung klare Restriktionen. Das Ganze verschärft sich noch durch diverse Forderung aus der Regional- oder Kommunalpolitik, die eigene Vorstellungen hinsichtlich der Ansiedlungs- und Erweiterungspolitik von Unternehmen entwickeln. Ähnliche Zielkonfliktsituationen lassen sich auch in weiteren Aufgabenbereichen der Wirtschaftsförderung ableiten, z. B. bei den Themen Standortmarketing, touristisches Destinationsmanagement, wirtschaftsnaher Infrastrukturausbau oder Fachkräfteentwicklung und -bindung. Aufgrund der Heterogenität der einzelnen Aufgaben und Rollen in den Wirtschaftsförderungen wird auf eine weitere Ausdifferenzierung unterschiedlicher Zielkonfliktebenen verzichtet. Es geht hier im ersten Schritt darum aufzuzeigen, wie schnell sich solche Konflikte für die tägliche Arbeit ergeben können. Im zweiten Schritt folgen dann einige Empfehlungen aus der Praxis, wie das Zielkonfliktmanagement durch die Wirtschaftsförderung aktiv begleitet oder sogar gestaltet werden kann.

Transparenz über das eigene Handeln schaffen und für eine abgestimmte Arbeitsteilung mit den Partnern vor Ort sorgen

Zielkonflikte im Rahmen der Arbeit der Wirtschaftsförderung wahrzunehmen, ist in vielen Fällen sehr einfach. So werden Konflikte

1 dadurch erkennbar, dass die Arbeitsprozesse der Wirtschaftsförderung deutlich merkbar beeinflusst werden. Die Kommunikation mit Partnern verschlechtert sich, Termine werden nicht eingehalten, bereits getroffene Absprachen werden infrage gestellt – dies sind nur einige Beispiele für solche Prozessstörungen. In vielen Fällen werden aber die Zielkonflikte auch auf der kommunikativen Ebene direkt ausgetragen. Sei es durch entsprechende Presseberichterstattungen, die Konflikte journalistisch benennen und definieren, oder durch Forderungen aus der Politik, die zu einer Neudefinition der regionalen Zusammenarbeit auffordern. Egal aus welcher Richtung die Zielkonflikte kommen, wichtig für die vor Ort tätige Wirtschaftsförderung ist es, an dieser Stelle ihre definierte Rolle und die sich daraus ableitenden Aufgaben transparent darzustellen und zu kommunizieren. Wenn auch alle anderen (vermeintlich) Beteiligten ihre Rolle und ihre Aufgabe offenlegen, lässt sich in vielen Fällen durch eine klare Absprache über die regionale oder lokale Arbeitsteilung im betroffenen Themenfeld eine Lösung des Zielkonfliktes herbeiführen. Um die Positionierung der Wirtschaftsförderung in einem solchen Prozess der Definition der Arbeitsteilung sicherzustellen, sollte hier eine aktive Rolle der Moderation und Prozessdokumentation übernommen werden. Es gibt in der Praxis aber auch Konstellationen von Zielkonflikten, die sich nicht so pragmatisch durch eine Rollen- und Aufgabenbetrachtung und daraus folgend einer abgestimmten Arbeitsteilung lösen lassen, gerade wenn diese über ein größeres Umfeld, z. B. einer gesellschaftspolitischen Diskussion wie bei den Themen Nachhaltigkeit oder wirtschaftliche Transformation, getrieben werden. In diesem Fall ist es sinnvoll, innerhalb der Wirtschaftsförderungsorganisation, abgestimmt mit Gesellschaftern, Politik und weiteren Stakeholdern, in die eigene Rollen- und Aufgabendefinition einzusteigen. Welche Rolle kann und soll die Wirtschaftsförderung übernehmen? Welche konkreten Aufgaben lassen sich hieraus ableiten? Stehen für diese Aufgaben auch die notwendigen finanziellen und personellen Ressourcen zur Verfügung? Sind nach Beantwortung dieser analytischen Fragen entsprechende Rollen und Aufgaben definiert, sollten diese formal, je nach Organisationsform, durch Gesellschafter oder die Politik bestätigt werden. Nur so ist eine klare Abgrenzung zu anderen Akteuren im Fall einer Zielkonfliktsituation möglich und sichert das eigene Handeln der Wirtschaftsförderung ab. Wenn es dann um die weitere Lösung eines thematischen Zielkonfliktes geht, können aus Sicht der Wirtschaftsförderung diese definierte Rolle und das

mögliche Aufgabenspektrum auch als Beitrag für eine regional abgestimmte Zusammenarbeit mit weiteren regionalen Akteuren eingebracht und kommuniziert werden.

Am Ende: die Erfolgskontrolle als immer gern herausgestellte Fragestellung

Bei derartig komplexen Wirkungszusammenhängen ist die Kausalität mit Blick auf die Mehrwerte und Ergebniserzielung oftmals nicht eindeutig zu belegen. Zwar können outputorientierte Kennzahlen einen Orientierungsrahmen für die Leistungsfähigkeit und Wirkung der Aktivitäten und Maßnahmen der Wirtschaftsförderung schaffen, zur alleinigen Bewertung sind sie aber nicht geeignet. Jährliche Zielvereinbarungen, die einerseits in bestimmten Bereichen durch Kennzahlen unterlegt sind und andererseits die Gesamtheit der Aufgaben und Projekte beschreiben, können hierbei ein sinnvolles Instrument zur qualitativen und quantitativen Erfolgsmessung sein. Deshalb muss es der Wirtschaftsförderung auch im Eigeninteresse um eine angemessene Wahrnehmung gehen. Den Stakeholdern und der Öffentlichkeit muss der Stellenwert der Wirtschaftsförderung im ganzen Geflecht bewusster werden. Dazu muss sich die Wirtschaftsförderung aber auch selbst über ihre Einwirkungsmöglichkeiten im Klaren sein und diese auch fürs interne Marketing einsetzen. Eine transparente Darstellung der Aufgaben i. V. m. notwendigen Ressourcen und der Darstellung möglicher Erfolgsfaktoren der Wirtschaftsförderung muss hierbei der Anspruch einer jeden Organisation sein. Ein wirtschaftspolitisches Leitbild, das durch die vernetzten Strukturen der Wirtschaftsförderung entwickelt werden kann, kann als Maßstab der Wirksamkeit eingesetzt werden. Hierin eingelagert sollten eindeutige Positionsbestimmungen für den Standort enthalten sein. Dabei darf das Leitbild aber nicht statisch verstanden werden, sondern muss den dynamischen Prozessen gerecht werden.

Wesentliche fachrechtliche Rahmensetzungen in der Wirtschaftsförderung

2. Wesentliche fachrechtliche Rahmensetzungen in der Wirtschaftsförderung

Susann Ehrlich, Christian Fink, Bernd Grundmann, Wirtschaftsförderung Landkreis Rostock GmbH

2 Grund und Boden sind sehr wichtige Ressourcen, die sich nicht vermehren lassen und durch Bebauung oder sonstige Nutzung immer knapper und kostbarer werden. Daher ist es besonders wichtig, mit diesen Ressourcen sparsam und gewissenhaft umzugehen. Um eine möglichst optimale Nutzung von Grund und Boden zu gewährleisten, ist hier eine bewusste Steuerung besonders notwendig.

2.1 Übergeordnete Planungen, Regionalplanung, Raumordnung und Landesplanung

Die Aufgabe der Steuerung übernimmt die Raumordnung, die, ausgehend vom Bund über die Länder hin zu einzelnen Planungsregionen, immer feiner gegliedert auf die Gegebenheiten in den Örtlichkeiten, also die Besonderheiten im Raum, reagieren kann. Letztendlich ergeben sich aus diesen raumordnerischen Vorgaben die Ziele der Raumordnung (§ 1 Abs. 4 BauGB), an die die Städte und Gemeinden (künftig Gemeinde) ihre Bauleitplanungen anzupassen haben.

Das Raumordnungsgesetz (ROG) schreibt vor, dass der Gesamtraum der Bundesrepublik und seine Teilräume durch Raumordnungspläne, raumordnerische Zusammenarbeit und durch Abstimmung raumbedeutsamer Planungen und Maßnahmen zu entwickeln, zu ordnen und zu sichern ist. Unterschiedliche Nutzungen bedingen auch unterschiedliche Ansprüche an den Raum. So hat z. B. ein Seehafen einen völlig anderen Anspruch an den Raum als ein Flughafen. Diese unterschiedlichen Anforderungen sind daher aufeinander abzustimmen, Konflikte sind auszugleichen, und es ist Vorsorge für die einzelnen Funktionen und Nutzungen des Raums zu treffen. Zur Erfüllung der Aufgaben der Raumordnung gibt es neben der Durchführung von Raumordnungsverfahren insbesondere die Raumordnungspläne. Bis auf einzelne Fälle ist die Raumordnungsplanung primär in der Zuständigkeit der Länder angesiedelt.

Für die deutsche ausschließliche Wirtschaftszone (AWZ) werden die Raumordnungspläne gemäß § 17 ROG durch den Bund aufgestellt. In den Raumordnungsplänen für die AWZ in Nord- und Ostsee sind u. a. Vorranggebiete für Windenergieanlagen festgesetzt. Bei der Planung von Offshore-Windenergieanlagen ist dies von Bedeutung.

In den Raumordnungsplänen der Bundesländer sind für einen bestimmten Planungsraum und einen regelmäßig mittelfristigen Zeitraum Festlegungen als Ziele (Z) und Grundsätze (G) der Raumordnung zur Entwicklung, zur Ordnung und zur Sicherung des Raums, insbesondere zu den einzelnen Funktionen und Nutzungen des Raums, zu treffen.

Ziele der Raumordnung entfalten im Gegensatz zu den Grundsätzen der Raumordnung, die lediglich als Hilfe in Abwägungsentscheidungen dienen, strikte Bindungswirkung bei raumbedeutsamen Planungen und Maßnahmen öffentlicher Stellen. Diese Landesraumordnungspläne kommen in einem öffentlichen Beteiligungsverfahren zustande und werden nach Verabschiedung durch die jeweiligen Länder verbindlich.

In diesen Raumordnungsplänen werden u. a. auch Gebiete zur Flächenvorsorge für Industrie- und Gewerbeansiedlungen mit landesweiter Bedeutung festgelegt. An diesen Standorten hat die gewerbliche und industrielle Nutzung Vorrang vor anderen Nutzungen. Dabei handelt es sich um raumbedeutsame, flächenintensive Gewerbe- und Industrieentwicklungen, für die eine Flächensicherung an geeigneten Standorten vorgenommen wird. Auch damit in Verbindung stehende notwendige Infrastrukturmaßnahmen, z. B. die verkehrliche Anbindung, können in den Raumordnungsplänen festgelegt und Flächen dafür mittelfristig gesichert werden.

In den Bundesländern können des Weiteren Raumordnungspläne für die Teilräume der Länder (Regionalpläne) aufgestellt werden, die einen Planungshorizont von i. d. R. zehn Jahren abbilden. Hier werden noch kleinräumiger und detaillierter Entwicklungsziele und Flächennutzungen festgelegt, u. a. auch für die gewerbliche und industrielle Entwicklung. Dazu werden die Flächen i. d. R. auf eine grundsätzliche Eignung für eine gewerbliche/industrielle Nutzung grob vorgeprüft. Die Festlegungen dienen in erster Linie der Flächenvorsorge, sie schaffen aber kein verbindliches Baurecht. Es ist daher hinsichtlich einer Vermarktung dieser reinen Vorsorgeflächen, z. B. durch die Wirtschaftsförderung, durchaus Vorsicht angebracht, da zu diesem Zeitpunkt zu den konkreten Nutzungsmöglichkeiten der Flächen für Gewerbe/Industrie keine verbindlichen Aussagen getroffen werden können. Zudem ist mit der betroffenen Gemeinde grundsätzlich zu klären, ob sie im Rahmen ihrer Planungshoheit überhaupt Baurecht schaffen möchte.

2.2 Planungsrecht, Flächennutzungsplanung, Bebauungsplan, Bauleitplanverfahren, Umlegungsverfahren, Festsetzungen in Bebauungsplänen

Im Planungsrecht gibt es u. a. den Grundsatz der planmäßigen Entwicklung der Gemeinden. Durch den Gesetzgeber wurden sie daher auch mit der Planungshoheit (Art. 28 GG) ausgestattet.

Die Gemeinden sind in ihrer städtebaulichen Entwicklung somit frei, aber auch eigenverantwortlich. Beschränkungen gibt es für sie insoweit lediglich durch die bestehenden rechtlichen Rahmen. Mit dem Planungsrecht werden auch die Grundlagen der Zulässigkeit von Industrie- und Gewerbeansiedlungen geschaffen.

Aufgabe der Gemeinden ist es nun, ihre städtebaulichen Leitvorstellungen in entsprechende Bahnen zu lenken. Hierfür stehen ihnen die Mittel der Bauleitplanung zur Verfügung. Das sind zum einen der Flächennutzungsplan (F-Plan) als vorbereitender Bauleitplan und zum anderen der Bebauungsplan (B-Plan) als verbindlicher Bauleitplan.

Mit einem F-Plan können die Gemeinden das Grundkonzept ihrer städtebaulichen Entwicklungen für das gesamte Gemeindegebiet darstellen. Der F-Plan enthält damit wichtige Informationen zu den einzelnen Nutzungen der Flächen und ihre räumlichen Beziehungen zueinander. In ihm werden neben den bereits bestehenden Nutzungen wie Bauflächen, Wald- und Wasserflächen sowie Flächen für die Landwirtschaft u. a. insbesondere auch neu zu entwickelnde Bauflächen dargestellt. Damit bietet der F-Plan den Gemeinden die Möglichkeit der gesamtheitlichen Betrachtung des Gemeindegebiets bezüglich der künftigen städtebaulichen Ausrichtung.

Der Planungshorizont eines F-Plans wird dabei i. d. R. mit 10 bis 15 Jahren angesetzt. So lassen sich bestehende Nutzungskonflikte und bodenrechtliche Spannungen frühzeitig erkennen und somit bereits rechtzeitig auf der Ebene der vorbereitenden Bauleitplanung entsprechend regeln. Aufgrund der Betrachtung des gesamten Gemeindegebiets haben die Gemeinden so die Möglichkeit, für die von ihnen angestrebten Nutzungen die optimalen Flächen bereitzustellen. Mit dem F-Plan können die Gemeinden grundsätzlich auch eine moderate, städtebaulich sinnhafte Bauflächenbevorratung betreiben.

Der F-Plan hat nicht den Charakter einer Rechtsnorm, das bedeutet, dass ein Investor aus den Darstellungen eines F-Plans für seine Industrie- oder Gewerbeansiedlung kein öffentliches Baurecht herleiten kann. Im Vergleich der Darstellungen mehrerer F-Pläne unterschiedlicher Gemeinden bietet sich für den Investor aber die Möglichkeit, frühzeitig den für seine Ansiedlung am besten geeigneten Standort zu finden. Gleichzeitig haben die Gemeinden mit den Darstellungen von Industrie- bzw. Gewerbeflächen in einem F-Plan die Grundlage, sehr schnell auf konkrete Ansiedlungsbegehren von Investoren zu reagieren und durch die Aufstellung von B-Plänen verbindliches Baurecht zu schaffen.

Der B-Plan, der auch als „verbindlicher Bauleitplan" bezeichnet wird, ist die Voraussetzung für den weiteren Vollzug der in ihm enthaltenen Inhalte. So ist der B-Plan u. a. auch die Grundlage für die Herstellung der Erschließungsanlagen in seinem räumlichen Geltungsbereich.

Mit einem Umlegungsverfahren kann die Gemeinde Erleichterungen bei der Erschließung und der späteren Bebauung von Baugebieten schaffen. Insbesondere in den Fällen, in denen nicht alle Grundstücke in einem Baugebiet im Eigentum der Gemeinde sind, sondern mehreren Grundstückseigentümern gehören bzw. Grundstücke mit Rechten, Mieten oder Pachten belastet sind, bietet sich eine mit einer Umlegung verbundene Neuordnung der Grundstücke im Geltungsbereich eines B-Plans an. Es könnte sonst so sein, dass ein oder einige wenige Eigentümer Grundstücke im Geltungsbereich des B-Plans besitzen, auf denen die Gemeinde z. B. Verkehrsflächen oder Grünflächen festgesetzt hat. Andere Eigentümer sind wiederum im Besitz von Grundstücken, die vollständig als Baugrundstücke festgesetzt sind. Um hier eine gerechte Verteilung zu gewährleisten und eventuellen Verhinderungen in der Umsetzung des B-Plans durch „benachteiligte" Grundstückseigentümer vorzubeugen, werden alle Grundstücke in eine Umlegung eingebracht und je nach Größe und Wert neu aufgeteilt. So kann gewährleistet werden, dass mit Abschluss der Umlegung allen Beteiligten anteilig im Geltungsbereich des B-Plans neue Baugrundstücke zugeteilt werden können.

Ist eine vollständige Neuaufteilung der Grundstücke nicht möglich oder durch einige Eigentümer auch nicht gewollt, so können Ausgleichzahlungen vorgenommen werden.

Die Umlegung ist ein Verfahren, das in den §§ 46 ff. BauGB geregelt ist. Danach leitet die Umlegungsstelle das Umlegungsverfahren ein. Ein Umlegungsausschuss, besetzt durch Gemeindevertreter und im Baurecht Sachkundige, führt eine Beteiligung der von der Umlegung Betroffenen durch. Nach Abschluss der Beteiligung ergibt sich ein Umlegungsplan, der dann mit einem Umlegungsbeschluss beschlossen wird. Mit ortsüblicher Bekanntmachung des Umlegungsbeschlusses wird die Umlegung verbindlich und kann vollzogen werden.

Bei Einhaltung der im B-Plan enthaltenen Festsetzungen besteht für einen Bauherrn ein Anspruch auf die Genehmigung von Baugesuchen. Der B-Plan schafft somit das öffentliche Baurecht. Im Gegensatz zum F-Plan wird ein B-Plan als Satzung beschlossen und stellt dadurch eine Rechtsnorm dar. Der B-Plan ist dabei aus den Darstellungen des F-Plans zu entwickeln. Darunter ist zu verstehen, dass die Darstellungen der Bauflächen im F-Plan die Art der baulichen Nutzung im B-Plan bestimmen. So könnte z. B. aus einer im F-Plan dargestellten gewerblichen Baufläche im B-Plan ein Industrie- und/ oder Gewerbegebiet entwickelt werden.

Bei den B-Plänen können drei Kategorien unterteilt werden: der qualifizierte B-Plan, der vorhabenbezogene B-Plan und der einfache B-Plan.

§ 30 BauGB enthält die Vorschrift für den qualifizierten B-Plan (§ 30 Abs. 1 BauGB). Der qualifizierte B-Plan enthält Mindestfestsetzungen über Art und Maß der baulichen Nutzung, der Grundflächen, die überbaut werden sollen, und der örtlichen Verkehrsflächen. Für ein Baugesuch ist im qualifizierten B-Plan eine Zulässigkeit gegeben, wenn es den Festsetzungen des B-Plans nicht widerspricht und die Erschließung gesichert ist.

Weiterhin gibt es den vorhabenbezogenen B-Plan (§ 30 Abs. 2 BauGB). Wie der Name es schon sagt, handelt es sich hierbei um ein vorhabenkonkretes Baurecht. Ein Investor, das BauGB spricht an dieser Stelle von einem „Vorhabenträger", schafft zusammen mit der planenden Gemeinde Baurecht für sein Bauvorhaben und die dazugehörige Erschließung. Der Vorhabenträger verpflichtet sich dabei in einem mit der Gemeinde abzuschließenden Durchführungsvertrag neben der Übernahme der mit der Planung verbundenen Kosten auch zur Realisierung des Vorhabens einschließlich der dazugehörigen Erschließung innerhalb eines vertraglich bestimmten Zeitraums.

Als letzte Kategorie gibt es den einfachen B-Plan nach § 30 Abs. 3 BauGB. Dem einfachen B-Plan fehlt es mindestens an einer Festsetzung (Art und Maß der baulichen Nutzung, der Grundflächen, die überbaut werden sollen, und der örtlichen Verkehrsflächen), die einen qualifizierten B-Plan ausmacht. Dennoch handelt es sich bei einem einfachen B-Plan auch um einen vollwertigen B-Plan. Für seine Zulässigkeit darf ein Bauvorhaben den Festsetzungen des einfachen B-Plans nicht widersprechen. Bei den Inhalten, die bei einem einfachen B-Plan gegenüber den Mindestfestsetzungen des qualifizierten B-Plans nicht vorgenommen wurden, erfolgt die weitere Zulässigkeitsprüfung im Übrigen nach § 34 BauGB (Zulässigkeit von Vorhaben innerhalb der im Zusammenhang bebauten Ortsteile) bzw. § 35 BauGB (Bauen im Außenbereich). Die Unterscheidung, ob nach § 34 BauGB oder nach § 35 BauGB zu beurteilen ist, hängt von der Lage des Vorhabenstandorts ab. Befindet sich der Vorhabenstandort im Außenbereich, so erfolgt die Beurteilung nach § 35 BauGB. Ist der Vorhabenstandort einem im Zusammenhang bebauten Ortsteil zuzuordnen, erfolgt die Beurteilung nach § 34 BauGB. Hierbei sind allein nur die Inhalte zu beurteilen, die im einfachen B-Plan nicht festgesetzt sind.

Das Zustandekommen von Bauleitplänen ist im BauGB beschrieben. Hier sind sowohl der F-Plan als auch der B-Plan gemeint. Bei dem Aufstellungsverfahren handelt es sich um ein öffentliches Verfahren. Neben den Behörden und Trägern öffentlicher Belange (TöB) soll insbesondere auch die betroffene Öffentlichkeit an der Entstehung von Bauleitplänen mitwirken. Für den Regelfall sieht der Gesetzgeber für das Zustandekommen von Bauleitplänen ein zweistufiges Verfahren vor. Zunächst sollen die Gemeinden möglichst frühzeitig die TöB und die Öffentlichkeit über eine vorgesehene gemeindliche Bauleitplanung unterrichten. Hierbei sollen die wesentlichen Inhalte und Ziele der beabsichtigten Planung vorgestellt werden. Bereits in dieser frühen Phase einer städtebaulichen Planung besteht somit für einen Investor auch die Gelegenheit, sich aktiv in das Aufstellungsverfahren einer Bauleitplanung einzubringen. Für die Gemeinde ist dieser Verfahrensschritt wichtig für den Erkenntnisgewinn, auf welche Belange im Aufstellungsverfahren besonders zu achten ist. Auch Informationen über den Detaillierungsgrad der erforderlichen Umweltprüfung ergeben sich für die Gemeinde aus diesem Verfahrensschritt.

Mit den gewonnenen Erkenntnissen aus der frühzeitigen Beteiligung kann die Gemeinde nun ihre mit der Bauleitplanung angestrebte städtebauliche Zielstellung konkretisieren und die Ergebnisse in einen Entwurf des Bauleitplans einfließen lassen.

Mit den Entwurfsunterlagen des Bauleitplans führt die Gemeinde eine formelle Beteiligung der Öffentlichkeit und der TöB durch.

Die Entwurfsunterlagen werden hierfür für die Dauer eines Monats, mindestens jedoch 30 Tage, offengelegt. Innerhalb dieser Frist, die eine Ausschlussfrist darstellt, kann sich die Öffentlichkeit zu den Entwurfsunterlagen äußern. Die zur Offenlegung bestimmten Entwurfsunterlagen werden in das Internet eingestellt und über das zentrale Internetportal des jeweiligen Bundeslandes zugänglich gemacht. Das formelle Beteiligungsverfahren dient ebenfalls dem Sammeln von Erkenntnissen. Diese sind meistens konkreter und genauer, da auch die Entwurfsunterlagen üblicherweise einen deutlich genaueren Stand haben als die Unterlagen der frühzeitigen Beteiligung. Die im formellen Beteiligungsverfahren gesammelten Informationen, Anregungen und Hinweise (Abwägungsmaterial) hat die Gemeinde in einer Abwägung zu bewerten. Dieses betrifft sowohl die Belange der TöB als auch die Belange der Öffentlichkeit. Im Zuge der Abwägungsentscheidung kann die Gemeinde bestimmten öffentlichen oder privaten Belangen den Vorzug geben. Diese Abwägungsentscheidung ist durch die Gemeinde dann entsprechend zu begründen.

Anschließend erfolgt für einen B-Plan ein Satzungsbeschluss und für einen F-Plan ein abschließender Beschluss. Diese Unterscheidung ergibt sich aus dem unterschiedlichen Rechtsstatus der beiden Planarten. Wie eingangs beschrieben, ist der F-Plan der vorbereitende Bauleitplan, der keinen Rechtsnormcharakter aufweist, und der B-Plan der verbindliche Bauleitplan, der als Satzung das normierte Baurecht schafft.

Der F-Plan unterliegt grundsätzlich einer Genehmigungspflicht durch die höhere Verwaltungsbehörde. Die jeweiligen Landesregierungen können durch Rechtsverordnungen die Zuständigkeit für die Genehmigung (§ 203 Abs. 3 BauGB) auf andere staatliche Behörden oder Landkreise übertragen.

Mit ortsüblicher Bekanntmachung der Genehmigung wird der F-Plan dann wirksam.

Der B-Plan unterliegt keiner Genehmigungspflicht, soweit er aus den Darstellungen des F-Plans entwickelt worden ist. Hier genügt es, wenn der Satzungsbeschluss durch die Gemeinde ortsüblich bekannt gemacht wird. Mit einer solchen Bekanntmachung tritt der B-Plan in Kraft. Sollte der B-Plan nicht aus den Darstellungen des F-Plans entwickelt worden sein, so unterliegt er genau wie ein F-Plan der Genehmigungspflicht.

Der Vollständigkeit halber ist hier noch zu erwähnen, dass es neben dem zweistufigen Regelverfahren auch noch ein vereinfachtes Verfahren (§ 13 BauGB) und für Bebauungspläne der Innenentwicklung ein beschleunigtes Verfahren (§ 13a BauGB) gibt. Auf diese Verfahren soll an dieser Stelle aber nicht weiter eingegangen werden.

Mit den B-Plänen wird das öffentliche Baurecht geschaffen. Speziell der B-Plan enthält dafür Festsetzungen, denen ein Bauvorhaben nicht widersprechen darf. Den Katalog der möglichen Festsetzungen, nachrichtlichen Übernahmen und Kennzeichnungen hat der Gesetzgeber abschließend in § 9 BauGB geregelt. Aus diesem Katalog kann die Gemeinde genau die Festsetzungen in einem B-Plan treffen, die zum Erreichen ihrer städtebaulichen Zielstellungen erforderlich sind. Ein „Festsetzungserfindungsrecht" steht den Gemeinden hingegen nicht zu. Mehrfachfestsetzungen sind in den B-Plänen durchaus möglich. Für ein gutes Handling bei der Realisierung des B-Plans hat sich eine möglichst schlanke Festsetzungsstruktur des B-Plans bewährt. Neben der Einhaltung des Grundsatzes der Erforderlichkeit („Die Gemeinden haben die Bauleitpläne aufzustellen, sobald und soweit es für die städtebauliche Entwicklung und Ordnung erforderlich ist; ...") bietet die Gemeinde den Investoren so auch eine möglichst große Freiheit bei der Planung und Umsetzung ihrer Bauvorhaben.

Bei bestehenden B-Plänen ist für die geplante Ansiedlung von Gewerbe- oder Industriebetrieben frühzeitig zu prüfen, ob das konkrete Vorhaben den jeweiligen Festsetzungen im B-Plan entspricht. Hier sind insbesondere die Festsetzungen zur Art der baulichen Nutzung (z. B. Industriegebiet/Gewerbegebiet, Ausschluss bzw. Einschränkungen von bestimmten Nutzungsarten), zum Maß der baulichen Nutzung (max. Bauhöhe, überbaubare Grundstücksflächen, Baugrenzen) und zum Immissionsschutz (Lärmkontingente) zu beachten.

Bilden die Festsetzungen für die Gemeinde die Grundlage, um ihre städtebauliche Zielstellung mit dem B-Plan zu verwirklichen, sind nachrichtliche Übernahmen und Kennzeichnungen Regelungen aus anderen rechtlichen Vorschriften, die zum besseren Verständnis mit in den B-Plan aufgenommen werden sollen. Dieses kann sich z. B. aus dem Denkmal-/Bodendenkmalschutz, dem Wasserrecht oder dem Hochwasserschutz ergeben.

§ 9 BauGB enthält weiterhin die Grundlage, die es den einzelnen Bundesländern ermöglicht, auf Landesrecht beruhende Regelungen als Festsetzung mit in den B-Plan aufzunehmen. Meistens sind diese auf dem Bauordnungsrecht beruhende Möglichkeiten zum Festsetzen von gestalterischen Vorschriften, wie z. B. Dach- oder Fassadenfarben. Auch hier ist die Gemeinde gut beraten, nur das unbedingt Erforderliche zu regeln. Ein Übermaß an Gestaltungsfestsetzungen führt regelmäßig zu Abweichungen, über die zusätzlich im Baugenehmigungsverfahren zu entscheiden ist.

In der Praxis hat sich diesbezüglich bewährt, anstelle einer Liste von erlaubten Gestaltungsmöglichkeiten einige wenige extreme Gestaltungen auszuschließen. An diesem Ausschluss sollte dann im Zuge der Realisierung des B-Plans aber auch festgehalten werden.

In den meisten Fällen wird mit dem B-Plan auch die Grundlage für einen Eingriff in Natur und Landschaft vorbereitet. Das bedeutet, dass der B-Plan bauliche und sonstige Nutzungen auf vormals naturbelassenen Flächen vorbereitet und diese Flächen dauerhaft ihre naturbelassenen Eigenschaften verlieren. Für diese Eingriffe ist ein adäquater Ausgleich und Ersatz zu ermitteln und im B-Plan festzusetzen.

Die Wirtschaftsförderung benötigt für die Gewerbe- und Industrieansiedlungen bzw. Erweiterungsvorhaben idealerweise größtmögliche Handlungsspielräume.

Daher steht sehr früh die Einbeziehung der Wirtschaftsförderung auf der Aktivitätenliste gemeindlicher Planungsvorhaben. Lediglich Vorhaben und Festsetzungen zu Dingen, die grundsätzlich ausgeschlossen werden sollen, sind darzustellen und zu erläutern. Hinzu kommen Festlegungen der übergeordneten Planungen des Landes und der Raumordnung zu Vorrang- und Vorbehaltsgebieten für Industrie und Gewerbe.

Die Planverfahren sind in Deutschland durchgängig geregelt. Auf die Verfahren soll an dieser Stelle nicht eingegangen werden. Die Wirtschaftsförderung sollte jedoch die Grundregeln des Planungs- und Baurechts beherrschen. Ansonsten resultieren aus reinen Marketingaktionen völlig unrealistische Ansätze für Unternehmensansiedlungen. Immer sollten die zuständigen Verwaltungsstrukturen (Planungsämter, Bauamt, Umweltbehörden) frühzeitig in die Planung einbezogen werden.

Wirtschaftsförderungen, die in Verwaltungsstrukturen eingebettet sind, haben zumindest hier große Vorteile.

Es ist der Regelfall, dass Politik sich frühzeitig in das Ansiedlungsgeschäft einbringen möchte. Diese Unterstützung kann nicht in jedem Fall hilfreich sein. Eine gute Kommunikation der Spezialisten in den Verwaltungen mit Planern, Ingenieuren und Architekten ist besser als politisch motivierter Druck.

Geballte Großansiedlungen müssen dann auch konsequent im Rahmen der Förderinstrumentarien ausfinanziert werden. Die rechtzeitige Bereitstellung der Mittel und die Verfügbarkeit von Verwaltungskapazitäten sind ein Markenzeichen für eine Region und prägt das Image für die Zukunft.

Es gibt eine Reihe von Festlegungen, die nicht einfach im Planverfahren ausgehebelt werden können. Häufig sind Ausgleichsmaßnahmen erforderlich, die ein Projekt erheblich verteuern und viel Zeit in Anspruch nehmen. Es liegt auch an der Wirtschaftsförderung, diese Dinge vorauszudenken. Die besten Ratgeber sind und waren die Umweltbehörden bzw. das Umweltamt der Landkreise.

Zunehmend entwickeln Gemeinden und Regionen Positivlisten für ihre Entwicklungsziele. Das ist ein begrüßenswerter Ansatz, benötigt jedoch umfangreiche Abstimmungen zu den verbindlichen Zielen der Raumordnung und Regionalentwicklung.

Die zentralen raumordnerischen Vorgaben zu Vorrang- und Vorbehaltsgebieten für Industrie- und Großgewerbe sind zwar von den Gemeinden zu beachten, die Planungshoheit und damit die Schaffung von tatsächlichem Baurecht liegt aber bei der Gemeinde, die das durchaus verzögern oder verhindern kann, wenn sie mit den raumordnerischen Vorgaben nicht einverstanden ist.

Die Vermarktung potenzieller Flächen erfolgt häufig auf mehreren Ebenen. Die Konflikte sind dabei vorprogrammiert, wenn Angebot und Realität auseinanderfallen. In der Praxis wird sich i. d. R. der gemeindliche Wille durchsetzen.

Planungsrechtlich sind die Ausgangssituationen vor dem eigentlichen Ansiedlungs- bzw. Entwicklungsgeschäft sehr unterschiedlich. Von rechtskräftigen Planungen bis zu komplett neuen Planungen sind viele Kombinationen denkbar. Je verbindlicher der Planungsstand ist, umso schneller sollte Baurecht geschaffen werden können. Aber fast immer kommt es im konkreten Einzelfall zu Überraschungen. Das sollte für die Wirtschaftsförderung kein Problem darstellen, denn viele andere Prozesse laufen parallel.

Themen wie Hochbauplanungen, Baugenehmigungen, Finanzierungen und Fördermittelbeantragung müssen auch im Vorhabenprozess bewältigt werden. Erfahrungen belegen, dass Planveränderungen und sogar Planaufstellungen in diese Prozesse gut eingeordnet werden können. Der Druck von Investoren konzentriert sich meistens auf die Zeitabläufe der kommunalen Bauleitplanung. Erfahrungen haben gezeigt, dass Investoren häufig eigene Vorstellungen in der Realisierung von Vorhaben inhaltlich und zeitlich nicht umsetzen. Das Scheitern einer Ansiedlung liegt in solchen Fällen nicht an der kommunalen Planung, diese wird aber gern als Begründung dafür herangezogen. Der Versuch, gerade im Umweltrecht, Tatsachen „wegzuargumentieren“, scheitert früher oder später. Oder es treten in der Folge Dinge zutage, die nur mit erheblichem Aufwand geregelt werden können.

Viele Ressourcen sind begrenzt (Beispiel Wasser, Abwasserbehandlung) und erfordern zeitversetzt große Investitionen. Technisch sind die meisten Restriktionen beherrschbar. Man sollte jedoch real die Kosten erfragen und klären, welche Seite diese übernimmt.

Die rechtzeitige Einbeziehung der TöB ist die Voraussetzung für eine gute Lösung, das Unterlassen derselben kann das schnelle Ende einer Idee bedeuten.

2.3 Rolle des Umwelt-, Natur- und Klimaschutzes, regenerative Energieerzeugung

Die Nutzung der erneuerbaren Energien nimmt zunehmend an Fahrt auf. In der kommunalen Planung ist jedoch die Erzeugung/

Nutzung von Windstrom und die bauliche Flächennutzung durchaus konfliktbehaftet (Immissionen, Abstände zu baulichen Anlagen).

Grüne Energie ist immer noch wesentlich teurer als die konventionelle Energiebereitstellung oder Energiegewinnung über Brückentechnologien.

Ein interessanter Ansatz könnte die Bereitstellung von regenerativen Energien aus kommunalen Systemen im Zusammenhang mit abgestimmten Planungen für Energieerzeugungsanlagen im Zusammenhang mit der Entwicklung von Gewerbe- und Industrieflächen sein. Hier profitiert die Gemeinde in doppelter Hinsicht von der Energieerzeugung vor Ort durch die damit verbundenen Einnahmen für den Haushalt und Steuereinnahmen aus Einkommen und Gewerbe. Die Herausforderung besteht jedoch in einem aufwendigen Abstimmungsprozess in den verschiedenen Planungsebenen, der Flächenverfügbarkeit und der Akzeptanz bei den Bürgern der Region.

Hier ist die Wirtschaftsförderung als Koordinator sehr hilfreich, insbesondere wenn Gemeinden ehrenamtlich geführt werden. Hilfreich ist in diesen Fällen ein hauptamtlicher Kümmerer, der ständig ansprechbar ist und das Ehrenamt entlastet.

Tatsache ist jedoch auch, dass Möglichkeiten so komplexer Planungen häufig an der Flächenverfügbarkeit scheitern. Und auch ein Kümmerer muss bezahlt werden.

Die Aufwendungen für diese Entwicklung münden am Ende in einen Preis, den das Unternehmen bereit sein muss zu zahlen.

Aufwendige Ver- und Entsorgung sollten sehr früh bepreist werden. Wie bereits gesagt, technisch geht sehr viel. Und Fördergeld ist ein süßes Gift.

2.4 Baurecht, Baugenehmigungsverfahren, Bestandsschutz

Die kommunale Wirtschaftsförderung kann beim Baurecht tatsächlich punkten, nämlich als Projektsteuerer.

Genehmigungsverfahren sind in Deutschland umfänglich geregelt, zum Teil haben Bundesländer spezielle Vorschriften (Landesbauordnungen). Diese Verfahren zu beherrschen und die Akteure zu vernetzen, ist eine Kernaufgabe der kommunalen Wirtschaftsförderung. Dieses Handeln kann bei Ansiedlungsvorhaben und Erweiterungen tatsächlich beträchtlich Zeit und Aufwand sparen. Die behördlichen Zuständigkeiten sind meistens klar geregelt bzw. im Rahmen von Voranfragen zu ermitteln. Dem Investor sollte klar sein, dass rechtssicheres Baurecht nachhaltig wirkt und auch für spätere Um- oder Nachnutzungen von Immobilien von großem Vorteil ist. Vom Bauantrag bis zur Baugenehmigung kann die Wirtschaftsförderung für eine gute Kommunikation zwischen allen Beteiligten sorgen. Das Verständnis dafür, warum z. B. Forderungen aus dem Umweltrecht beachtet werden müssen, entsteht dann, wenn die Behördensprache verständlich übersetzt werden kann – eine Aufgabe der Wirtschaftsförderung.

Die Baugenehmigung ist eine Voraussetzung für die Genehmigung von Fördermitteln und somit der Gesamtfinanzierung eines Vorhabens. Diese Verfahren laufen in der Zeit parallel.

Das Baugenehmigungsverfahren wird häufig als Flaschenhals gesehen. Die Behörden benötigen komplette und prüffähige Anträge. Auch der politische Wille, Abläufe zu beschleunigen, hat Grenzen. Unrealistische Zeitvorstellungen von Investoren, fehlende Unterlagen oder Gutachten und daraus resultierende Diskussionen kosten letztendlich Zeit und Geld. Bei anspruchsvollen Projekten hat sich die Ämterkonferenz als Vorstufe zum bauordnungsrechtlichen Verfahren bewährt. Hier kommen die einzelnen Fachämter und Versorgungsträger frühzeitig mit dem Investor und seinem Architekten zusammen und stimmen die weitere Vorgehensweise und die erforderlichen Unterlagen ab. Im Ergebnis herrscht Klarheit über das Verfahren und die Zuständigkeiten, im Extremfall zur eigentlichen Durchführbarkeit eines Vorhabens.

Planänderungsverfahren sind nicht die Hürde für Ansiedlungsverfahren oder Erweiterungen im Bestand. Die eigentliche bauliche Ausführungsplanung benötigt mindestens das gleiche Zeitfenster wie die kommunale Bauleitplanung. Es gab genügend Fälle, wo am Ende das Nichtzustandekommen der Finanzierung zum Scheitern eines Projektes geführt haben, obwohl genehmigungsseitig alle Voraussetzungen geschaffen worden waren. Hier sind dann Kenntnisse zur Vorgeschichte hilfreich.

Bei Bestandsimmobilien ist bei einer geplanten Nachnutzung bereits im Vorfeld einer Vermarktung zu prüfen, welche Bedingungen zu beachten sind. Hier spielen die bauplanungsrechtlichen Vorgaben

(B-Plan) sowie die mit der Vornutzung erteilten Baugenehmigungen eine entscheidende Rolle. Im Zweifelsfall sollte das Bauamt eingebunden werden bzw. der Vorhabenträger eine Bauvoranfrage stellen.

2.5 Häufige Probleme bei Erweiterungen: Emissionsschutz, Brandschutz, Nutzungsbeschränkungen

Werden im Bestand Veränderungen vorgenommen, hilft eine Einbindung der kommunalen Wirtschaftsförderung in jedem Fall. Häufig existiert ein umfangreiches Erfahrungswissen aus vergleichbaren Fällen und es gibt gute Kontakte zu den beteiligten Behörden, insbesondere zum örtlichen Bauamt.

In vielen Fällen wird die Wirtschaftsförderung jedoch gerufen, wenn ungenehmigte Umnutzungen oder Erweiterungen zu bauordnungsrechtlichen Konsequenzen geführt haben.

Die Schaffung von Planungsrecht ist in vielen Fällen möglich, greift aber dann nicht in das bauordnungsrechtliche Verfahren ein.

Die Wirtschaftsförderung kann bei rechtzeitiger Beteiligung Handlungsoptionen mit den Behörden ermitteln. Hiermit im Zusammenhang steht auch die Darstellung des jeweiligen Aufwands. Die Nutzung von ausgewiesenen Ausgleichsflächen für eine bauliche Nutzung ist aufwendig und teuer. Es gelten die bekannten Regeln und Forderungen: Für Gutachten gibt es Spezialisten, und Brandschutzgutachten sind keine Schikane. Zum Teil können aber auch Fachämter Gutachten erstellen (Brandschutz, Statistik o. Ä.).

Sollen z. B. bei Erweiterungen überplante Ausgleichsflächen genutzt werden, ist der Planungsaufwand groß und der Ausgleich des Ausgleichs teuer. Bewährt haben sich Gutachten von Spezialisten, die Alternativen bewerten können.

Die kommunale Wirtschaftsförderung sollte immer darauf hinweisen, dass ihre Dienstleistung eine Bauvoranfrage und eine Baugenehmigung nicht ersetzen kann. In behördliche Abläufe kann nicht eingegriffen werden. Es hilft jedoch, auf eine gute Akten- und Antragsqualität zu achten und die Abläufe aktiv zu begleiten.

Gewerbeflächenentwicklung und Ansiedlung von Unternehmen

3. Gewerbeflächenentwicklung und Ansiedlung von Unternehmen

Thomas Hammann, ehemaliger Geschäftsführer der Wirtschaftsförderungsgesellschaft Koblenz mbH und langjähriger Vorsitzender des DVWE

Die folgenden Hinweise stehen unter dem Vorbehalt der jeweils eigenverantwortlichen Prüfung in kommunal-, beihilfe-, steuer-, zivil-, gesellschaftsrechtlicher und sonstiger Sicht. Aufgrund der sehr heterogenen kommunalrechtlichen Regelungen in den Bundesländern, der unterschiedlichen Gesellschaftsformen, Aufgabenstrukturen, Vertrags- und Beschlusslagen etc. sowie sehr divergierender Verwaltungsverfahren und Planungsprozesse stehen die Anwendungen der folgenden Ausführungen stets unter dem Vorbehalt der individuell zu prüfenden Rechtskonformität. Es handelt sich lediglich um Erfahrungen aus der Praxis und sie stellen keine Rechtsberatung dar.

Allen Prozessen der Wirtschaftsförderung gemein sind die absolute Vertraulichkeit und Verlässlichkeit der Informationen und Vereinbarungen. Gerade der Datenschutz stellt in diesen Themen eine wichtige Voraussetzung für Verhandlungen dar. So könnten unerlaubt veröffentlichte Ansiedlungs- und Erweiterungspläne von Firmen schnell zu wirtschaftlichen Schäden führen. Daher stehen alle Aktivitäten zunächst stets unter dieser Prämisse der Nichtöffentlichkeit. Inwiefern digitale und damit allgemein öffentlich zugängliche Lösungen bei der Flächenvermittlung hilfreich sein können, ist daher im Einzelfall sehr genau zu prüfen. Ebenso stehen alle kommunalpolitischen Bemühungen und eventuellen Anträge (vor allem in Wahlkämpfen) oder Informationsansinnen von Pressestellen etc. um die Wirtschaftsförderung auch unter diesem Vorbehalt und sollten dementsprechend gewürdigt werden.

3.1 Die Rolle der kommunalen Wirtschaftsförderung im Ansiedlungsprozess von Unternehmen

Seit Beginn der Aktivitäten kommunaler Wirtschaftsförderungen Ende der 1970er-Jahre des vorherigen Jahrhunderts stellen die Bemühungen um die Ansiedlung von Unternehmen bzw. die Hilfe bei Erweiterungsprozessen vor Ort deren zentrale Aufgabe dar. So eindeutig das Ziel zu sein scheint, so vielfältig sind die Vorgehensweisen, die Ausstattungen sowie Vorgaben und die daraus sich ergebenden Möglichkeiten. Diese reichen von der reinen Beratung, Markterkundung und Netzwerkbildung als Basisaufgabe bis hin zum nationalen und internationalen Standortmarketing mit Messebeteiligungen, Delegationsreisen und zur aktiven Teilnahme am Grundstücksgeschehen durch eigeninitiierte oder beauftragte Projektentwicklung sowie Beteiligung (Kauf – Verkauf – Vermietung) am Immobilienmarkt.

Die Wirtschaftsförderung als zentraler Ansprechpartner

Die vielfältige Aufgabenstruktur von Kommunalverwaltungen ist für Außenstehende nicht immer schnell ersichtlich. Daher war einer der Urgedanken der Wirtschaftsförderung, für die Wirtschaft hier eine zentrale Anlaufstelle zu schaffen und dort möglichst alle Fragen der kommunalen Verwaltung für Wirtschaftstreibende zu bündeln. Leider ist dies nur bedingt möglich, da viele Themen nicht kommunal, sondern staatlich vorgegeben sind, jedoch von der Kommune erledigt werden müssen. Dies führt nicht selten zu Missverständnissen, die aber leicht aufgeklärt werden können. Hier zwei häufige Beispiele: Gewerbeanmeldung und Baugenehmigung. Beide Sachgebiete sind staatliche Aufgaben (Bundesländer) und können somit nur von staatlich beauftragten Stellen ausgeführt werden. Die Fachaufsicht liegt dabei auf Landesebene. Dennoch empfiehlt es sich, als Wirtschaftsförderer mit diesen Stellen eine enge, vertrauensvolle Abstimmung zu pflegen. Damit lassen sich häufig bereits im Vorfeld drängende Fragen zu Geschäftsmodellen und/oder Baugenehmigungen klären.

Alle weiteren Fragen aus der kommunalen Familie werden im Zuge der ganzheitlichen Betrachtung des Standorts bearbeitet und beinhalten gelegentlich manch therapeutischen Ansatz.

Die Wirtschaftsförderung als Vermittler und Begleiter

Allen Wirtschaftsförderungen fällt dabei die grundlegende Vermittlerrolle zwischen Angebot und Nachfrage zu, wobei gerade diese Aufgabe auch wiederum sehr unterschiedliche rechtliche Vorgaben besitzt. So können in einigen Bundesländern die WFGs eine gewerbliche Erlaubnis ihrer Maklertätigkeit erhalten, um dann auch entsprechende Provisionen für diese Tätigkeiten zu bekommen. In vielen anderen Bundesländern ist dies kommunalrechtlich nicht möglich. Dennoch stellt gerade diese Aufgabe die zentrale Rolle als Vermittler dar.

Bewährt hat sich dabei, neben der Vorhaltung aktueller Verfügbarkeitsdaten für Flächen, Gebäude und Projekte, die Einrichtung eines Netzwerks mit den örtlichen Maklern. So können schnell und auch verbindlich nicht direkt zu lösende Anfragen bei Erlaubnis gestreut und bei Verfügbarkeit eventuell bedient werden.

Auch die Initiierung und Pflege eines Netzwerks mit Immobilienfirmen, Projektentwicklern, Sparkassen, Banken und Architekten sowie weiteren an diesem Markt Beteiligten stellt die Informationsbasis über die Kenntnis des örtlichen Immobilienmarkts dar.

Von zentraler Bedeutung jedoch sind die Informationen aus den eigenen Verwaltungsstellen und von den kommunalpolitischen Gremien. Dabei gilt es, die Vertraulichkeit in höchstem Maße zu wahren.

Digitale Tools können dabei die Arbeit erleichtern, stellen sich aber immer im Lichte der Vertraulichkeit dar. Inzwischen sind bei vielen Kommunen Daten zu Bodenrichtwerten, Bebaubarkeit, Bebauungsplänen und Grundstückszuschnitt sowie 3-D-Karten etc. verfügbar. Ob daneben und neben den allgemeinen Immobilienmärkten regionale oder kommunale Gewerbeflächentools eine Rolle spielen, muss individuell geprüft werden. Hier sind insbesondere die Aktualität der Einträge und der damit verbundene Aufwand zu beachten.

Als Begleiter in allen Ansiedlungsfragen kommen der Wirtschaftsförderung auch Beratungs- und Fürsorgeaufgaben zu. So hilft die Einreichung von vollständigen Unterlagen bei einem Bauantrag sehr, die häufig eingeforderte kurze Genehmigungsfrist für eine Baugenehmigung auch tatsächlich einhalten zu können. Eine bestimmte Anzahl Mehrausfertigungen kann, in Abstimmung mit der Baugenehmigungsbehörde, dies noch unterstützen.

Die Wirtschaftsförderung als Impulsgeber

Die Wirtschaftsförderung kann und muss aus der Perspektive der Kunden, also der Wirtschaftstreibenden, nach der Analyse der Daten zur Nachfragesituation und dem Angebot zum eigenen Standort Impulse zur ganzheitlichen Lösungsfindung auch strategischer Standortfragen geben. Bewährt haben sich dabei sowohl die Erstellung einer Gewerbe- und Industrieflächenstrategie als auch einer

Standortkonzeption, die die wesentlichen Stakeholder aktivieren und in das Netzwerk einbinden. Dabei empfiehlt es sich bisweilen, mögliche Ideen und Impulse durch anerkannt kompetente Partner einbringen zu lassen. Impulse in die eigene Verwaltung sind, gerade bei unterschiedlich konzipierten Dezernatsstrukturen, unter kollegialen Bedingungen hilfreich.

Die Impulse beschränken sich jedoch nicht allein auf Fragen der Wirtschaftsförderung, sondern sollten alle Standortfaktoren ganzheitlich berücksichtigen. Ob dies beispielhaft die Fachkräfteverfügbarkeit, die Nahversorgung, die Wohnungssituation, die KITA-Versorgung, die Gesundheitsversorgung oder (sehr wichtig) Verkehrsfragen u. a. betrifft, hängt von den jeweiligen Gegebenheiten ab. Alles hängt mit allem zusammen. So kommt dem Standortmarketing als einem Instrument der Sichtbarmachung der Stadt oder der Region eine immer größer werdende Bedeutung zu. Im Wettbewerb um Firmen, Arbeitsplätze und damit Einwohner und nachhaltige Einnahmen der Zukunft gilt es, die für eine Ansiedlung sprechenden Argumente verständlich den Zielgruppen näherzubringen und somit überhaupt wahrnehmbar zu werden. Möglicherweise kommen auch (Fach-)Messebeteiligungen zur Kontaktaufnahme bzw. -pflege mit Investoren infrage. Hier empfiehlt sich eine genaue Kosten-Nutzen-Analyse im Vorfeld und die Prüfung einer Kooperation mit Nachbarkommunen oder -regionen.

Die Wirtschaftsförderung als Flächenverkäufer oder -ankäufer

Sofern die Kommunen, ihre kommunalen Gesellschaften oder Beauftragten über zu vermarktende Flächen verfügen oder fremde Flächen ankaufen möchten, kann der Wirtschaftsförderung die Rolle des Verkäufers oder Käufers von nicht in ihrem Eigentum stehenden Flächen zukommen. Sie handelt dann im Namen der Beauftragten. Hierfür stehen vielfältige Instrumente zur Verfügung, deren rechtliche Wirkungen jeweils genau zu prüfen sind (vgl. Vorbemerkungen). Generell ist diese Rolle so zu erledigen, als ob es die eigenen Flächen wären, mit der Maßgabe, dann an die Weisungen der Auftraggeber gebunden zu sein. Gerade in komplexen Sachverhalten kann diese Rolle zu Lösungen führen, die über mehrere Hürden hinweg nur durch diese vermittelnde Stelle möglich werden. Auch bei dem Thema „Tausch- oder Ausgleichsflächen“ beliebt, stellt diese Funktion einer Wirtschaftsförderung außerhalb der direkten Verwaltungsstrukturen (z. B. Umlegungsbehörden) einen hilfreichen Faktor dar.

Die Wirtschaftsförderung als Projektentwickler

Bisweilen bietet es sich an, die Wirtschaftsförderung für die Entwicklung eines bestimmten, abgegrenzten Projektes einzusetzen. Gerade im Bereich der Konversion der 1990er-Jahre kamen diese Lösungen gezielt zum Einsatz und haben sich bis heute auch für andere Um- und Nachnutzungsprojekte bewährt. Dabei wird i. d. R. die Wirtschaftsförderung in die Lage versetzt, mittels Auftrages der Kommune ein bestimmtes Gebiet in eine konkrete Nachnutzung zu entwickeln. Ob ein Zwischenerwerb durch die Wirtschaftsförderung, die Kommune oder andere erfolgt, die Planungsleistungen selbst erfolgen oder vergeben werden, die künftigen potenziellen Nutzer bereits im Vorfeld oder innerhalb des Verfahrens beteiligt werden oder wie der Prozess abgewickelt und umgesetzt wird, hängt von den jeweiligen individuellen Gegebenheiten ab. Es gibt auch Wirtschaftsförderungen, die sich ausschließlich mit diesem Thema beschäftigen und dies als ihr Geschäftsmodell, bisweilen auch für Drittkommunen als Auftraggeber, entwickeln.

Ein immer wichtiger werdendes Aufgabenfeld ist die Koordination und Abwicklung von interkommunalen Aktivitäten wie etwa Zweckverbänden. Dabei schließen sich z. B. benachbarte Kommunen zu einem Verband zum Zweck der Planung, Umlegung, Erschließung und Vermarktung eines neuen Industriegebiets zusammen, das über mehrere Gebietsgrenzen hinweg erstellt wird. Dabei kommt der Wirtschaftsförderung eine Reihe von Aufgaben zu: Projektierung, Administration, Vorbereitung aller Beschlüsse, Vergabe der Planungsaufträge, Kontrolle und Abrechnung, Vermarktung der Grundstücke und am Ende noch die Ausgleichsberechnung der im Zweckverbandsgebiet erwirtschafteten Gewerbesteuer, die auf die beteiligten Kommunen wiederum nach einem abgestimmten Berechnungssystem ausgeschüttet wird.

Die Wirtschaftsförderung als Eigentümerin und Beteiligte an Immobilien, Geschäftsmodellen und am Immobilienmarkt

Eigentum an Grundstücken, Immobilien, Erbpacht, Beteiligung an Gesellschaften usw. stellen für Wirtschaftsförderungen, neben der Einnahmegenerierung durch Verkauf, Vermietung und Verpachtung, auch eine direkte Steuerungsmöglichkeit im Zuge der Ansiedlungsbemühungen für einen Standort dar. Die Modelle und Beispiele sind sehr vielfältig und reichen von einer Minderheitsbeteiligung an einem Technologiezentrum bis hin zum Bau und der Vermietung von Büro- oder Spezialimmobilien, Häfen, Lagerhallen usw. Der DVWE kann hierzu weitere Informationen zu bestehenden Modellen geben und die verantwortlichen Kollegen aus dem Expertenpool benennen.

3.2 Flächenverfügbarkeit

„Produktionsfirma sucht eine Fläche mit ca. 2 ha (20.000 m^2), GE-Gebiet, 7.000 m^2 Halle, Mindesthöhe 12 m, Baubeginn in ca. 1 Jahr, ca. 200 Mitarbeiter, gute Verkehrsanbindung usw.!"

Solche oder so ähnliche Erstanfragen erreichen die Wirtschaftsförderungen sehr oft. In Zeiten hoher Flächenverfügbarkeit eine einfache Übung.

In vielfachen Studien der letzten Jahre wurden für die Bundesrepublik Deutschland jedoch nur noch sehr geringe Potenziale verfügbarer Industrie- und Gewerbeflächen registriert. Dabei gilt es sehr genau zu betrachten, was unter „verfügbar" überhaupt verstanden wird.

Hier zwei Extrembeispiele: Während in der Regionalplanung (und damit auch auf Bundes- und Landesplanungsebene) die im regionalen Raumordnungsplan als Vorhalteflächen für Industrie und Gewerbe bezeichneten Flächen (meistens mehrere 100 ha) als „verfügbar" angesehen werden, stellen für die Wirtschaftsförderungen ausschließlich die direkt verkaufbaren und unmittelbar (längstens in ein bis zwei Jahren) tatsächlich bebaubaren Flächen das eigentliche Potenzial dar. Dieses Potenzial geht in den meisten Bundesländern immer mehr gegen null. Somit werden in vielen Statistiken oft Äpfel mit Birnen verglichen. Hier gilt es, die tatsächlichen Sachverhalte genau zu analysieren und argumentativ nach Lösungen zu suchen.

Rolle der Bauleitplanung

Das kommunale Planungsrecht (Art. 28 Abs. 2 GG) stellt den rechtlichen Rahmen für jegliche Flächennutzungen in der Wirtschaftsförderung dar. Dieses ist, wie auch die Bemühungen um die Grundstückverfügbarkeit, eine Generationenaufgabe.

Die Kaskade aus Landesentwicklungs-, Regionalentwicklungs-, Kreis- und Verbandsgemeindeentwicklungs-, Flächennutzungs- und daraus zu entwickelnden Bebauungsplänen zeigt die komplexen Strukturen, die erforderlich sind, um am Ende überhaupt Baurecht für eine Ansiedlung zu erhalten (BauGB). Dabei sollten die Flächennutzungspläne für ca. 20 bis 30 Jahre den planerischen Rahmen bilden, aus dem dann die Bebauungspläne entwickelt werden.

Allein diese Aufzählung macht deutlich, welch wichtige Rolle der Bauleitplanung zukommt und welche wichtigen Weichenstellungen damit für den jeweiligen Standort vorgeprägt werden. Es ist nach Rechtskraft dieser Pläne kaum mehr möglich, in einem absehbaren Zeitraum nochmals Änderungen vorzunehmen.

Die Verfahren für die Bauleitpläne (F-Plan und B-Plan) sind strikt geregelt und durchlaufen eine vorgegebene Struktur. Dabei sind Eingaben-, Beteiligungs- und Klagemöglichkeiten sowie die Zahl der zu beteiligenden Stellen in den letzten Jahrzehnten stets erweitert worden. Damit einhergeht der immer personal- und zeitaufwendiger werdende Verfahrens- und Verwaltungsprozess, womit Aussagen zur möglichen Verfahrensdauer nicht valide getroffen werden können. Gerade dies ist aber eine zentrale Anforderung bei Ansiedlungsanfragen.

Neben der Verfahrensdauer stellen auch die in diesem Prozess zu berücksichtigenden Forderungen für die Inhalte des künftigen B-Plans zunehmend eine Belastung für die Ansiedlungsbemühungen dar.

Da werden in Gewerbe- und Industriegebieten mit großflächiger Nutzungsperspektive häufig kleinstteilige Vorgaben für Einfriedungen, Abstandsflächen, Begrünungen, Dachformen und -farben, abstufende Höhenangaben in Zentimetern, Lage der Fahrradabstellplätze, Art der Grünpflanzen und Abstand der jeweiligen Hecken zueinander u. v. m. eingezeichnet, die sich bereits bei den ersten Bauplanentwürfen für eine Umsetzung als unausführbar oder unbezahlbar erweisen.

Um diese Situationen zu vermeiden, sollte die Wirtschaftsförderung immer die reale Ausführbarkeit der Baubauungspläne im Auge behalten und diese bei der Bauleitplanung immer wieder einfordern (Anm.: Der DVWE bemüht sich, das Kapitel „Realistische Ausführbarkeit der Bauleitplanung“ als wichtigen Studieninhalt der Stadtplanungslehre zu etablieren).

Baurecht

Die Aufgabe der Wirtschaftsförderung in den Ansiedlungsbemühungen beinhaltet auch, die mögliche Nutzbarkeit eines potenziellen Grundstücks zu prüfen und diese Angaben vorzuhalten. Das Recht, ein Grundstück baulich zu nutzen, wird von den örtlichen Gegebenheiten bestimmt. Regelmäßig liegen sog. „qualifizierte Bebauungspläne" zur Regelung des Baurechts vor. Es können aber auch in älteren Gebieten noch Pläne aus den 1950er- und 1960er-Jahren vorhanden sein, die nicht den heutigen Qualifizierungsansprüchen genügen. Dennoch geben diese oft Hinweise auf Art und Maß der baulichen Nutzung. Bisweilen sollen auch Flächen, für die es keine Bauleitplanung gibt, die aber durch eine vorhandene Umgebungsbebauung vorgeprägt sind, einer Bebauung zugeführt werden. Dann kann Baurecht als „Lückenbebauung" vorliegen.

Eine anspruchsvolle Aufgabe stellt sich dann, wenn viele Argumente für eine Bebauung eines Grundstücks oder eines Gebiets sprechen, für das aber noch kein oder kein ausreichendes Baurecht vorliegt. Als Impulsgeber oder Initiator kann die Wirtschaftsförderung dann das erforderliche Verfahren anregen. Zusätzlich bietet sich der Abschluss eines städtebaulichen Vertrags (§ 11 BauGB) an, der u. a. auch die Kosten des Verfahrens beinhaltet. Hier könnte auch das Instrument eines „vorhabenbezogenen Bebauungsplans" (§ 12 BauGB) greifen. Dieser durchläuft auch die Verfahrensschritte eines B-Plans, stellt aber bereits ein bestimmtes Vorhaben als Umsetzungserfordernis in den Fokus. Sofern eine neue Erschließung erforderlich wird, sollte ein Erschließungsvertrag erwogen werden.

Baugenehmigungsverfahren

Die Erteilung einer Baugenehmigung ist eine staatliche Aufgabe (Bundesländer mit jeweiligen Landesbauordnungen), die jedoch i. d. R. auf die kommunale Ebene als „Auftragsangelegenheit" delegiert wurde. Damit ist die jeweilige Stadt- bzw. Kreisverwaltung zwar die zuständige Behörde, es handelt jedoch das jeweilige Bundesland als „Baupolizeibehörde".

An eine Baugenehmigung sind sehr viele Anforderungen geknüpft, die je nach Größe und Bedeutung einen längeren Verfahrensprozess erfordern. Das Wichtigste ist, einen vollständigen Bauantrag zu stellen. Häufig werden lange Baugenehmigungsverfahren seitens der Bauherren bemängelt, der eigentliche Grund für diese Verzögerung kann dabei u. a. aber auch in unzureichenden Antragsunterlagen gefunden werden.

Die Themen Brandschutz, Hochwasserschutz, Starkregenvorsorge, Klimaschutz, Ausgleichsmaßnahmen sowie Stellplatz- und Verkehrsfragen rücken zusehends in den Fokus. Gerade für komplexere Neubauvorhaben, aber auch Umbaumaßnahmen im Bestand stellen sich dabei Herausforderungen, für die die Wirtschaftsförderung durch ihre Kenntnisse und Netzwerkkontakte Hilfestellung leisten kann. Gerade der Austausch mit Kollegen, die zu bestimmten Themen Erfahrungen haben, kann zu Lösungen in vermeintlich aussichtslosen Situationen führen.

Der Genehmigung unterliegt nicht nur die rein bauliche Substanz, sondern auch die Nutzung der jeweiligen Immobilie. Gerade hierzu können sich viele Fragen ergeben, die im ungünstigsten Fall zu einem Erlöschen der Nutzungsgenehmigung führen können. Aufgrund der immer individuell zu beurteilenden Thematik kann an dieser Stelle nur grundsätzlich darauf hingewiesen werden. Inwiefern die Wirtschaftsförderung sich generell in diese Verfahren einbringt, hängt von den jeweiligen Aufgaben, Ressourcen und Gegebenheiten ab.

Bestandsschutz

Mit Genehmigung errichtete Gebäude genießen i. d. R. Bestandsschutz, sofern keine konstruktiven oder sonstigen Gründe dagegensprechen. Dies bedeutet, dass eine komplizierte Rechtsfrage vorliegen kann, wenn in einem Gebiet Gebäude zu finden sind, die nach neuen Planungsvorgaben so dort nicht stehen dürften, aber dann umgenutzt, saniert oder geändert werden sollen.

Nutzungsbeschränkungen

Ein wichtiges Kapitel bei der Ansiedlung und der Wirtschaftsförderung spielen Nutzungsbeschränkungen bei Grundstücken bzw. Gebäuden. Diese können durch die Bauleitplanung, die Baugenehmigung oder durch Baulasten und Grunddienstbarkeiten, aber auch von Staats wegen (z. B. militärische Nutzungen, Einflugschneisen von Flughäfen, Hochwasserschutz u. a.) vorliegen.

Gerade in Bebauungsplänen werden sehr häufig für ganze Gebiete oder auch Teile bestimmte Nutzungen ausgeschlossen oder eingeschränkt. Beispielhaft werden in den Textfestsetzungen der B-Pläne die Nutzungen für jeglichen oder bestimmten Einzelhandel, Bordellbetriebe o. Ä., aber auch kirchliche Nutzungen ausgeschlossen. Es können auch bestimmte Areale unter Vorbehalt gestellt werden, etwa wenn dort archäologische Fundstätten vermutet werden.

Weitere Einschränkungen können sich aus den möglichen Rechten oder Pflichten des Grundstückseigentümers ergeben, die als Dienstbarkeiten, Wege- und Leitungsrechte u. a. im Grundbuch zu finden sind. Hier sollte immer der aktuelle Grundbuchauszug vorhanden sein.

Ein besonderes Thema stellen Baulasten dar, die im örtlichen Baulastenverzeichnis zu finden sind. Sie sind nicht im Grundbuch registriert, stellen aber eventuell Nutzungseinschränkungen dar. So kann eine Abstandsbaulast zugunsten des Nachbarn die eigene Ausnutzbarkeit einschränken.

3.3 Qualitativer und quantitativer Flächenbedarf aktuell und zukünftig

Wie zu Beginn ausgeführt, stellt die Bewertung des Flächenbedarfs für eine Kommune zusehends hohes Streitpotenzial dar. Während die allgemeinen Vorgaben (vgl. Bundesministerium für Umwelt, Naturschutz, nukleare Sicherheit und Verbraucherschutz 2025) zur Reduzierung der Flächenversiegelung verpflichten, stellen viele Kommunen eine sehr hohe Nachfrage nach neuen Gewerbe- und Industrieflächen fest, ohne die ganze Industriezweige abzuwandern drohen. Gleichzeitig stehen dieser Nutzung in vielfältiger Weise andere Interessen entgegen.

Derzeit werden nach Studien (z. B. IW-Consult 2025) hohe Bedarfe für die folgenden Jahre benannt. Ein erster wichtiger Schritt ist die Standortflächenanalyse mit anschließender Bedarfsprognose. Diese Erhebung steht vor jeder weiteren Aktivität hinsichtlich Bauleitplanung, Grunderwerb oder städtebaulichen Maßnahmen, wie etwa der städtebaulichen Entwicklungsmaßnahme gemäß § 165 BauGB.

Während in den meisten Planungen nur die reinen Flächenangaben erhoben werden, spielt für die Wirtschaft zusätzlich die Qualität der jeweiligen angestrebten Fläche eine immer wichtigere Rolle.

Dabei werden häufig folgende Aspekte genannt: verkehrliche Erschließung und Erreichbarkeit (auch überregional), Kundennähe, Verfügbarkeit von Mitarbeitenden, sichere Verfügbarkeit von Energie, Wasser, Transportwege, Image der Region, politische Stabilität.

Es empfiehlt sich somit, gerade diese Gebiete einer gesonderten Untersuchung zu unterziehen, um neben der reinen Flächenverfügbarkeit auch die richtige (nachgefragte) Fläche in die Bedarfsberechnung einzukalkulieren. Nur so können auch die nun folgenden Ausführungen um die Bemühungen zum Grunderwerb erfolgreich zu einer die Nachfrage bedienenden Ansiedlung führen.

3.4 Flächenerwerb

„Alles kaufen, was wir bekommen können!" So oder ähnlich hört man vielerorts kommunale Liegenschaftsämter, aber auch Wirtschaftsförderer sprechen. Dahinter steht die Erkenntnis, dass nur das tatsächliche Eigentum an möglichst vielen Flächen (und dann auch noch den richtigen) den Kommunen eine geordnete Planung und vor allem die tatsächliche Umsetzung dieser Planung ermöglicht.

Das reine Bauplanungsrecht, ohne Eigentümer zu sein, ist nicht durchsetzungsstark genug, um auch alle Eigentümer in einem Gebiet zur baulichen Umsetzung und tatsächlichen Nutzung zu animieren. Vielfache Bemühungen seitens der Kommunen, anschließend (nach der Bauleitplanung und oft lückenhafter Besiedlung) eine Nutzung zu erreichen, sind leider nur wenig erfolgreich. Die vielen noch freien (meistens Erweiterungs-)Flächen in besten Lagen beweisen diese Misere.

Flächenvorsorgepolitik

Es empfiehlt sich, eine generelle politische Maxime zum vorsorglichen Erwerb potenzieller Flächen zu erreichen, welche ein Mindestmaß an Haushaltsmitteln für diese Aktivitäten reserviert. Vor dem Erwerb sollte jedoch aus strategischen Gründen noch keine preistreibende städtebauliche Entwicklung oder gar Bauleitplanung erfolgen. Hierzu gehört auch der allgemeine Konsens, keine „Masterpläne" oder ähnliche Visionsbekundungen zu erstellen. Diesen Planungsgewinn sollte die Stadt bzw. die WFG selbst für sich beanspruchen.

Preissituation

Um den potenziellen Verkäufern die Angst zu nehmen, sie würden jetzt ein günstiges Ackergrundstück verkaufen und die Stadt macht sich dann mittels Neubeplanung in Kürze die Taschen voll, haben sich sog. „Nachschussverpflichtungen" im Kaufvertrag bewährt: Die Käuferin Stadt bzw. WFG gewährt dem Verkäufer einen Nachschuss auf den aktuellen Kaufpreis i. H. v. 50 Prozent des Wertzuwachses, sofern in den nächsten zehn oder 15 Jahren das Grundstück höherwertig überplant werden sollte. Der Wertzuwachs wird vom Gutachterausschuss (das ist eine Landeseinrichtung, also unverfänglich) festgesetzt.

Tausch- und Ausgleichsflächen

Neben den eigentlichen Gewerbeflächen werden in zunehmendem Maße zusätzliche Ausgleichsflächen benötigt. Auch dafür sollte ein strategischer Ankauf erfolgen.

Weitere Kaufargumente sind das Vorhalten von Tauschflächen, die vor allem für Ankäufe mit der Landwirtschaft benötigt werden. Ob sich der Erwerb einer Fläche langfristig als günstig oder unnötig erweist, kann in den meisten Fällen nicht im Vorhinein bestimmt werden. Gerade in ungünstigen Lagen bestehende Grundstücke stellen häufig die Schlüsselgrundstücke für mögliche Erschließungs-, Erweiterungs- oder Tauschfälle dar.

3.5 Flächenentwicklung

Das klassische Verfahren der Flächenentwicklung ist das Bebauungsplanverfahren, das, aus dem F-Plan entwickelt, für ein bestimmtes Gebiet eine konkrete Nutzung vorsieht. Hierbei wird die unterschiedliche Sichtweise zwischen Stadtplanung und Wirtschaftsförderung dann deutlich, wenn die Stadt wenig bis kein Grundeigentum in diesem Gebiet besitzt. Dann kämen Planungsgewinne (Unterschied zwischen unbeplantem Grundstückswert und fertig beplantem Verkaufswert) ausschließlich den dortigen Eigentümern zu und die Stadt hätte auf die tatsächliche Umsetzung der Planung (Bebauung und Nutzung im Planungssinne, ob und wann womit bebaut wird) keinen Einfluss mehr. Diese Vorgehensweise empfiehlt sich aus Wirtschaftsförderersicht nur in zielgerichteter, vertrauensvoller Abstimmung mit den Eigentümern und sollte mit einem städtebaulichen Vertrag (§ 11 BauGB) abgesichert werden.

Günstiger für das städtische Ziel der Gewerbe- und/oder Industrieansiedlung erfolgt eine Bauleitplanung erst, wenn die Kommune (oder die WFG) einen Großteil der Grundstücke im Eigentum hat. Dann können die Nutzungsziele durch die künftigen Grundstückveräußerungsverträge mit den Investoren tatsächlich abgesichert werden. Nur dann kommen auch die folgenden Kapitel zum Einsatz.

Als schärfstes Instrument einer öffentlichen Gewerbe- und Industrieentwicklung ist die städtebauliche Entwicklungsmaßnahme gemäß § 165 BauGB zu nennen. Mit diesem Verfahren und als letztes Mittel zur Durchsetzung erhält die Stadt die Möglichkeit, bis hin zur Enteignung nicht abgabewilliger Eigentümer, das gänzliche Eigentum aller in diesem Gebiet befindlicher Flächen zu erlangen, um sie anschließend an ansiedlungswillige Investoren weiterzuverkaufen. Bei diesem Verfahren sind vielfältige Formen der Voruntersuchungen, Geeignetheitsgutachten, Entwicklungsprognosen, Mitwirkungsbereitschaften, Betroffenheitsanalysen u. v. m. erforderlich, sodass sich dieses Verfahren nicht für kurzfristige Entwicklungen eignet, da, wie in allen Planungsprozessen, vielfältige Klagemöglichkeiten Betroffener gegeben sind, die das Verfahren zeitlich nicht kalkulierbar machen. Insgesamt verpflichtet sich die Kommune damit auch, am Ende keinen zusätzlichen Gewinn im Einnahme-Kosten-Vergleich zu erzielen. Sollte dies dennoch der Fall sein, könnte dieser wiederum den ursprünglichen Eigentümern vor Beginn der Maßnahme zustehen.

Interkommunale Zusammenarbeit

Kleinteilige kommunale Strukturen in vielen Bundesländern führen zur Situation, innerhalb des jeweiligen eigenen Ortsbereichs keine weitere sinnvolle Entwicklung mehr durchführen zu können. Hier bietet sich der Blick über die kommunalen Grenzen hinweg an. In vielen Beispielen ist dies bereits gelungen und es konnten Ansiedlungen mit überregionaler Bedeutung erzielt werden, die ohne diese Kooperation nicht möglich gewesen wären. So werden Infrastruktur, Versorgung, Lagegunst, Ausgleichspotenzial, Preissituation und Verkaufsbereitschaft u. v. m. ausgeglichen und alle Beteiligten haben positive Effekte.

Dabei gilt es vor allem, die Interessen aller beteiligten Kommunen stets kooperativ auszugleichen. Allen diesen Bemühungen liegen Einnahme-und-Ausgaben-Vereinbarungen zugrunde, die am Ende nicht nur die Lasten, sondern auch die zu erwartenden Einnahmen aus Verkauf und (künftiger) Gewerbesteuer auf alle Beteiligten gerecht aufteilen (vgl. Zweckverband Industriegebiet A61 2025).

3.6 Flächenkonversion (z. B. brachliegende Industriefläche zu Gewerbe- oder Wohnfläche reaktivieren)

Nach dem Ende des Kalten Krieges in den 1990er-Jahren waren viele ehemals militärisch genutzte Flächen für eine zivile Nachnutzung frei geworden. Der Bund hat später zur Abwicklung die Bundesimmobilienagentur (BIMA) eingesetzt, und auch heute stehen immer noch ungenutzte Flächen für eine mögliche Nachnutzung zur Verfügung. Ursprünglich wurden die Nachnutzungen noch durch Verbilligungsregelungen und Konversionsprogramme unterstützt, und auch derzeit gibt es noch Verbilligungstatbestände im Bundeshaushalt beim Erwerb von Bundesliegenschaften. Aktuell jedoch hat der Bund (auch durch die Entwicklungen des Ukrainekrieges) diese ursprüngliche Verkaufspolitik geändert und keine weiteren Freigaben mehr genannt. Im Gegenteil, es werden wieder verstärkt Flächen für Bundesnutzungen, aber auch Landesaufgaben (Landeskatastrophenschutz) gesucht. Damit stehen diese Interessen auch in Konkurrenz zur Flächennachfrage seitens der Wirtschaft.

Unabhängig von dieser Entwicklung, sollten in die Entwicklungsplanungen der Kommunen die brachliegenden oder durch Aussiedlung frei werdenden ehemaligen Gewerbe- und Industrieflächen miteinbezogen werden.

Zunächst gilt es, diese Gebiete zu identifizieren, zu analysieren und deren Potenzial für eine Nachnutzung grob zu bewerten. Sofern eine erste positive Einschätzung erfolgt, könnte der Kontakt mit dem Eigentümer oder den Eigentümern zur Erkundung der Nutzungspläne erfolgen. Oft handelt es sich dabei um komplexe Strukturen (Erbengemeinschaften, Firmenverschachtelungen etc.), die durch diese künftige Umnutzung eine Chance zur Klärung bekommen können. Sofern eine Mitwirkungsbereitschaft besteht, könnte der Prozess beginnen, in dem sich die Kommune bzw. die WFG aber möglichst Zwischenerwerbsrechte einräumen sollte. Möglicherweise steht auch ein Interessenbekundungsverfahren (vgl. Bundesregierung 2025) an, aus dem ein Projektentwickler hervorgeht, der dann wiederum über städtebauliche Verträge etc. die Planungen umsetzt.

Als weiteres Instrument steht der Kommune auch das Recht zu, eine städtebauliche Sanierungssatzung nach § 136 BauGB zu prüfen. Diese Maßnahme ist, wie die städtebauliche Entwicklungsmaßnahme, ein sehr weit gehendes Instrument und kann als letztes Durchsetzungsmittel auch eine Enteignung erwägen. Dabei wird durch die Sanierungsmaßnahmen, die Neuplanung, Umgestaltung und Nachnutzung, ein höherer, sanierungsbeeinflusster Wert erwartet, aus dem die Kosten der Maßnahmen finanziert werden sollen.

Der DVWE setzt sich dafür ein, dieses Instrument stärker zu nutzen, da gerade die Nachnutzung mindergenutzter, bereits versiegelter, gewerblicher Flächen ein sehr hohes Potenzial beinhaltet, ohne neue zusätzliche Flächeninanspruchnahme (DVWE 2023).

3.7 Vergabeverfahren und -kriterien beim Verkauf von Grundstücken

Neben den Festsetzungen in Bebauungsplänen kommen bei der Vergabe von städtischen oder WFG-Grundstücken vorabgestimmte Verfahren oder Kriterien infrage, die die Vergaben objektiv, transparent, politisch nachvollziehbar und akzeptabler machen sollen.

Es gibt hierzu unterschiedliche Ansätze und Vorgehensweisen, die für die jeweiligen kommunalen Projektentwicklungen individuell einsetzbar sein können. Grundsätzlich stehen alle Verkaufsbeschlüsse immer unter dem Genehmigungsvorbehalt des Stadtrates bzw. des Gremiums der WFG.

Zunächst kann durch einfachen Beschluss ein Positiv- oder Negativkatalog von infrage kommenden Investoren erfolgen. Diese decken sich meistens mit den Vorgaben im B-Plan, können aber auch noch verfeinert werden.

Als nächste Vorgabe können weitere Auflagen, z. B. Branchen, Gewerbesteuer, Arbeitsplätze, Nachhaltigkeit usw. vorgegeben werden. (Achtung: So werden regelmäßig „Speditionen" nicht gerne bei der Vergabe gesehen, da sie vermeintlich viel Fläche bei nur wenig Mitarbeitern und geringer Steuerkraft benötigen. Diese sind aber oftmals zwischenzeitlich zu einem verlängerten Arm der Produktionsfirmen avanciert, sodass eine neue Sichtweise erfolgen kann.)

Eine Kombination dieser Vorgaben kann bei der Erstellung von Kriterien für die Ansiedlung verwendet werden, die vor der Beschlussfassung als verwaltungsinterne Prüfung erfolgt. Diese sind vielfach kombinierbar und in der höchsten Stufe als Vergabe- und Verfahrenskriterien einer Vergabeentscheidung im Gremium zumindest für die Bieterbeteiligten einsehbar.

Vorteile: Alle diese Verfahren erleichtern die Verhandlungen der Wirtschaftsförderung im Vorfeld, da nach Kriterien verfahren werden kann. Auch die höchste Stufe der kleinteiligen Abstimmung nach Unternehmer- und Projektdaten stellt zwar sehr hohe Anforderungen an die erarbeitende Stelle, kann aber die Entscheidungsfindung argumentativ abrunden.

Nachteile: Alle Verfahren finden unter permanent wechselnden wirtschaftlichen und politischen Gegebenheiten statt und stellen insbesondere bei deren Änderung oder wenn es um Um- bzw. Aussiedlungsanfragen bereits im kommunalen Gebiet vorhandener Firmen geht, oftmals ein Entscheidungshindernis dar, wenn diese Firmen die Kriterien nicht erfüllen können und dann gar eine Abwanderung droht.

Hier empfiehlt sich die Möglichkeit, die vorgegebenen Kriterien durch eine „Öffnungsklausel" für örtliche Firmen und/oder spezielle Ansiedlungsvorhaben zu ergänzen und die Kriterien regelmäßig auf ihre realwirtschaftliche Validität zu überprüfen.

3.8 Bauverpflichtungen und Sanktionsmöglichkeiten

Im Rahmen der Bauleitplanung sind auch Baugebote möglich, die jedoch als öffentliche Forderungen einer strengen gerichtlichen Nachprüfung standhalten müssen. Insofern liegen auch hierbei oft Situationen vor, die die Durchsetzbarkeit nicht unterstützen. Damit gehen solche Festsetzungen bisweilen ins Leere oder dauern durch prozessuale Ausnutzung sehr lange.

Ein durchsetzungsstärkeres Mittel ist die Aufnahme der vom Investor vorgesehenen Baupläne, Zeitschienen, Nutzungsprognosen, Ausführungskonzepte u. v. m. in den zu schließenden Grundstückskaufvertrag. Dadurch wird die Bedeutung des Eigentums der Kommune bzw. der WFG der zu entwickelnden Flächen deutlich. Dieses privatrechtliche Instrument bietet vielfältige vertragliche Möglichkeiten der Sanktionierung, sofern es sich zu einem späteren Zeitpunkt erweisen sollte, dass die der Beschlusslage zugrunde liegenden Versprechungen nicht erfüllt werden (können) oder der

Erwerb nur aus spekulativen Gründen erfolgte (etwa zur wertgesteigerten Weiterveräußerung oder anderweitigen Nutzung). Hier können Nachzahlungsverpflichtungen (z. B. bei versäumten Fristen), Vertragsstrafen und im letzten Fall Rücktrittsrechte der Kommune bzw. der WFG deren Durchsetzung absichern.

3.9 Rückabwicklungs-Regelungen

3 Grundstücke sind nicht vermehrbar. Folgende Möglichkeiten stehen der Stadt bzw. der WFG nur zu, wenn sie Eigentümer ist, oder bei einem Zwischenerwerb und direkter Veräußerung. Aus diesem Grund sollte bei jedem Verkauf eines Gewerbe- oder Industriegrundstücks durch die Kommune oder die WFG auch die Situation bedacht werden, dass die erwerbende Firma am Ende nicht die Nutzungen und Effekte auf dem Grundstück erzeugt, die von dem Erwerber versprochen wurden und zur Verkaufsentscheidung geführt haben. Aus diesem Grund sollten Möglichkeiten der Rückabwicklung in den Grundstückskaufvertrag aufgenommen werden. Es sollten dabei nur Rücktrittsrechte und keinesfalls Pflichten enthalten sein!

Rücktrittsrechte des Verkäufers Stadt bzw. WFG:

a) bei Weiterveräußerung im unbebauten Zustand
b) bei Versäumen der Beantragung der Baugenehmigung oder des Baubeginns innerhalb von ein oder zwei Jahren
c) bei wesentlichen Änderungen der Nutzungsabsichten
d) bei Nichterfüllung eventueller Sanierungsverpflichtungen
e) bei Aufgabe der wirtschaftlichen Tätigkeit oder Insolvenz innerhalb von acht oder zehn Jahren

Es erfolgt der Ersatz nur des ursprünglichen Kaufpreises ohne Zinsen. Die Kosten der Rückabwicklung liegen alle beim ursprünglichen Erwerber. Für nutzbare, bereits errichtete und nachnutzbare Gebäude kann im Vertrag u. U. noch über eine Regelung zum Kostenersatz von 2/3 der nachgewiesenen Baukosten nachgedacht werden.

Damit besteht für die Kommune bzw. WFG die Möglichkeit, erneut über das Grundstück zu verfügen und eine neue Ansiedlung zu ermöglichen.

Literatur:

DVWE, Deutscher Verband der Wirtschaftsförderungs- und Entwicklungsgesellschaften e. V. 2023. Positionspapier zur Verfügbarkeit und Entwicklung von Industrie- und Gewerbeflächen in Deutschland, Stralsund, 2023.

Internetquellen:

Bundesministerium für Umwelt, Naturschutz, nukleare Sicherheit und Verbraucherschutz: https://www.bmuv.de/themen/nachhaltigkeit/strategie-und-umsetzung/reduzierung-des-flaechenverbrauchs, eingesehen am 25. 04. 2025

Bundesregierung: https://www.verwaltungsvorschriften-im-internet.de/bsvwvbund_24092012_IIA3H10050700002.htm, eingesehen am 25. 04. 2025

IW Consult https://www.iwconsult.de/en/projekte/wirtschaftsfoerdererpanel-2025/, eingesehen am 25. 04. 2025

Zweckverband Industriegebiet A61: https://www.gewerbegebiete.de/profil/60263/Industriepark-A-61%2F-GVZ-Koblenz, eingesehen am 25. 04. 2025

Regionalisierung in der kommunalen Wirtschaftsförderung

4. Regionalisierung in der kommunalen Wirtschaftsförderung

Dr. Marc Funk, Wirtschaft, Tourismus und Marketing (WTM) GmbH Waiblingen

4

Wirtschaftsstandorte sind im Zeitalter der Globalisierung Teil eines dynamischen und weltumfassenden Systems von Standorten und Märkten. Mit einer Zunahme internationaler Verflechtungen ist auch eine Erhöhung des Wettbewerbs um Investitionen, Arbeitsplätze und damit letztlich um wirtschaftliche Prosperität verbunden. Hieraus ergeben sich für die Kommunen Chancen und Risiken (Funk 2009, 28). Auf der einen Seite besteht die Möglichkeit, an überproportional wachsenden Märkten zu partizipieren und von der erhöhten Mobilität von Kapital und Wissen zu profitieren. Andererseits lösen sich bestehende Raumstrukturen auf, sodass tradierte Branchen Marktanteile verlieren, Wertschöpfungsketten erodieren und häufig wirtschaftlicher Niedergang in jenen Städten und Gemeinden einsetzt, die jahrzehntelang von persistenten Unternehmens- und Wirtschaftsstrukturen profitiert haben.

Die Globalisierung wirtschaftlicher Aktivitäten ist aber nicht zwangsläufig mit einer Deterritorialisierung verbunden. Je stärker Güter-, Finanz- und Kapitalströme in Bewegung kommen und es zu einer größeren geografischen Ausdehnung ökonomischer Aktivitäten kommt, umso mehr geraten räumliche Differenzierungsmerkmale in den Fokus verschiedener Interessens- und Entscheidungsträger. Diese von Storper (1997, 191) als innere Paradoxie der Globalisierung bezeichnete Entwicklung führt zur Erkenntnis, dass räumliche Nähe und die Einbettung von Akteuren in soziale Beziehungen entscheidenden Einfluss auf wirtschaftliche Entwicklungen haben. Die regionale Welt verspricht Wettbewerbsvorteile. Offensichtlich wird dies in der Konzentrationsbildung verschiedener Unternehmen und der Herausbildung raumgebundener Komplexe, die als „kreative Milieus", „regionale Innovationssysteme" oder „Cluster" bezeichnet werden. Gemeinsame Werte, Einstellungen, Normen, Traditionen, Lebensstile, Kultur und Sprache sowie ein hohes Maß an Vertrauen sind häufig Grundlage für die Auslösung von Innovationsprozessen und der Diffusion neuer Produkte und Dienstleistungen. Wirtschaftliches Handeln ist folglich nicht kontextunabhängig, sondern von sozialen Strukturen des einzelnen Umfelds bestimmt (Glückler & Bathelt 2018, 251).

Die regionale Wirtschaftsstruktur macht somit nicht vor Gemeindegrenzen halt. Folgerichtig erfährt die Ebene der Region in den letzten Jahren eine neue Aufmerksamkeit in der Wirtschaftsförderung. Das traditionelle Modell der Wirtschaftsförderung hat sich verändert. Statt kommunalem Kirchturmdenken liegt der Fokus nun häufig auf der Schaffung und Förderung regionaler Kooperationen, um gemeinsam Synergieeffekte und Wettbewerbsvorteile zu erzielen und langfristig konkurrenzfähig zu bleiben. Ob Standortmarketing, Fachkräftegewinnung oder die Errichtung interkommunaler Gewerbegebiete – die Beispiele für die Verlagerung von Aufgaben von der kommunalen auf die regionale Ebene sind mannigfaltig.

In vielen Rathäusern ist die Erkenntnis gewachsen, dass Regionalisierung in der Wirtschaftsförderung eine effiziente Nutzung von Ressourcen ermöglicht, den Austausch von Wissen fördert und die Wettbewerbsfähigkeit der eigenen Kommune durch gemeinsame Entwicklungsstrategien stärkt.

4.1 Region und Regionalisierung

Der Begriff der „Region"

Im Alltag und in der wissenschaftlichen Literatur findet sich eine Vielzahl von Versuchen, den Begriff „Region" inhaltlich zu beschreiben oder zu definieren. Sprachgeschichtlich stammt das Wort Region aus dem späten Mittelalter und leitet sich aus dem lateinischen „regio" ab, was gleichbedeutend mit „Gegend", „Bereich" oder „Gebiet" ist (Dallmann & Richter 2012, 101). Alltagssprachlich wird Region häufig als Begriff für einen räumlichen Ausschnitt verwendet, der größer ist als der örtliche Zusammenhang, dessen tatsächliche Ausdehnung aber nicht unbedingt bekannt ist und der zur Bezeichnung der verschiedensten räumlichen, nicht näher präzisierbaren Phänomene von der wirtschaftlichen, sozialen und kulturellen Situation des so gemeinten Gebiets herangezogen wird. Region steht verbreitet auch als Synonym für „Landschaft", aber auch für „Heimat".

Abbildung 1: Das Gebiet des Verbands Region Stuttgart (Quelle: https://wrs.region-stuttgart.de/unser-standort-die-region-stuttgart/standortinformationen/)

Hinweis:

Rund 2,8 Mio. Menschen leben in den 179 Städten und Gemeinden der Region Stuttgart, bestehend aus den Landkreisen Böblingen, Esslingen, Göppingen, Ludwigsburg und Rems-Murr sowie der Landeshauptstadt Stuttgart. Der Verband Region Stuttgart wurde 1994 per Landesgesetz als Körperschaft des öffentlichen Rechts gegründet. Sein gesetzlicher Auftrag zur

„Förderung und Sicherung einer geordneten Entwicklung" hat in über 30 Jahren an Aktualität nichts verloren.

Im Kontext von Wissenschaft und Planung wird der Begriff der „Region" als konkrete Raumeinheit mittlerer Ebene verstanden. Hierbei lässt sich die Region als geografisch und funktional abgegrenztes Gebiet definieren, das bestimmte gemeinsame Merkmale aufweist. Hierzu zählen u. a. die geografische Lage, wirtschaftliche Strukturen oder kulturelle Identitäten (z. B. Sprache, Religion). Je nach Kontext gibt es unterschiedliche Arten von Regionen:

- administrative Regionen: Diese werden durch politische und gesetzliche Grenzen definiert (z. B. Region Stuttgart, Bundesländer).
- funktionale Regionen: Diese werden durch ökonomische Beziehungen und Mobilitätsströme definiert, z. B. durch Pendlerbewegungen oder Markteinzugsgebiete von Unternehmen.
- Raumordnungsregionen zum Zwecke der raumordnerischen Berichterstattung
- kulturelle Regionen: Hierbei handelt es sich um Regionen, die durch historische und kulturelle Faktoren geprägt sind und eine gemeinsame Identität aufweisen.

Das Interesse an der „Region" und regionalwissenschaftlichen Fragestellungen ist aufgrund der vorherigen Erläuterungen stark gestiegen. Hinzu kommt ein Bedeutungszuwachs im Kontext der politik- und wirtschaftswissenschaftlichen Diskussionen um ein „Europa der Regionen" und einen „Wettbewerb der Regionen".

Der Begriff der „Regionalisierung"

Auch für den Begriff der „Regionalisierung" gibt es keine abschließende und verbindliche Definition. Unter Regionalisierung wird einerseits eine Einbeziehung des Raums in den politischen Gestaltungsprozess unter vorhergehender wissenschaftlicher Analyse und Diagnose verstanden (Richter 1997, 78), andererseits bezeichnet Regionalisierung den technischen Prozess, in dem Regionen als wirtschaftliche und politische Einheiten gestärkt und aufgewertet werden.

Regionen können dabei nach dem Homogenitätsprinzip, dem Funktionalprinzip oder nach politisch-administrativen Gegebenheiten abgegrenzt werden. Die beiden erstgenannten Prinzipien basieren häufig auf wissenschaftlichen Erkenntnissen. Die nach politischen Kriterien und auf administrativen Grundlagen gegründeten Regionen haben meist einen normativen Charakter.

In der Wirtschaftsförderung versteht man unter Regionalisierung zudem häufig die Aufspaltung einer bestimmten Aufgabe zwischen dem Gesamtstaat und einzelnen Teilräumen (z. B. Fachkräftegewinnung, Tourismusförderung) und die übergemeindliche bzw. interkommunale Aufgabenerfüllung. Letztere ist zu einer gängigen Praxis in der kommunalen Wirtschaftsförderung geworden. Dieses Begriffsverständnis dient als Grundlage für die weiteren Ausführungen zur Regionalisierung in der kommunalen Wirtschaftsförderung.

4.2 Regionalökonomie und Wirtschaftsförderung

Die Regionalökonomie beschäftigt sich mit der Analyse und Erklärung wirtschaftlicher Prozesse auf regionaler Ebene und untersucht, wie Wirtschaftsaktivitäten in räumlich begrenzten Gebieten organisiert sind. Dabei werden u. a. auch die Standortfaktoren einer Stadt und einer Region untersucht, die entscheidend für die Attraktivität eines Standorts sind und die einen klassischen regionalen Erklärungsansatz für die Verteilung wirtschaftlicher Aktivität im Raum darstellen.

Ziel der Regionalökonomie ist es, sowohl die Ursachen als auch die Folgen räumlicher Entwicklungen sowie Ungleichheiten zu verstehen und Ansätze zur Förderung einer ausgewogenen regionalen Entwicklung zu ermöglichen. Die Rolle der Regionalökonomie in der Wirtschaftsförderung besteht darin, politische Entscheidungsträger und Wirtschaftsakteure mit den notwendigen Informationen und Analysen zu unterstützen, um fundierte Entscheidungen treffen zu können.

Typische Instrumente der Regionalökonomie sind:

- Infrastrukturinvestitionen: Ausbau von Verkehrs- und Kommunikationsnetzen
- Bildungs- und Ausbildungsprogramme: Verbesserung der Qualifikation der Arbeitskräfte
- Innovationsförderung: Unterstützung von Forschung und Entwicklung

4.3 Regionale Entwicklungstheorien und ihre Bedeutung für die Wirtschaftsförderung

Die Frage, warum ein Standort oder eine Region wirtschaftlich besser dasteht oder sich dynamischer entwickelt als andere, beschäftigt Wirtschaftsförderer tagtäglich. Weshalb ist das Bruttoinlandsprodukt in Baden-Württemberg höher als im Saarland, warum gibt es mehr Unternehmen aus der Biotechnologie in Basel als in Bielefeld und warum sind die Einzelhandelsumsätze in Kehl höher als in Kevelaer? Welche Maßnahmen müssen ergriffen werden, um die wirtschaftliche Entwicklung anzukurbeln? Welche Eingriffsmöglichkeiten und Stellschrauben gibt es überhaupt und welche Politikebene kann Maßnahmen ergreifen?

Für eine zielgerichtete und strategische Wirtschaftsförderung ist es wichtig zu wissen, welche Kräfte regionale Entwicklungsprozesse auslösen und verstärken. Auch ist es von Bedeutung, den Istzustand des eigenen Standorts zu analysieren und damit verstehen zu können.

Die Exportbasistheorie und ihre Bedeutung für die regionale Entwicklung

Die Exportbasistheorie geht davon aus, dass das wirtschaftliche Wachstum einer Region maßgeblich durch den Export von Waren und Dienstleistungen bestimmt wird, die über den lokalen Bedarf hinaus produziert werden (Haas & Neumair 2007, 63). Diese „exogenen" Einkommensquellen führen zu einem Zufluss von Kapital, das in der Region reinvestiert wird und indirekt auch das lokale Wirtschaftswachstum fördert.

Die Exportbasistheorie ist für die Wirtschaftsförderung von besonderer Bedeutung, da sie aufzeigt, wie wichtig exportorientierte Unternehmen und Branchen für die wirtschaftliche Entwicklung einer Region sind. Wirtschaftsförderungsmaßnahmen, die auf eine Stärkung der Exportbasis abzielen, umfassen etwa:

- Förderung exportorientierter Unternehmen durch gezielte Finanzierung oder Unterstützung beim Zugang zu neuen Märkten
- Anziehung von ausländischen Direktinvestitionen durch Standortmarketing und infrastrukturelle Maßnahmen

Die Theorie der endogenen Entwicklung und ihre Bedeutung für die Regionalentwicklung

Im Gegensatz zur Exportbasistheorie betont die Theorie der endogenen Entwicklung, dass das wirtschaftliche Potenzial einer Region durch die Förderung interner Ressourcen, Fähigkeiten und Kapazitäten gestärkt werden sollte (Schätzl 1996, 148). Sie argumentiert, dass eine Region durch die Mobilisierung lokaler Akteure, die Förderung kleiner und mittlerer Unternehmen (KMU) und die Nutzung regionaler Ressourcen langfristig eine nachhaltige Entwicklung erreichen kann.

Die endogene Entwicklung legt nahe, dass regionale Wirtschaftsförderung nicht nur auf Exporte und externe Investitionen abzielen sollte, sondern auch auf die Unterstützung der eigenen regionalen Innovationskraft und sozialen Kohäsion. Typische Maßnahmen zur

Förderung der endogenen Entwicklung umfassen:

- Unterstützung lokaler Unternehmer und KMUs
- Förderung regionaler Netzwerke und Kooperationen
- Förderung von Start-ups und Aufbau von Inkubatoren (z. B. Digi-Hubs)
- Bildung und Qualifizierung der lokalen Arbeitskräfte
- Stärkung der Identität und des sozialen Zusammenhalts in der Region

Die endogene Entwicklung bietet somit eine Grundlage für eine nachhaltige und resiliente Wirtschaftsstruktur, die weniger anfällig für externe Schocks ist.

Theorie der langen Wellen

Die Theorie der langen Wellen, oft auch als Kondratieff-Zyklen bezeichnet, wurde in den 1920er-Jahren vom russischen Ökonomen Nikolai Kondratieff entwickelt und beschreibt langfristige Strukturzyklen in der Wirtschaft.

Sie basiert auf der Beobachtung, dass Wirtschaftszyklen nicht nur kurzfristigen Schwankungen unterliegen, sondern über Dekaden hinweg Auf- und Abschwungphasen durchlaufen.

Diese Strukturzyklen bestehen aus vier Phasen:

1. Aufschwung (Expansion): Die Phase, in der sich eine neue Technologie entwickelt und erste Wachstumsimpulse auslöst. Investitionen und Innovationsaktivitäten sind hoch.
2. Boom (Prosperität): Die neue Technologie etabliert sich, führt zu starkem Wachstum und hoher Beschäftigung.
3. Rezession: Die Wachstumsimpulse schwächen sich ab, und die wirtschaftliche Dynamik nimmt ab. Es kommt zu Marktsättigung und einem Rückgang der Profitabilität.
4. Depression (Krise): Die Nachfrage bricht weiter ein, und Unternehmen müssen sich restrukturieren. Die Verunsicherung der Marktteilnehmer führt oft zu geringeren Investitionen.

Jede Welle erstreckt sich über etwa 40 bis 60 Jahre und ist durch spezifische technologische und wirtschaftliche Entwicklungen geprägt (Liefner & Schätzl 2012, 110). Getragen werden die Wellen typischerweise von einer technologischen Revolution. Beispiele (vgl. Nefiodow) sind die Industrielle Revolution (erste Welle), die Elektrifizierung (zweite Welle), die Automatisierung und chemische Industrie (dritte Welle), die Automobilität und Petrochemie (vierte Welle) sowie die Informationstechnologie und Digitalisierung (fünfte Welle). Welcher Kondratieff-Zyklus als Nächstes kommt und welche Merkmale er aufweisen wird, ist schwer zu prognostizieren. Möglicherweise spielen angesichts der Klimakrise und der Covid-19-Pandemie grüne Technologien oder Innovationen im Gesundheitswesen eine Rolle. Auch die weitere Entwicklungen von KI können Auslöser und Determinanten für den nächsten Zyklus sein.

Die Theorie der langen Wellen kann zur Erklärung interregionaler und internationaler Verlagerungen ökonomischer Aktivitäten herangezogen werden. Zu unterscheiden sind erstens räumliche Differenzierungsprozesse, die sich im Laufe einer Welle vollziehen, und räumliche Schwerpunktverlagerungen wirtschaftlicher Aktivitäten am Übergang von einer zur nächsten Welle. Die Theorie der langen Welle bietet eine interessante Perspektive für die Wirtschaftsförderung, insbesondere wenn es um die Regionalisierung geht, also die Anpassung und Konzentration wirtschaftspolitischer Maßnahmen auf bestimmte Regionen. Hierbei spielt die Anpassungsfähigkeit und Reaktionsfähigkeit auf spezifische Zyklen eine zentrale Rolle, um nachhaltiges Wachstum zu fördern, da die Vorhersage von technologischen Entwicklungen, wirtschaftlichen Bedingungen, gesellschaftlichen Trends und politischen Entscheidungen abhängt. Nach

Nefiodow ging die fünfte Welle um die Jahrhundertwende zu Ende. Parallel zum Auslaufen hat der sechste Kondratieff-Zyklus (Welle) begonnen. Wann dieser in den nächsten Zyklus übergeht, ist derzeit noch nicht absehbar.

Durch die zunehmende Disruption wird die Theorie der langen Wellen immer wieder kritisch hinterfragt bzw. gänzlich infrage gestellt, da Disruptionen typische Muster der langen Wellen verändern. Disruptive Technologien entstehen heute oft schneller, was dazu führt, dass Zyklen kürzer werden. Die schnellen Innovationsschübe etwa durch KI oder Biotechnologie setzen traditionelle Strukturen unter Druck und erfordern schnelle Anpassungen. Hierdurch intensivieren sich Krisenphasen und Anpassungsschwierigkeiten für Unternehmen. Neue Technologien schaffen neue Märkte und Wertschöpfungsketten. Regionen, die frühzeitig auf disruptive Trends reagieren und diese fördern, haben höhere Chancen, wirtschaftlich zu profitieren, während andere zurückbleiben könnten.

Die Theorie der langen Wellen kann als strategischer Rahmen dienen, um regionale wirtschaftsfördernde Maßnahmen zu planen. Sie hilft Wirtschaftsförderern, langfristige Trends zu erkennen und frühzeitig auf technologische und strukturelle Umbrüche zu reagieren.

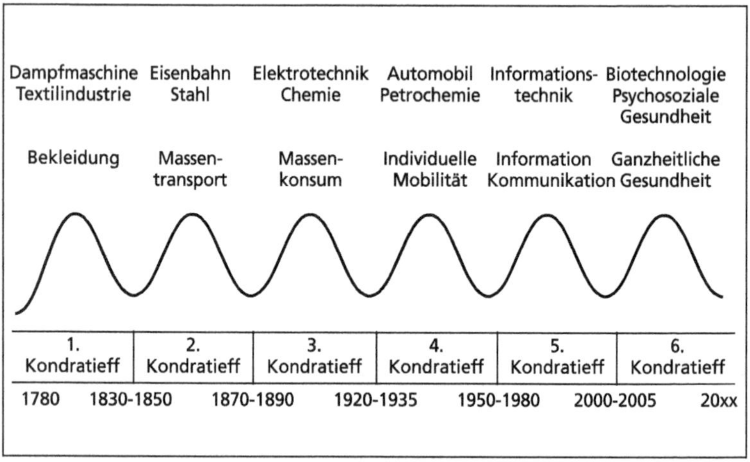

Abbildung 2: Kondratieff-Zyklen (Quelle: https://wrs.region-stuttgart.de/unser-standort-die-region-stuttgart/standortinformationen/)

Cluster und Clusterpolitik

Die Förderung von Clustern gehört seit Jahren zu den wichtigsten Instrumenten kommunaler und regionaler Wirtschaftsförderung (Assmann & Floeting 2018, 7). Europas Wirtschaftsförderer sind nach wie vor im „Clusterfieber" und versuchen mithilfe von Clusterinitiativen die Stärken ihrer Städte und Gemeinden hervorzuheben, um deren Position im internationalen Standortwettbewerb zu stärken. Bund und Länder tragen mit unterschiedlichsten Förderprogrammen und Wettbewerben ihren Teil dazu bei, dass sich „Clustering" längst zu einem festen Bestandteil der Wirtschaftspolitik und zu einem Hauptaufgabengebiet der Wirtschaftsförderung entwickelt hat (Funk 2013, 141). Marken wie „Photonics BW", „Biovalley" oder „Packaging Valley" sind Ergebnis und Ausdruck der gesteigerten Clusterbegeisterung in Politik und Wirtschaft und sind längst auf der Clusterlandkarte vertreten.

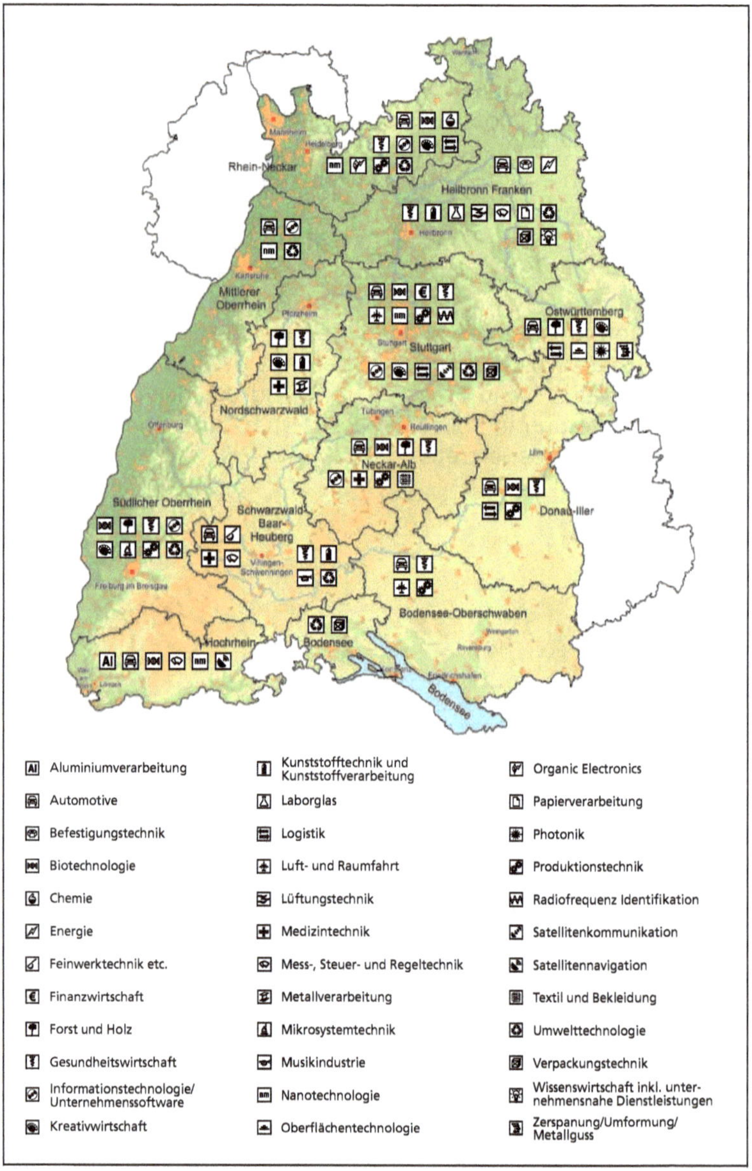

Abbildung 3: Clusterlandkarte Baden-Württemberg. Grafik zur Verfügung gestellt von der Clusteragentur Baden-Württemberg.

Cluster bezeichnen geografische Konzentrationen von Unternehmen, die innerhalb einer bestimmten Branche oder eines verwandten Bereichs tätig sind und durch gemeinsame Technologien, Ressourcen oder Märkte verbunden sind. Die Clustertheorie wurde durch den Wirtschaftswissenschaftler Michael E. Porter populär gemacht und zeigt auf, dass Cluster eine wichtige Rolle für die Wettbewerbs- und Innovationsfähigkeit einer Region spielen. Uhren aus dem Jura oder Medizintechnik aus Tuttlingen, viele Produkte oder gar ganze Branchen werden mit bestimmten Regionen oder Herkunftsorten assoziiert. In den Clustern finden Wachstums- und Innovationsprozesse statt (Bathelt & Glückler 2018, 260). Der Begriff „Cluster" in der Regionalwissenschaft hat nach der Veröffentlichung des Buchs von Michael E. Porter über nationale Wettbewerbsvorteile Aufmerksamkeit erlangt (Porter 1998, 197) und wird darin folgendermaßen definiert:

"Clusters are geographic concentrations of interconnected companies, specialized suppliers and service providers, firms in related industries, and associated institutions (e. g. universities, standards agencies, and trade associations) in particular fields that compete but also cooperate."

Frei übersetzt wird in der Wirtschaftsförderung somit i. S. v. Porter unter einem Cluster die räumliche Konzentration von Unternehmen, Zulieferern, Dienstleistern, wissenschaftlichen Einrichtungen und Institutionen desselben Wertschöpfungssystems verstanden, die im Wettbewerb zueinander stehen und dabei gleichzeitig kooperieren (Kiese 2012, 27). Das Entstehen von Wettbewerbsvorteilen wird von Porter durch das wechselseitige Zusammenspiel von vier Faktorbündeln (Nachfragebedingungen, verwandte und unterstützende Branchen, Strategie und Wettbewerb, Faktorbedingungen) erklärt, die er im Porterschen Diamanten darstellt und die den Ausgangspunkt für die Entstehung von Clustern bildet (Kiese 2008, 59).

Hervorzuheben ist, dass Porter die Entstehung von Wettbewerbsvorteilen in einen territorialen Kontext rückt und aus dem Zusammenspiel der Faktorbündel erklärt. Ursprünglich auf die Ebene der Nationalstaaten bezogen, erweitert Porter den räumlichen Bezug der Clusterbildung in späteren Arbeiten auf die regionale Ebene. Zu den Kritikpunkten der Porterschen Clustertheorie zählen neben der Faktordominanz die Vernachlässigung institutioneller Prozesse, Unklarheiten in Bezug auf den räumlichen Rahmen und das Fehlen einer Modellierung sozialer Prozesse (Bathelt & Glückler 2018, 248). Basierend auf der Kritik an der Vernachlässigung sozialer Interaktionen hat sich ein erweiterter Clusterbegriff entwickelt, der die Bedeutung sozialer Interaktionen in den Mittelpunkt der Betrachtung rückt.

Häufig sind Pionierunternehmen oder Zufälle für die Entstehung von Clustern verantwortlich. So war 1861 der Bau der ersten Briefkuvertiermaschine in Cannstatt der Auslöser für die Bildung des Verpackungsmaschinenbauclusters im deutschen Südwesten. Diametral entgegen steht die oft in der Politik vertretene Auffassung, dass Cluster nicht als empirisches Phänomen gesehen und „gemacht" werden können. Kiese merkt zurecht an, dass politisch gesteuerte Clusterinitiativen grundlegende ökonomische Prozesse ausblenden und das Gegenteil von raumgebundenen Komplexen sind, die auf langjährigen Entwicklungspfaden basieren und in denen Wissen lokalisiert ist (Kiese 2012, 30). Technokratischer Aktionismus führt daher auch selten zum Erfolg und ist vielmehr meist durch ein Scheitern gekennzeichnet, das sich im Auflösen vieler künstlich geschaffener Clusterstrukturen ausdrückt. Cluster sind auch nicht persistent, vielmehr unterliegen sie verschiedenen Entwicklungsstadien.

Der Lebenszyklus eines Clusters lässt sich in die Phasen „Gründung", „Wachstum", „Reife" sowie „Niedergang und Wandel" unterteilen. Insbesondere in der Wachstumsphase werden die regionalökonomischen Vorteile durch die Ansiedlung von Unternehmen und die Schaffung von Arbeitsplätzen spürbar und sichtbar. Die Phase des Wandels ist von elementarer Wichtigkeit für die Langlebigkeit des Clusters. Nur durch die Aufnahme äußerer Einflüsse in Form von Technologien und Meinungen sowie die Einbindung weiterer Firmen kann eine neue Innovationsdynamik ausgelöst werden, mit der sich die Stärke des Clusters manifestiert.

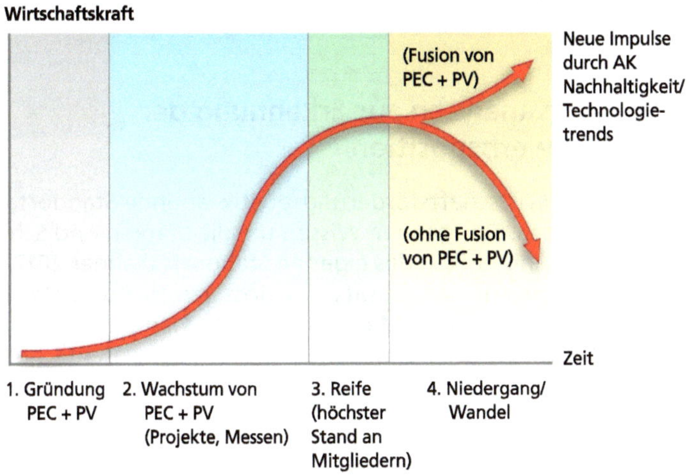

Abbildung 4: Entwicklungsphasen eines Clusters , dargestellt am Beispiel des Packaging Valley (Quelle: Funk 2021; 137)

Unter Clusterpolitik werden all jene Maßnahmen zusammengefasst, die dem Ziel der Entstehung und Förderung von Clustern dienen und die Förderung regionaler Kompetenzfelder beinhalten. Dabei kombiniert Clusterpolitik Instrumente aus der Industrie- und Strukturpolitik, der regionalen Wirtschaftsförderung sowie der Technologie- und Innovationsförderung. Die Zielsetzung besteht darin, positive Effekte für die Beschäftigungsentwicklung zu erzielen, die Produktivität zu erhöhen, das Lohnniveau zu steigern und die Innovationskraft zu stärken (Assmann & Floeting 2018, 17).

Angesichts der Tatsache, dass Cluster organisch gewachsen sind, stellt sich die Frage, ob eine Förderung aus regionalwirtschaftlicher und ordnungspolitischer Sicht erforderlich und wünschenswert ist. Die Frage kann mit „Ja" beantwortet werden, wenn echte und spürbar vorhandene Kompetenzfelder berücksichtigt und Maßnahmen zielgerichtet umgesetzt werden, die auf die Bedürfnisse der beteiligten Unternehmen ausgerichtet sind und damit einen gesellschaftlichen und wirtschaftlichen Nutzen stiften (Funk 2013, 141). Wichtig ist dabei auch, dass ein langer Atem erforderlich ist, denn Clusterpolitik verspricht selten kurzfristige Erfolge und muss auf Dauer ausgelegt sein.

4.4 Standortanalysen zur Erkennung der Wettbewerbsposition

Eine fundierte Wirtschaftsförderungspolitik ist ohne Standortanalyse nicht möglich. Das genaue Wissen um die Stärken und Schwächen, Chancen und Risiken des eigenen Standorts (Lahner 2017, 16) ist Voraussetzung für den Einsatz des richtigen Instrumentariums und zielgerichteter (Förder-)Maßnahmen. Eine Standortanalyse unterstützt Wirtschaftsförderer dabei, Antworten auf wesentliche Fragen zu finden, etwa: Welche Branchen sollten besonders gefördert werden? Wo liegen die Wettbewerbsvorteile? Wo besteht Entwicklungsbedarf? Damit trägt die Analyse zur strategischen Ausrichtung und zur optimalen Ressourcennutzung bei. Konkret wird die Standortanalyse in der Wirtschaftsförderung zur Identifikation von Standortfaktoren genutzt, die Unternehmen in ihrer Ansiedlungsentscheidung beeinflussen, der Optimierung von Förderstrategien oder der Positionierung im Wettbewerb mit anderen Standorten.

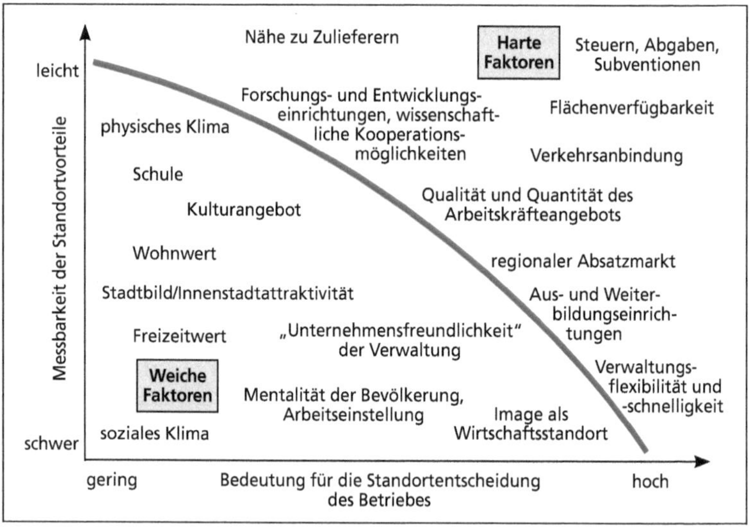

Abbildung 5: Standortfaktoren (Quelle: Grabow 1995, 3)

Durch die Analyse von Alleinstellungsmerkmalen können Wirtschaftsstandorte ihre spezifischen Vorteile gegenüber Konkurrenten betonen und Vermarktungsstrategien aufbauen.

Eine umfassende Standortanalyse umfasst mehrere Aspekte und berücksichtigt sowohl quantitative als auch qualitative Faktoren:

- wirtschaftliche Standortfaktoren, d. h. allgemeine Rahmenbedingungen, die für Unternehmen in einer Region von Bedeutung sind (Wirtschaftsstrukturen, Arbeitsmarktbedingungen, Infrastrukturausstattung, Kostenstrukturen)
- Soziodemografische Standortfaktoren wie Bevölkerungsstruktur und -entwicklung, Altersstruktur, Bevölkerungswachstum oder -rückgang, Wanderungsbewegungen, Bildungs- und Ausbildungsniveau, Gesundheitsversorgung, Wohnraumangebote, Kinderbetreuung und Freizeitmöglichkeiten
- Innovations- und Technologiefaktoren, hierzu zählen Bildungs- und Forschungseinrichtungen: Anzahl und Qualität von Universitäten, Fachhochschulen, Forschungsinstituten, Förderung von Innovationsnetzwerken, Patentanmeldungen und Innovationsindikatoren
- ökologische Standortfaktoren, Umweltqualität: Luftqualität, Wasserverfügbarkeit, Lärmbelastung und ökologische Besonderheiten, die Einfluss auf die Lebensqualität haben, Nachhaltige Infrastrukturen wie Anteile an erneuerbaren Energien, CO_2-Emissionen, Verfügbarkeit von umweltfreundlicher Mobilität und Recyclingoptionen, Ressourcenverfügbarkeit
- weiche Standortfaktoren wie Lebensqualität und Freizeitangebote: Kultur, Freizeit, Erholungsmöglichkeiten, Naherholung und gastronomische Vielfalt sowie Kultur und Gemeinschaft: Integration und Diversität der Gesellschaft, lokales Gemeinschaftsgefühl und „Lifestyle"

Eine Standortanalyse hilft, das Gesamtbild einer Region zu erfassen und die spezifischen Stärken, Schwächen, Chancen und Risiken zu identifizieren. Dies ermöglicht es Wirtschaftsförderern, gezielt auf die Bedürfnisse von Unternehmen, Investoren und Fachkräften einzugehen und Strategien zu entwickeln, die den Standort nachhaltig stärken.

4.5 Interkommunale Kooperation und Wettbewerb

Interkommunale Zusammenarbeit wird über eine Reihe von Politikfeldern praktiziert. Verkehrsverbünde, Krankenhäuser oder Ver- und Entsorgungsdienste werden häufig interkommunal betrieben. Während in vielen Aufgabenbereichen die Vorteile der Zusammenarbeit auf der Hand liegen, so ist dies bei der Wirtschaftsförderung nicht der Fall. Hier endet das Miteinander an Gemeindegrenzen, da es um Investitionen, Steuereinnahmen und Arbeitsplätze geht, die jeder Bürgermeister und Gemeinderat vollständig für sich beanspruchen und nicht teilen möchte. Offensichtlich wird das Konkurrenzdenken bei Ansiedlungen von Unternehmen, wo jedes Rathaus um den berühmten „Big shot" kämpft, sich mit Hochglanzbroschüren auf Immobilienmessen präsentiert und gerne an Ausschreibungen internationaler Firmen für Ansiedlungsvorhaben beteiligt. Gerade nach dem Wiederaufbau nach den beiden Weltkriegen gab es einen ausgeprägten Lokalpatriotismus, da viele Städte und Gemeinden um die Industrie und deren neu zu errichtende Werke buhlten (Dallmann & Richter 2012, 105).

Der interkommunale Wettbewerb verschärfte sich mit Beginn der 1970er-Jahre, dem Anstieg der Arbeitslosigkeit im Bundesgebiet und einem stark rückläufigen Neuansiedlungsgeschäft. Der Zahl an ansiedlungswilligen Unternehmen stand eine weitaus größere Zahl ansiedlungsinteressierter Kommunen gegenüber (Funk 2009, 99). An diesem Missverhältnis hat sich auch in Phasen der Hochkonjunktur nichts geändert. Hinzu kommt, dass die Akquisitionsbemühungen des größten Teils der Mitglieder der kommunalen Familie wenig aussichtsreich sind, da es an entsprechenden Vertriebsstrukturen mit ausreichend Ressourcen mangelt.

Nicht vorhandene Ressourcen sind insgesamt ein Treiber für interkommunale Zusammenarbeit und Regionalisierungsbestrebungen. Viele Städte und Kommunen haben sich angesichts der immer geringer werdenden Aussichten auf die Ansiedlung von Unternehmen bereits in den 1980er-Jahren dem eigenen endogenen Potenzial zugewandt und den Fokus auf Bestandsentwicklung gelegt. Nachdem in vielen Rathäusern die Personaldecke in der Wirtschaftsförderung sehr dünn ist und die Tätigkeit nicht selten von Einzelkämpfern ausgeübt wird, die viele Aufgabenfelder der kommunalen Wirtschaftsförderung betreuen, wurden oftmals Aufgaben über interkommunale Kooperationen oder durch die Übertragung auf die regionale

Ebene abgearbeitet. Nicht zuletzt in seinem „Diskussionspapier für eine erfolgreiche Wirtschaftsförderung" aus dem Jahr 2018 weist der Deutsche Städtetag (Deutscher Städtetag 2018, 5) auf die Notwendigkeit von Kooperationen in der Wirtschaftsförderung hin:

„Die Wirtschaftsförderung unterstützt die Kooperation zwischen Unternehmen und öffentlichen Einrichtungen, Hochschulen und Forschungseinrichtungen, um z. B. Innovationen zu heben und Netzwerk- und Clusterentwicklung zu implementieren. Angesichts knapper Ressourcen, technologischer Entwicklungen und zunehmendem Wettbewerb ist eine stärkere Verflechtung und Kooperation mit anderen Kommunen zu einzelnen wirtschaftlichen Bereichen sinnvoll, um die Standortqualität der gesamten Region zu verbessern."

Wie schon vorhergehend dargelegt, liegen allgemein gesprochen Anreiz und Notwendigkeit zur interkommunalen Zusammenarbeit im Wesentlichen darin, kommunale Aufgaben effizienter und besser bewältigen zu können.

Darüber hinaus liegen Vorteile in:

- Effizienzsteigerung und Ressourcenteilung: Durch gemeinsame Nutzung von Ressourcen (Personal, Infrastruktur, Dienstleistungen) können Kosten gesenkt werden. Statt parallel in jeder Kommune Strukturen aufzubauen, können Aufgaben geteilt werden.
- Kompetenzbündelung: Verschiedene Kommunen können ihre Kompetenzen bündeln, um umfassendere und professionellere Wirtschaftsfördermaßnahmen zu bieten.
- effizientere Verwaltungsprozesse: Durch abgestimmte Verfahren und einheitliche Regelungen lässt sich die Bearbeitung von Anfragen und Projekten beschleunigen und optimieren.
- Abbau der Erpressbarkeit von Städten und Gemeinden: Gerade bei einer geringen Anzahl von Neuansiedlungsfällen kann es von Vorteil sein, als Gemeinschaft in Form eines interkommunalen Gewerbeparks mit einer Stimme aus einer Position der Stärke heraus aufzutreten, anstatt sich von einem Interessenten gegeneinander ausspielen zu lassen.
- Nutzung von Synergiepotenzialen (größere Attraktivität für Unternehmen): Durch die Schaffung gemeinsamer Gewerbeflächen oder eines gemeinsamen Standortmarketings lassen sich Syn-

ergieeffekte für Unternehmen schaffen, da diese i. d. R. nicht ausschließlich an örtlichen Gegebenheiten interessiert sind.

- Erhöhung des Wahrnehmungsradius bzw. Einzugsbereichs: Eine größere Region mit mehreren Kommunen kann potenziellen Investoren und Fachkräften mehr Angebote und eine breitere Infrastruktur bieten, was die Region im Wettbewerb gegenüber anderen Standorten stärkt.
- Verbesserung der Infrastruktur und Flächenplanung: Oft fehlen einzelnen Kommunen geeignete Flächen für wirtschaftliche Entwicklungen. Durch Zusammenarbeit kann eine größere Auswahl an Flächen geschaffen und flexibel auf Kundenbedürfnisse reagiert werden.
- Förderung von Innovation und Wissensaustausch (Clusterbildung und Netzwerke): Interkommunale Zusammenarbeit ermöglicht es, spezialisierte Innovationscluster (z. B. in Bereichen wie IT, Biotechnologie, Logistik) zu entwickeln, die in einzelnen Kommunen möglicherweise nicht realisierbar wären.
- Austausch von Best Practices: Verschiedene Kommunen können voneinander lernen, erfolgreiche Strategien teilen und diese auf die eigene Region anpassen.
- Stärkung der Regionalidentität und nachhaltige Entwicklung: Eine einheitliche Vermarktung und Positionierung der Region fördert die regionale Identität und das Bewusstsein für gemeinsame Interessen. Dies hilft, das Image der gesamten Region zu stärken und ein attraktives Standortimage aufzubauen. Interkommunale Zusammenarbeit bietet darüber hinaus die Möglichkeit, nachhaltige Projekte gemeinsam umzusetzen, wie etwa den Ausbau erneuerbarer Energien, umweltfreundlicher Verkehrsangebote und nachhaltiger Bauprojekte, was oft überregionaler Planung und Finanzierung bedarf.

Voraussetzungen für den Erfolg von Kooperationen in der Wirtschaftsförderung sind nach Dallmann und Richter (2012, 117) u. a. die Realisierbarkeit der Kooperationsziele, die Regionalität der Initiative, die (Erfolgs-)Perspektive für die Kooperation, die Legitimation durch die Politik und die Dauerhaftigkeit der Kooperation. Um Kooperationen implementieren zu können, bedarf es nicht nur eines Auslösers (kommunaler Engpass, spezifische Fragestellung), sondern auch geeigneter Partner und der passenden Organisationsform. Neben Kommunen als Partner bieten sich für Wirtschaftsförderungen zahlreiche weitere Partner an, um kommunale Ziele in interkommunaler Zusammenarbeit wahrzunehmen. Hierzu gehören Kammern, öffentliche Banken, Gewerbevereine, Messegesellschaften, Verkehrsverbünde, Häfen, Hochschulen, Forschungseinrichtungen sowie weitere wirtschaftsnahe Organisationen. Ist die Suche nach dem oder den geeigneten Kooperationspartnern erfolgreich abgeschlossen, steht die Wahl einer geeigneten Organisationsform an. Im Allgemeinen wird dabei nach Zweckmäßigkeitsgesichtspunkten entschieden, aber auch persönliche Präferenzen („Mit welchem Partner kann man es?") spielen eine Rolle. Auch hier sind die Variationsmöglichkeiten in der Praxis groß. Regionale Kooperationsformen erfolgen z. B. in Form von eingetragenen Vereinen (z. B. Wirtschaftsregion Freiburg e. V.) und Gesellschaften mit beschränkter Haftung (z. B. Wirtschaftsförderung Region Stuttgart GmbH) oder über einen Zweckverband (Gewerbepark Basic Kehl-Neuried).

4.6 Praxisbeispiele

Die Kooperationsgegenstände in der Wirtschaftsförderung sind vielfältig. Aus der Vielzahl erfolgreicher Projekte können an dieser Stelle nur einige Beispiele exemplarisch hervorgehoben werden. Sie dienen als Beispiel für eine erfolgreiche interkommunale und regionale Zusammenarbeit.

Gewerbepark Breisgau

Der Gewerbepark Breisgau liegt zwischen dem Rhein und der Vorbergzone des Schwarzwalds in der Oberrheinebene rund 25 km südlich des Oberzentrums Freiburg. Ursprünglich Militärflugplatz, von der französischen Luftwaffe und von 1968 bis 1993 von der Bundeswehr genutzt, wurde der Gewerbepark Breisgau am 1. Oktober 1994 von zwölf umliegenden Gemeinden gegründet. Der politische Wille der gesamten Region war, das vorhandene bisher ausschließlich militärisch genutzte Gebiet im Anschluss einer gewerblichen Nutzung zuzuführen. Einigkeit bestand darin, dass die Aufgabenerfüllung nur im regionalen Zusammenspiel erfolgen kann.

Heute sind die Gemeinden Eschbach, Hartheim, Heitersheim, Neuenburg, Bad Krozingen, Ballrechten-Dottingen, Ehrenkirchen und Münstertal, die Städte Staufen und Freiburg, der Gemeindeverwaltungsverband Müllheim-Badenweiler (Auggen, Badenweiler, Buggingen, Müllheim, Sulzburg) sowie der Landkreis Breisgau-Hochschwarzwald Mitglieder des Zweckverbandes. Dem Zweckverband obliegen die hoheitlich-kommunalen Aufgaben wie Bauleitplanung und Erschließung. Das operative Geschäft liegt bei der Gewerbepark Breisgau GmbH, an der der Zweckverband 75 Prozent hält. Die restlichen Anteile liegen bei der Wirtschaftsfördergesellschaft Freiburg.

Abbildung 6: Luftbild Gewerbepark Breisgau (Quelle: https://www.gewerbepark-breisgau.de/zweckverband-gewerbepark/geoportal/)

Die Gesellschaft hat für das Verbandsgebiet des Zweckverbandes Gewerbepark Breisgau insbesondere die Aufgabe, Werbemaßnahmen, die Ansiedlung und Betreuung von Unternehmen, die Verpachtung von Grundstücken und die Vermietung von Gebäuden, die Unterhaltung der Straßen und Grünflächen, die technische Betriebsführung der Abwasserkanäle, den Betrieb des Sonderlandeplatzes und des Industriegleises sowie die Wasserversorgung durchzuführen. Das Unternehmen verfolgt ausschließlich öffentliche Zwecke i. S. d. Gemeindeordnung Baden-Württemberg. Der Gewerbepark ist insgesamt 563 ha groß (267 ha davon stehen unter Natur- und Landschaftsschutz). Knapp 150 ha wurden als Nettobaulandfläche ausgegeben. Seit Beginn der Konversion wurden durchschnittlich rund 5,5 ha pro Jahr verkauft. Ein Großteil der Flächen ist Stand 2024 bereits vergeben. Nur noch wenige Flächen stehen ansiedlungsinteressierten Betrieben zur Verfügung. Ein Großteil der Unternehmen stammt aus der Region, ein Teil davon auch aus der Stadt Freiburg, die traditionell Flächenengpässe aufweist und für die der Gewerbepark Breisgau auch die Funktion eines Entlastungsstandorts aufweist.

Wirtschaftsregion Freiburg e. V.

Der Verein „Wirtschaftsregion Freiburg" wurde 1994 mit der Zielsetzung gegründet, die Potenziale der Region gemeinsam zu erschließen und eine effiziente Wirtschaftsförderung durch Überwindung administrativer Grenzen umzusetzen. Die Wirtschaftsregion Freiburg ist im Stadtkreis Freiburg sowie in den Landkreisen Emmendingen und Breisgau-Hochschwarzwald tätig. Mitglieder des Vereins sind 57 Städte und Gemeinden aus der Region sowie regionale Kreditinstitute, Kammern, Verbände und regionale Körperschaften. Die Leistungen des Vereins umfassen die Standortberatung und -vermarktung, das Management von Gewerbeflächen sowie die Unterstützung bei Neuansiedlungen, Betriebsverlagerungen und -erweiterungen. Darüber hinaus werden Existenzgründungen, Innovationen und technologische Entwicklungen gefördert. Weiterhin unterstützt der Verein branchenspezifische Netzwerke und betreibt Öffentlichkeitsarbeit. Zu den Organen zählen die Mitgliederversammlung und der Vorstand.

Digitalisierungszentrum Ulm – Alb-Donau – Biberach – Neu-Ulm

Die Einrichtung versteht sich als Digital Hub der Region Ulm – Alb-Donau und ist Anlaufstelle für KMUs. Es begleitet regionale Unternehmen bei Digitalisierungsfragen. Zum Angebot gehören Informations- und Beratungsangebote, Fortbildungs- und Informationsveranstaltungen und Seminare. Seinen Sitz hat das Digitalisierungszentrum in Ulm. Die Zusammenarbeit sieht vor, dass das Digitalisierungszentrum seine Leistungen auch über Ulm hinaus in mehreren Standorten in den Landkreisen Biberach und Neu-Ulm anbietet. Neben der Zentrale in Ulm sind Anlaufstellen in Ehingen, Riedlingen, Laupheim und Amstetten sowie ein Kompetenzzentrum für Building Information Modeling an der Hochschule Biberach vorhanden. An allen Hub-Standorten wird technische Infrastruktur sowie Know-how zur Erprobung und Entwicklung neuer digitaler Lösungen, Produkte und Geschäftsmodelle für Unternehmen aller

Branchen und Größen zur Verfügung gestellt. Darüber hinaus werden Räumlichkeiten für Experimentierräume, Informationsräume oder Co-Working-Spaces vorgehalten.

Zudem bietet der Hub Serviceleistungen wie die Bündelung und zentrale Vermarktung bereits bestehender Angebote, zur optimalen Kundenbetreuung sowie eigens konzipierte Angebote mit Fokus auf die Bereiche eCommerce/eBusiness, Building Information Modeling (BIM), Internet of Things (IoT) sowie Virtual Reality (VR), Augmented Realitiy (AR) und Mixed Reality (MR).

Das Digitalisierungszentrum wird offiziell als Digitalisierungszentrum Ulm – Alb-Donau – Biberach – Neu-Ulm als Verein von der regionalen Industrie- und Handelskammer (IHK), dem Alb-Donau-Kreis, den Landkreisen Biberach und Neu-Ulm, der Gemeinde Amstetten, der großen Kreisstadt Laupheim, dem Stadtkreis Ulm und den Städten Biberach, Ehingen, Riedlingen und Neu-Ulm getragen, die zudem die Finanzierung für insgesamt fünf Jahre sicherstellen.

Technologie- und Gründerzentren

In Deutschland existieren rund 350 Technologie- und Gründerzentren, in Universitäts- und Großstädten, in Mittelstädten, in Verdichtungsräumen, aber auch in ländlichen Räumen. Ein Teil dieser Zentren wird in Form von Public-Private-Partnerships und in interkommunaler Zusammenarbeit betrieben. Zu den Zentren, die unter Beteiligung von Kommunen, Landkreisen und weiteren Partnern entstanden sind, gehören der Technologiepark Offenburg (TPO) und das Innovations- und Gründerzentrum Biotechnologie GmbH Martinsried (IZB).

Technologiepark Offenburg

Die Stiftung Technologie und Wirtschaft Mittelbaden/Offenburg wurde bereits vor gut 40 Jahren (1986) gegründet. Am 28. September 1987 eröffnete der damalige Ministerpräsident Lothar Späth den Technologiepark Offenburg. Zu den Stiftern gehören die Stadt Offenburg, der Ortenaukreis, die Hochschule Offenburg, die Volksbank in der Ortenau, die Sparkasse Offenburg/Ortenau, die IHK Südlicher Oberrhein, die Handwerkskammer Freiburg, die IG Metall, Steinbeis und die Region Elsass (heute Grand Est).

Seit 1986 wurden mehrere Hundert Unternehmen begleitet und betreut. Am 1. Januar 2022 wurde die Black Forest Innovation GmbH, ein Tochterunternehmen der Stiftung Technologie und Wirtschaft Mittelbaden/Offenburg mit dem Ziel gegründet, Innovationslösungen für Kommunen, Mittelstand und Start-ups anzubieten. Der Fokus liegt dabei auf der Begleitung von Existenzgründungen in der Frühphase. Für einen Erweiterungsbau, der 2025 bezogen werden soll, wurden bereits 2023 die Weichen gestellt. Die Stadt Offenburg bringt ein Grundstück kostenfrei in die Stiftung ein (Marktwert 1,2 Mio. Euro) und gewährt eine Bürgschaft in einer Höhe von bis zu 4 Mio. Euro, sodass ein neues Gebäude mit 5.000 m^2 Nutzfläche samt Maker-Space, Laborflächen und Gastronomie bezogen werden kann und der Region Ortenau weiterhin als zentrale Anlaufstelle für Start-ups dient.

Innovations- und Gründerzentrum Biotechnologie GmbH Martinsried (IZB)

Das Innovations- und Gründerzentrum Biotechnologie (IZB) mit den Standorten in Planegg-Martinsried und Freising-Weihenstephan bei München zählt zu den führenden Biotechnologiezentren Europas. Die Fördergesellschaft IZB mbH, 1995 gegründet, ist die Betreibergesellschaft des IZB. Auf insgesamt 26.000 m^2 sind aktuell mehr als 40 Biotechnologieunternehmen mit mehr als 700 Mitarbeitern tätig. Am Hauptstandort Planegg-Martinsried, der 23.000 m^2 umfasst, liegt der Schwerpunkt der angesiedelten Start-ups auf der medizinischen Biotechnologie. Das IZB in Freising-Weihenstephan bietet auf 3.000 m^2 optimale Bedingungen für Gründer im Bereich Life Sciences.

Die Gesellschafter der Fördergesellschaft IZB mbH sind neben dem Freistaat Bayern (76 Prozent), die Gemeinde Planegg (6 Prozent), der Landkreis München (6 Prozent), die Stadt Freising (6 Prozent) und der Landkreis Freising (6 Prozent).

4

Abbildung 7: IZB-Campus Martinsried (Quelle: https://www.izb-online.de/mediathek/izb-pressebilder/)

4.7 Zusammenfassung

Regionalisierung ist heute Teil einer modernen kommunalen Wirtschaftsförderung.

Die Vorteile interkommunaler Zusammenarbeit und der regionalen Kooperation liegen auf der Hand, denn angesichts zunehmenden Wettbewerbs um Investitionen und Arbeitsplätze sowie der begrenzten finanziellen und personellen Ressourcen führt kein Weg an der regionalen Zusammenarbeit vorbei.

Durch regionale Kooperation können Städte und Gemeinden ihre Stärken bündeln und so eine attraktivere Infrastruktur und bessere Dienstleistungen für Unternehmen oder Start-ups schaffen.

Folgerichtig ist die Regionalisierung der Wirtschaftsförderung eine wirkungsvolle Antwort auf die Herausforderungen einer globalisierten Wirtschaft und ein Instrument für eine zukunftsfähige Wirtschaftsentwicklung.

Literatur:

Assmann, Dirk; Floeting, Holger, Ende oder Neustart – Perspektiven der Clusterpolitik, Difu-Impulse, Band 2, Berlin, 2018.

Bathelt, Harald; Glückler, Johannes, Wirtschaftsgeographie, utb, Stuttgart, 2018.

Dallmann, Bernd; Richter, Michael, Handbuch der kommunalen Wirtschaftsförderung, Herder, Freiburg, 2025.

Deutscher Städtetag (Hrsg.), Diskussionspapier für eine erfolgreiche kommunale Wirtschaftsförderung, Berlin, 2018.

Funk, Marc, Life Sciences Cluster Basel – Motor der regionalen Wirtschaft und Schrittmacher für den trinationalen Standort Oberrhein. Regio Basiliensis 54 (3): 139–148, 2013.

Funk, Marc, Packaging Valley – das „Silicon Valley" der Verpackungsindustrie im deutschen Südwesten auf dem Pfad der Nachhaltigkeit. Regio Basiliensis 62 (2): 133-142, 2021.

Funk, Marc, Unternehmen im Fokus lokaler Standortpolitik – Findet die kommunale Wirtschaftsförderung zeitgemäße Antworten auf die Bedürfnisse ihrer Kunden? Eine Untersuchung in vier großen Kreisstädten der Ortenau, 1. Aufl., Duncker & Humblot, Berlin, 2009.

Grabow, Bussow; Henckel, Dietrich; Hollbach-Grömig, Beate, Weiche Standortfaktoren, in: Difu-Schriftenreihe, Kohlhammer, Stuttgart, 1995.

Haas, Hans-Dieter; Neumair, Simon-Martin, Wirtschaftsgeographie, Herder, Freiburg, 2007.

Kiese, Matthias, Clusterkonzepte zwischen Theorie und Praxis, in: Floeting, Holger (Hrsg.), Cluster in der kommunalen und regionalen Wirtschaftspolitik. Vom Marketingbegriff zum Prozessmanagement, Ed. Difu Band 5 (S. 55–63), Difu, Berlin, 2008.

Kiese, Matthias, Die Clusterpolitik deutscher Länder und Regionen als Herausforderung für die Evaluation, in: Wessels, Jan, Cluster- und Netzwerkevaluation. Aktuelle Berichte aus der Praxis, Institut für Innovation und Technik (S. 27–38), Berlin, 2009.

Lahner, Jörg, Entwicklung und Regionalökonomie in der Wirtschaftsförderung. Grundlagen für die Praxis, Springer Gabler, Wiesbaden, 2016.

Liefner, Ingo; Schätzl, Ludwig, Theorien der Wirtschaftsgeographie, 11. Aufl., utb, Stuttgart, 2017.

Richter, Michael, Regionalisierung und interkommunale Zusammenarbeit. Wirtschaftsregionen als Instrumente kommunaler Wirtschaftsförderung, Deutscher Universitätsverlag, Wiesbaden, 1997.

Porter, Michael E., Location, Clusters and Company Strategy, in: Clark, Gordon L.; Gertler, Meric S.; Feldman, Maryann P. (alle Hrsg.), Oxford Handbook of Economic Geography, Oxford University Press, Oxford, 2000.

Schätzl, Ludwig, Wirtschaftsgeographie 1, utb, Stuttgart, 1996.

Storper, Michael, The Regional World: Territorial Development in a Global Economy, Guilford, New York City, 1997.

Internetquellen:

Diana Nefiodow: https://www.kondratieff.net/kondratieffcycles, eingesehen am 23. 09. 2024

Gewerbepark Breisgau: https://www.gewerbepark-breisgau.de/zweckverband-gewerbepark/geoportal/, eingesehen am 30. 10. 2024

Innovations- und Gründerzentrum Biotechnologie Martinsried mbH: https://www.izb-online.de/mediathek/izb-pressebilder/, eingesehen am 30. 10. 2024

Verband Region Stuttgart: https://wrs.region-stuttgart.de/unser-standort-die-region-stuttgart/standortinformationen/, eingesehen am 17. 08. 2024

Standortvermarktung am Beispiel Wolfsburg

5. Standortvermarktung am Beispiel Wolfsburg

Jens Hofschröer und Verena Scholz, Wolfsburg Wirtschaft und Marketing GmbH

In Norddeutschland bildet Wolfsburg einen zentralen Wirtschafts-, Wohn- und Reisestandort. Besonders über die Wirtschaftsstärke, Innovationskraft und Dynamik definiert sich die bedeutende Zukunftsstadt als Standort. Mit zukunftsweisenden Projekten und Perspektiven werden die wirtschaftsrelevanten Entwicklungspotenziale stetig forciert und vorangetrieben. Dabei stehen die Stärkung des wirtschaftlichen Wachstums, die Ansiedlung von Unternehmerinnen und Unternehmern, Projektentwicklerinnen und Projektentwicklern sowie Investoren unterschiedlicher Branchen sowie das Schaffen und Sichern von Arbeitsplätzen im Vordergrund.

Innerhalb Wolfsburgs und seiner Region bildet die Volkswagen AG als größter Arbeitgeber die stärkste Antriebskraft des Standorts. Der Konzern entwickelt die Mobilität von morgen und unterstützt aktiv die Stadtentwicklung. Digitalisierung und neue Mobilität spiegeln sich als große Innovationstreiber in der gesamten Kommune wider, die zugleich auch zu stetigem Veränderungs- und Anpassungsdruck führen und auch Transformationsprozesse mit vielschichtigen Problemstellungen bedingen. Dieser Entwicklung gilt es gemeinsam zu begegnen und künftige Perspektiven für den Standort weiterzuentwickeln und umzusetzen.

Die Wirtschaftsförderung der Wolfsburg Wirtschaft und Marketing GmbH (WMG) dient als Kommunikator und Wegbereiter der Wirtschaftsstandortentwicklung. Die enge Verzahnung mit den Fachbereichen der Stadtverwaltung und der Politik sowie aller relevanten Wirtschaftsakteure schafft kurze Wege für potenzielle Investoren und Unternehmen.

In enger Zusammenarbeit mit den Unternehmen und unter Berücksichtigung der individuellen Bedürfnisse vermarktet die Wirtschaftsförderung im Auftrag der Stadt Wolfsburg städtische Gewerbeflächen und -immobilien. Die Wirtschaftsförderung unterstützt dabei bei Standortentscheidungen und stärkt durch gezielte Projekte die Attraktivität des Standorts sowie die Einzelhandelsstrukturen in der Innenstadt und den Stadtteilen. Eine kontinuierliche und nachhaltige Stärkung des Wirtschaftsstandorts ist Hauptbestandteil der langfristigen Zielsetzung.

5.1 Strategien der Standortvermarktung

Als prosperierende, dynamische Stadt ist Wolfsburg auf dem Weg zur Modellstadt für Digitalisierung und Elektromobilität. Die Schwerpunkte der strategischen Zielsetzungen umfassen die Stärkung des wirtschaftlichen Wachstums in Wolfsburg und die Vermittlung von Gewerbeflächen und -immobilien verschiedenster Art, um die innovative Stärke der Stadt nicht nur zu sichern, sondern zu forcieren. Dies beinhaltet die Ansiedlung neuer Unternehmen, die Förderung oder Expansion von Gastronomie- und Handelsbetrieben sowie die Weiterentwicklung oder Veränderung bestehender Wirtschaftszweige innerhalb der Bereiche Industrie, Dienstleistung, Handwerk oder Handel. Mit dieser langfristigen Zielsetzung geht die Erhöhung der Attraktivität des Wirtschaftsstandorts sowie der Lebensqualität für die Bürgerinnen und Bürger einher.

Des Weiteren wird mit verschiedenen Beteiligungsformaten die Netzwerkarbeit in den Fokus der Standortvermarktung gerückt. So werden z. B. Eigentümergespräche im Rahmen der Innenstadtentwicklung oder Treffen der Gewerbeimmobilienpartner von der WMG veranstaltet. In diesem Rahmen werden mit der Immobilienwirtschaft aktuelle Entwicklungen am Standort fokussiert und Möglichkeiten ausgelotet.

Mit ihrer Marke „Wolfsburg erleben“ oder auch eigenen Printpublikationen im Bereich Corporate Publishing wie auch dem Wirtschaftsmagazin „Wolfsburg+“ sowie Messeaufritten auf der Real Estate Arena in Hannover und der EXPO REAL in München macht die WMG den Wirtschaftsstandort zielgerichtet bekannt.

Einen wichtigen Hebel der strategischen Standortvermarktung stellt die Marke „Wolfsburg erleben“ dar, die über das Stadtmarketing der WMG initiiert und koordiniert wird. Das Ziel der Stadtmarke ist es, die junge Stadt über den starken Automobilstandort hinaus als attraktiven und familienfreundlichen Lebens- und Arbeitsstandort zu positionieren. Damit einhergeht auch das Ziel, Bürgerinnen und Bürger, Unternehmen, Investoren, Touristinnen und Touristen sowie Fachkräfte für das Potenzial der Region zu begeistern. Dabei wird eine Vielzahl an Kanälen, Portalen und Apps genutzt, um die Tourismus- und Freizeitlandschaft der Stadt sicht- und erlebbar zu machen. Ergänzend betont „Wolfsburg erleben“ Aspekte der Freizeit, Natur und Kultur, die Wolfsburg als lebenswerten Raum für Familien und Fachkräfte profilieren.

Im Rahmen der proaktiven Stadtentwicklung ist eine starke und attraktive Stadtmarke ein wirkungsvolles Instrument und nicht selten ein zu beachtender Standortfaktor bei Unternehmensentscheidungen. Einen wesentlichen Bestandteil der Markenstrategie bildet die enge Zusammenarbeit mit verschiedenen lokalen Partnern aus der Tourismus- und Freizeitwirtschaft im Rahmen der Wolfsburger Marketingkooperation. Dabei bündeln die Unternehmen und Institutionen ihre Möglichkeiten, um gemeinsame Maßnahmen mit hoher Wirkung und Reichweite umzusetzen. Zu den aktuellen Partnern der Wolfsburger Marketingkooperation zählen die Autostadt, die Designer Outlets Wolfsburg, das Science Center phaeno und der VfL Wolfsburg. Diese partnerschaftliche Strategie basiert auf dem integrativen Ansatz, sowohl die jeweiligen Einrichtungen als auch besonders die weichen Standortfaktoren hervorzuheben. Marketingkooperationen scheitern oft an organisatorischen Strukturen oder finanziellen Erwartungshaltungen. Die Wolfsburger Marketingkooperation hingegen fokussiert sich auf einen einfachen, aber nicht minder effektiven Ansatz. Auf Basis des Markenkerns der Stadt

Wolfsburg werden die Kommunikationsschwerpunkte gemeinsam festgelegt und darauf aufbauend die Kampagnen inhouse von der WMG ausgearbeitet. Das Kampagnenmaterial der WMG wird über die Kanäle und Medien der Partner ausgespielt. So hat z. B. die Autostadt die gemeinsame Kampagne auf ihren digitalen Werbebanden in der Volkswagen Arena bei einem Heimspiel des VfL Wolfsburg ausgespielt und damit eine reichweitenstarke Fernsehpräsenz erreicht.

Mit der eigenen Publikation der Standortbroschüre sowie des zweimal jährlich erscheinenden und inhouse erarbeiteten Wirtschaftsmagazins „Wolfsburg+“ werden Investoren, Entscheiderinnen und Entscheider, Projektentwicklerinnen und Projektentwickler sowie Unternehmen mit Hintergrundinformationen zu laufenden sowie geplanten Entwicklungen informiert. Beide Publikationen werden sowohl im Print als auch digital produziert und tragen insgesamt dazu bei, das Image der Stadt zu stärken und ihre Wirtschaftsstärke, Innovationskraft und Dynamik zu betonen. Die einzelnen Kanäle der dazugehörigen multimedialen Außendarstellung sind aufeinander abgestimmt, wodurch ein medienübergreifendes Informationsangebot gewährleistet ist.

Auf der EXPO REAL, der internationalen Fachmesse für Immobilien und Investitionen, präsentiert die WMG jährlich gemeinsam mit weiteren Partnern, wie u. a. Volkswagen Immobilien oder auch der Sparkasse Celle-Gifhorn-Wolfsburg, den Wirtschaftsstandort. Im Fokus der Fachöffentlichkeit stehen vor allem gegenwärtige Projekte, Entwicklungsperspektiven und konkrete Investitionschancen wie die nachhaltige Entwicklung und Aufwertung der Innenstadt sowie des städtebaulichen Konzepts. In dieser Form können gegenüber potenziellen Investoren die Qualitäten des Standorts herausgestellt werden.

5.2 Ansiedlung und Vermarktung von Gewerbeflächen und Immobilien

Ein zentraler Bestandteil der Standortvermarktung ist die Schaffung oder Neuvermarktung von Gewerbeflächen und Immobilien. Die Zielsetzung fokussiert sich dabei auf eine Diversität des Angebots und einen guten Branchenmix. Wolfsburg als junge und weltoffene Stadt bietet den Rahmen, um Großprojekte erfolgreich umzusetzen. Das zeigt sich im Stadtbild, das z. B. die Entstehung von ganzen Stadtteilen und visionären Quartieren zum Arbeiten und Leben oder die Modernisierung von Einkaufsmöglichkeiten und Schaffung neuer gastronomischer Angebote veranschaulicht. Neben der Entwicklung des Handels und der Gastronomie umfassen auch die aktuellen Gewerbegebietsentwicklungen einen wichtigen Grundpfeiler der Standortvermarktung Wolfsburgs. Mit der Entwicklung neuer nachhaltiger Gewerbeflächen werden neue Angebotsräume im Wolfsburger Stadtgebiet geschaffen und parallel an der Entwicklung von neuen, auch interkommunalen Flächen gearbeitet.

Ein im Kontext der Stadtentwicklung bedeutendes Kompetenzfeld der Wirtschaftsförderung stellt die Büromarktentwicklung dar. Nachdem in den vergangenen Jahren hybride Arbeitsmodelle Einzug in den Arbeitsalltag gehalten haben, steht vor allem der Büroimmobilienmarkt vor tiefgreifenden Veränderungen, die auch städtebaulich erkennbar werden. Im Kompetenzfeld Büromarkt braucht es daher mehr als ein immobilienökonomisches Know-how und guten Markteinblick, sondern auch ein Verständnis für Stadt- und Standortentwicklung. Die Strukturen der WMG stellen sicher, dass die Marktexpertise direkt in die interdisziplinäre Betrachtung und Stadtentwicklung einfließt. Gerade in Zeiten einer Transformation und sich verändernden Raumbedarfen sind eine zielgerichtete Zukunftsplanung und eine klare Vision von entscheidender Bedeutung. Die Stärkung der Hochschullandschaft, die angestrebte zunehmende Diversifizierung sowie die Schaffung attraktiver und durchmischter Quartiere mit einer attraktiven Stadtmitte gelten als starke Argumente in der Investorenakquise.

Angesichts der stetigen Nachfrage nach modernen Gewerbeflächen mit guter infrastruktureller Anbindung sowie besten Standards in Nachhaltigkeit und Effizienz unterstützt die Wolfsburger Wirtschaftsförderung Interessierte über ein Gewerbeflächen- und Immobilienportal. Als Serviceangebot fasst die kostenlose Datenbank Angebot und Nachfrage im Stadtgebiet von Wolfsburg zusammen und bietet Interessierten damit eine umfangreiche Darstellung aller Flächenoptionen. Die Entwicklung des Portals erfolgte in enger Zusammenarbeit mit den privatwirtschaftlichen Akteuren am Immobilienmarkt. Damit wird zum einen die Akzeptanz im Markt hergestellt und zum anderen zusätzlich eine Plattform für die Immobilienunternehmen am Standort Wolfsburg geschaffen. Dadurch lassen sich Angebote schnell und unkompliziert im Wolfsburger Stadtgebiet verorten. Das Vorhaben, in enger Zusammenarbeit mit den jeweiligen Investoren bedarfsgerechte Immobilien und Flächen am Standort zu vermitteln, wird auf diese Weise erleichtert.

5.3 Zukunftsperspektiven

Der tiefgreifende Transformationsprozess, den vor allem die Automobilindustrie aktuell weltweit durchläuft, wirkt stark auf den Wirtschaftsstandort ein. Die Bedeutung eines „Big Players" wie den Volkswagen-Konzern für den Wirtschaftsstandort und damit auch für den lokalen und regionalen Immobilienmarkt ist enorm und wird die Fortentwicklung weiter entscheidend mitprägen. Diese Konstellation bietet vielfältige Risiken, aber auch Chancen für die gesamte Stadtentwicklung.

Zusammenfassend ist herauszustellen, dass eine strategische, interdisziplinäre Planungs- und Projektarbeit, Marktexpertise sowie gezielte Investitionen wichtige Voraussetzungen für eine prosperierende Stadtentwicklung sind.

5.4 Praxisbeispiele

Eine wirkungsvolle Wirtschaftsförderung lässt sich u. a. in der erfolgreichen Unternehmensansiedlung messen, die Branchenlücken schließt oder auch Angebotsvielfalt und -qualität am Standort steigert. Die nachfolgend beschriebenen Ansiedlungen von L'Osteria, SNIPES, EDEKA Center sowie der privaten Entwicklung des Gewerbegebiets Heinenkamp West dienen exemplarisch für die Wirtschaftsförderungsarbeit.

Die Ansiedlung der **L'Osteria** in der Wolfsburger Innenstadt im westlichen Eingangsbereich der Designer Outlets Wolfsburg erweitert das gastronomische Angebot, erhöht Frequenzen unmittelbar an der Nahtstelle zur Innenstadt und stärkt damit die Kopplungseffekte zwischen Designer Outlets, Innenstadt und Autostadt. Nach einer intensiven Standortsuche, unterstützt durch die Wirtschaftsförderung, konnte 2021 der passende Standort für die Gastronomiekette gefunden werden. L'Osteria investierte rund 1,5 Mio. Euro in das Projekt und schuf auf einer Fläche von ca. 550 m^2 etwa 200 Sitzplätze im Innenbereich sowie rund 120 Plätze im Außenbereich.

Durch die Kombination von Shopping und Gastronomie wird der städtische Raum belebt, die Verweildauer gefördert und somit die lokale Wirtschaft gestärkt. Diese Investition stärkt das Image der Stadt und zeigt, wie durch gezielte Ansiedlung von Gastronomiebetrieben die Attraktivität und Lebensqualität urbaner Räume gesteigert werden kann.

Daran anknüpfend, ist mit der innerstädtischen Ansiedlung des Unternehmens **SNIPES** ein wichtiger und nachhaltiger Beitrag zur Standortentwicklung erreicht worden. Regelmäßige Branchen- und Flächenkartierungen dienen der Wirtschaftsförderung als wichtige Grundlage für die gezielte Akquise von Branchen und Unternehmen. Wesentliches Ziel ist es, Angebotslücken zu schließen und den Branchenmix zu stärken. In diesem Zusammenhang bestanden Angebotsdefizite z. B. im Bereich Sneaker und Sportschuhe. Mit der Akquise und Ansiedlung von Snipes konnte diese Lücke im Streetwear- und Sneakersegment geschlossen und die Attraktivierung der Innenstadt für die jüngeren Zielgruppen erhöht werden. Die Ansiedlung von Snipes dient nicht nur der Diversifizierung des Branchenmixes, sondern erhöht wiederum auch die Frequenz und Verweildauer der Besucherinnen und Besucher in der Innenstadt. Auch dies führt zu einer Belebung der umliegenden Geschäfte am Standort und unterstreicht die Wirksamkeit der Maßnahmen der Wirtschaftsförderung.

Als ergänzendes Beispiel ist die Ansiedlung des ersten **EDEKA Center** im Jahr 2020 anzuführen. Verbunden mit dem Auftrag und der Zielsetzung, die Nahversorgung flächendeckend zu sichern und zu modernisieren, stellt das Edeka Center ein bedeutendes Projekt zur Stärkung der lokalen Wirtschaft und Attraktivitätssteigerung der Wolfsburger Nordstadt dar. Die Wirtschaftsförderung unterstützte den Planungsprozess, begleitete das Bebauungsplanverfahren und war Partner bei der baulichen Umsetzung.

Abbildung 8: EDEKA Center in der Wolfsburger Nordstadt (Quelle: Fun Architekten und Ingenieure, Projektdarstellung 2017)

Für den Investor EDEKA war es das erste E-Center in Wolfsburg und damit ein Leuchtturmprojekt. Der Komplex wurde neben weiteren Mietflächen um ein Café mit einer Außenterrasse zum See ergänzt, das einen Stadtteiltreffpunkt bietet. Im Vorkassenbereich sind drei Ladeneinheiten an Konzessionäre vermietet worden. Die Belegung umfasst eine SB-Geschäftsstelle der Volksbank Braunschweig-Wolfsburg, einen regionalen Friseur und ein Zeitschriftengeschäft. Zur Unterstützung der Elektromobilität wurden in der Tiefgarage rund zehn Ladesäulen für Elektroautos und Fahrräder installiert.

Das Projekt stellt einen wichtigen Baustein für das Ziel der WMG dar, eine moderne und hochwertige Nahversorgung im gesamten Stadtgebiet zu etablieren und zur Lebensqualität in der Wolfsburger Nordstadt beizutragen. Durch die enge Kooperation konnte ein modernes Nahversorgungszentrum realisiert werden, das neben der langfristigen Absicherung der Versorgung in der Nordstadt auch zur Attraktivität des Standorts beiträgt und die wirtschaftliche Stärke

Wolfsburgs unterstreicht. Mit dem Neubau wird der Nahversorgungsstandort wettbewerbs- und zukunftsfähig aufgestellt.

Darüber hinaus verfolgt die Wirtschaftsförderung eine aktive Standortvermarktung für die Akquise weiterer Unternehmen und Investoren. Neben der Ansiedlung von Branchen und der Stärkung von Nahversorgungsangeboten geht es dabei auch um die Gewinnung von Investoren für Quartiers- und Gewerbeflächenentwicklungen. Die Ansprache erfolgt dabei stets im Schulterschluss mit der Stadt Wolfsburg auf Grundlage politisch beschlossener Strategien und Konzepte. Mit dem Ziel einer nutzungsbezogenen Stadtentwicklung erarbeitete die Stadt Wolfsburg ein Strukturkonzept Siedlungsflächen sowie darauf aufbauend ein Wirtschaftsflächenkonzept. Einen Bestandteil der strategischen Flächenentwicklung bildet die Erweiterung des Gewerbegebiets Heinenkamp West entlang der BAB 39, die über ein Bauleitplanverfahren planungsrechtlich weiterentwickelt werden muss.

Aktuell ist es auf Grundlage der konzeptionellen Vorarbeiten und Entwicklungsabsicht gelungen, die hcp group GmbH als private Investorin für die Entwicklung dieses Gebiets zu gewinnen. Mit dem Ziel, einen modernen Standort für nachhaltige Industrie-, Gewerbe- und Logistikunternehmen zu entwickeln, wurde kürzlich ein vorhabenbezogenes Bauleitplanverfahren initiiert und damit der Grundstein für die Gebietsentwicklung gelegt.

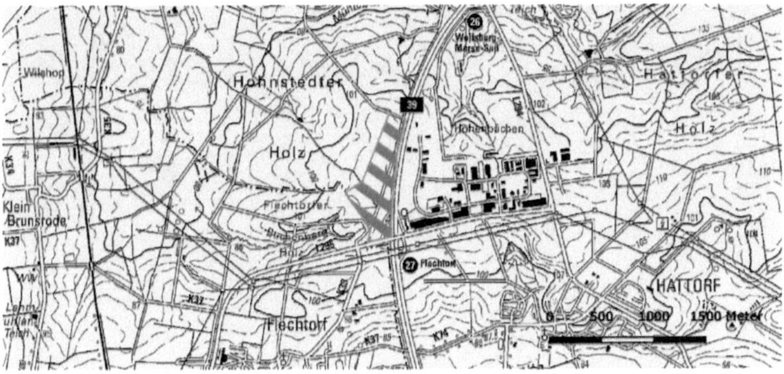

Abbildung 9: Ausschnitt aus dem Flächensteckbrief im KOREG
(Quelle: Regionalverband Großraum Braunschweig)

5

Die Gewerbegebietsentwicklung schafft attraktive Gewerbeflächen für die Ansiedlung von Unternehmen. Sie unterstützt die Zielsetzungen des Wirtschaftsstandorts, leistungsfähig und wirtschaftlich prosperierend für die Zukunft aufgestellt zu sein. Diese Entwicklungen stehen im Einklang mit den Zielen der Wirtschaftsförderung, eine nachhaltige und zukunftsfähige Weiterentwicklung des regional bedeutsamen Gewerbestandorts zu schaffen.

Standortmarketing am Beispiel Südwestfalen: Erfolgsfaktoren

6. Standortmarketing am Beispiel Südwestfalen: Erfolgsfaktoren für einen starken, regionalen Zusammenschluss und nachhaltiges, gemeinsames Fachkräftemarketing

Marie Ting, Südwestfalen Agentur GmbH

Südwestfalen ist eine der wirtschaftsstärksten Regionen Deutschlands und zeichnet sich durch eine hohe Industriedichte, eine starke mittelständische Prägung und eine hohe Innovationskraft aus. Trotz dieser Stärken steht die Region als ländlich-industrialisierter Raum vor großen Herausforderungen wie dem Fachkräftemangel und der zunehmenden globalen Konkurrenz. Ein strategisch ausgerichtetes Standortmarketing ist und war daher essenziell, um die Wettbewerbsfähigkeit der Region zu sichern und auszubauen.

2011 hatte noch niemand etwas von „Weltmarktführern" aus Südwestfalen gehört – und nur wenige wussten um das Ausmaß der Wirtschaftsstärke der gesamten Region. Das hat sich rapide geändert. Damals gründeten 30 Institutionen und Unternehmen den Verein „Wirtschaft für Südwestfalen", um – gemeinsam mit den fünf Kreisen der Region – ein Regionalmarketing für die Region zwischen Siegerland, Sauerland und Soester Börde zu etablieren. Zehn Jahre später haben sich dem Verein nunmehr rund 420 Unternehmen angeschlossen. Dutzende Projekte wurden umgesetzt, um Fach- und Führungskräfte sowie Schüler und Studierende auf die Region aufmerksam zu machen. Geleitet und umgesetzt wird das Regionalmarketing von Anfang an durch die Südwestfalen Agentur GmbH in Olpe.

Dieses Kapitel beleuchtet die Entstehungsgeschichte und die Erfolgsstrategien des Standortmarketings in Südwestfalen.

6.1 Relevanz von Standortmarketing für das Fachkräftemarketing von Regionen

Nehmen wir an, ein interessantes Jobangebot liegt auf dem Tisch. Der junge Ingenieur berät sich mit seiner Frau: Die Beschreibung klingt spannend, die Konditionen stimmen und das Unternehmen bietet als international agierender Weltmarktführer der Metallindustrie dem Bewerber hervorragende Karriereperspektiven. Doch die Entscheidung zur Annahme oder Absage des Jobangebotes wird erst jetzt getroffen, am Küchentisch, gemeinsam mit der Familie. Und auf einmal zählen ganz andere Fragen: Wo können Emma und Paul zur Schule gehen? Findet auch die Ehefrau als promovierte Betriebswirtin eine attraktive Halbtagsstelle? Wie ist das kulturelle Angebot? Können die Schwiegereltern, die umzugsbereit sind, auf gute medizinische Versorgung zählen? Welche Miet- und Kaufangebote für Häuser gibt es? Wie sicher ist die Umgebung?

Der Personalleiter des Unternehmens, das um den Ingenieur wirbt, muss bangen: Wird die Familie den Umzug in den Hunderte Kilometer entfernten Ort wagen? Eine Entscheidung, die sicherlich nicht nur mikro-, sondern in Zeiten von Landflucht und demografischem Wandel auch makroökonomische Konsequenzen hat. Sicherlich ist es auch die Strahlkraft, das Image der Region, das in der Diskussion der jungen Familie – zumindest anfänglich – eine Rolle spielen wird: Was weiß man bislang über die Region? Welche Bilder, welche Geschichten, welche Gerüche und welche Geräusche tauchen vor dem geistigen Auge auf? Welches Grundgefühl stellt sich ein? Überlegen Sie selbst: Sie sind umzugsbereit und haben ein Jobangebot mitten im Schwarzwald. Kommt das infrage? Was, wenn es im Münsterland liegt? In Mecklenburg? In der Eifel? Und was, wenn es in Südwestfalen liegt?

Emma und Paul werden mit ihrem Vater nur dann nach Südwestfalen ziehen, wenn sowohl das Unternehmen als auch der Standort überzeugen können. Und der junge Ingenieur kommt nur dann als Bewerber infrage, wenn er überhaupt auf die Möglichkeiten der Region aufmerksam wird. Insofern ist das Regionalmarketing Südwestfalen als enge Kooperation zwischen südwestfälischen Unternehmen, der Gesamtregion Südwestfalen und den südwestfälischen Kommunen aufgebaut.

6.2 Südwestfalen – Regionales Profil

Südwestfalen ... das sind knapp 1,4 Mio. Menschen, 59 Städte und Gemeinden und eine Fläche fast doppelt so groß wie Mallorca, ein Fünftel der Fläche Nordrhein-Westfalens. Auf der Karte liegt Südwestfalen im Südosten des Bundeslandes NRW. Metropolen wie Köln, Frankfurt und Dortmund sind nicht weit entfernt. Die Region Südwestfalen besteht aus den fünf Kreisen Soest, Olpe, Siegen-Wittgenstein, Märkischer Kreis und Hochsauerlandkreis und umfasst die Tourismusregionen Sauerland und Siegen-Wittgenstein.

Im Süden und Südosten grenzt Südwestfalen an die Bundesländer Rheinland-Pfalz und Hessen.

Es ist eine Region, die ländlich geprägt ist. Mit 59 überwiegend kleineren und mittleren Kommunen und über 900 Dörfern verfügt Südwestfalen über eine polyzentrische Siedlungsstruktur. Einziges Oberzentrum ist die Universitätsstadt Siegen mit ihren gut 100.000 Einwohnern.

Was jedoch auch zutrifft: Südwestfalen ist eine der stärksten Industrieregionen Deutschlands – gemessen am Anteil der sozialversicherungspflichtigen Beschäftigten im produzierenden Gewerbe. Jeder zweite Beschäftigte aus Südwestfalen arbeitet in einem Industrieunternehmen. In NRW nimmt Südwestfalen die Poleposition ein: Eine Studie von IW Consult, Beratungsunternehmen im Institut der deutschen Wirtschaft Köln, ergab: „Südwestfalen ist die führende Industrieregion von Nordrhein-Westfalen. Bei fast allen der in dieser Studie untersuchten Indikatoren belegt Südwestfalen im Vergleich mit den übrigen Regionen in Nordrhein-Westfalen den ersten Rang." Untersucht wurde dabei vor allem auch die Bruttowertschöpfung der Region.

Dabei widerlegt Südwestfalen das verkrustete Klischee der Strukturschwäche von ländlichen Regionen nicht erst seit gestern. Jahrhundertelang waren es die Verhüttung und Weiterverarbeitung von Eisen und anderen Metallen, die die Region prägten, bevor im 20. Jahrhundert schließlich die Oberflächenveredelung, der Maschinenbau, die Elektroindustrie, die Kunststoffindustrie sowie der Fahrzeugbau als Produktionszweige hinzukamen. Heute nimmt vor allem das produzierende Gewerbe eine herausragende Stellung ein – und das nicht zuletzt aufgrund der guten Erreichbarkeit, des Flächenpotenzials und der niedrigen Grundstückspreise. Charakteristisch ist auch die Unternehmensstruktur und -kultur aus familiengeführten klein- und mittelständischen Unternehmen. 85 Prozent der Betriebe haben weniger als 250 Mitarbeiter. So stehen weniger die kurzfristige Gewinnmaximierung, sondern vielmehr Standorttreue, Kontinuität und Mitarbeiterbindung im Mittelpunkt. Gleichzeitig sind mehr als 150 Europa- und Weltmarktführer mit ihren Produkten in Südwestfalen beheimatet und stehen an der Spitze eines starken Mittelstandes. Typisch südwestfälisch: Die oftmals familiengeführten, lokal verwurzelten, international agierenden Unternehmen sind in Nischenbranchen zuhause. Ob Fahrradschloss, Baumkuchen oder Kettcar: Fast jeder hatte in seinem Leben bereits ein Produkt „Made in Südwestfalen" in der Hand. Auch die TU München, die sich mit der bundesweiten Verteilung von innovativen Unternehmen beschäftigte, stellte fest: Unter allen 438 Landkreisen Deutschlands belegt der Märkische Kreis in Südwestfalen mit insgesamt 29 forschungsintensiven Mittelständlern in Familienhand den ersten Platz. Die bedeutenden Kernbranchen Automotive, Maschinenbau, Gesundheitswirtschaft, Gebäudetechnik, Forst- und Holzwirtschaft sowie sechs Hochschulen und starke Kompetenzzentren machen Südwestfalen zu einer Region mit ausgeprägtem Profil.

Abbildung 10: Weltmarktführer-Anzeigenmotiv der „Komm & bleib"-Kampagne

Das überdurchschnittliche Engagement der Bürgerinnen und Bürger zeigt sich in der hohen Vereinsdichte, dem besonderen Kulturangebot und den hochgradig innovativen Projekten der Region. Südwestfalen umfasst die beiden Tourismus- bzw. Lebensräume Sauerland und Siegen-Wittgenstein – diese ziehen jährlich über 3 Mio. Gäste an. Hinzu kommt: Südwestfalen ist eine der waldreichsten Regionen Deutschlands und die bundesweit größte Naturparkregion der Bundesrepublik. Durch die natürliche Umwelt, durch Erholungsräume und Wald sowie eine ausgeprägte Fluss- und Seenlandschaft besitzt die Region einen hohen Freizeitwert für die 1,38 Mio. Menschen.

In Südwestfalen boomt die Wirtschaft – und als zu vermarktendes „Produkt" verfügt die Region über ein solides Fundament und ein attraktives Angebot. Und doch steht die Region vor besonderen Herausforderungen: Demografischer Wandel und Fachkräftemangel sind in Südwestfalen Schlagwörter, die eine reale Bedrohung für die wirtschaftsstarke Region darstellen.

6.3 Regionsbildung in Südwestfalen

„Stark sein – und stark bleiben", das ist die Devise des 2012 gestarteten Regionalmarketings von Südwestfalen. Und hierbei setzt man auf die Kraft der Vielen. „Südwestfalen zieht an einem Strang": Unter diesem Motto wurde die Regionalmarketingkampagne „Alles echt!" offiziell gestartet. Dabei wurde bereits der Auftakt zu einem echten Kraftakt. Vertreter aus Politik, Wirtschaft und Bildung bewegten einen tonnenschweren Bus des ÖPNV zehn Meter weit, nur mithilfe eines Seils. Eine Aktion mit Symbolcharakter: Erstmals zogen alle wichtigen Akteure und Initiativen in Südwestfalen gemeinsam an einem Strang und arbeiteten im Rahmen des Regionalmarketings zusammen. Damit ging eine Idee in die Umsetzung, die viele visionäre Unternehmer und Politiker der Region seit Jahren vordachten. Denn ein starkes Regionalmarketing war die logische Konsequenz der Entwicklungen in Südwestfalen.

Dem Regionalmarketing vorausgegangen war ein Prozess der Regionsgründung: Bis zum Jahr 2007 existierte Südwestfalen auf der Landkarte nicht. Der aktive Entschluss der fünf Kreise Südwestfalens, sich zu einer Region zusammenzuschließen, hatte einen Anlass: die sog. „REGIONALEN". Doch was ist eine REGIONALE? Die REGIONALEN sind ein Strukturprogramm des Landes Nordrhein-Westfalen und bundesweit einzigartig. Sie entstanden zur Jahrtausendwende als „strukturelle Fortsetzung" der IBA Emscher-Park und sollten Entwicklung und Selbstorganisation in NRWs Teilregionen stärken. Das Prinzip ist seither unverändert: Mehrere Kreise schließen sich als selbstdefinierte Region zusammen. Sie erarbeiten ein kooperatives, regionales Entwicklungskonzept und gehen mit diesem in einen Konzeptwettbewerb des Landes NRW. Eine Jury des Landes entscheidet dann, welche Region den Zuschlag zur Durchführung einer REGIONALE erhält. Der positive Bescheid sichert den Kooperationsregionen notwendige Handlungs- und Rahmenbedingungen. Auf der Grundlage des gemeinsamen Konzepts bietet sich für die ausgewählte Region die Chance, in einem definierten Zeitraum (zwischen fünf und acht Jahren) Lösungswege für Herausforderungen in strukturwirksamen und innovativen Projekten umzusetzen und diese im sog. Präsentationsjahr der REGIONALEN zu präsentieren. REGIONALE-Projekte erhalten dabei einen prioritären Förderzugang und unterliegen dazu einem Qualifizierungsprozess: In einer zuvor festgelegten Gremienstruktur begleiten heterogen zusammengesetzte Gremien die Projektideen und qualifizieren sie in Form von fachlichen Hinweisen und Empfehlungen bis zur Umsetzungsreife weiter. Um diesen Prozess reibungslos umzusetzen, fördert das Land dazu die Einrichtung einer Regionalentwicklungsagentur.

2007 schlossen sich also die fünf Kreise Südwestfalens zur „Region Südwestfalen" zusammen, um den Zuschlag zu einer REGIONALE zu erhalten. Mit dem Ziel einer gemeinsamen REGIONALE-Bewerbung zur Stärkung des ländlichen Raums kamen somit auf Initiative der Landrätin und Landräte die fünf Kreise Hochsauerlandkreis, Märkischer Kreis, Kreis Olpe, Kreis Siegen-Wittgenstein und Kreis Soest zur „neuen" Region Südwestfalen zusammen. Die Bewerbung um die „REGIONALE 2013" war erfolgreich.

Nach der Zusage des Landes Nordrhein-Westfalen zur Ausrichtung der REGIONALE 2013 wurde 2008 die Südwestfalen Agentur GmbH gegründet. Sie bildete fortan die Organisationseinheit und Netzwerkzentrale zur Durchführung des REGIONALE-Prozesses.

Viele innovative Projekte der Region setzten seit dem Zuschlag neue Impulse zur Steigerung der Lebensqualität von Städten und Dörfern, für starke Wirtschafts- und Wissenschaftsprojekte sowie Kultur- und Tourismusvorhaben. Bis zum Ende der REGIONALE 2013 wurden in Südwestfalen 42 Projekte mit einem Fördervolumen von über

150 Mio. Euro und einem Gesamtinvestment von über 300 Mio. Euro umgesetzt. Als eigentlicher Mehrwert in Südwestfalen gilt jedoch der Aufbau eines kooperativen Miteinanders.

Ein besonderer Erfolg für Südwestfalen, der gleichzeitig Signalkraft für den weiteren gemeinsamen Weg hatte: Es gelang der Region, eine erneute Bewerbung für die REGIONALE einzureichen und damit den Weg als Pionier- und Innovationsregion fortzusetzen – mit dem Zuschlag und der Umsetzung der REGIONALE 2025.

6.4 Wirtschaft als Treiber des Regionalmarketings

Im Regionalmarketing wurde dieses gemeinsame, kreis- und ortsübergreifende Denken 2011 auch von der Wirtschaft aufgenommen: Südwestfalen dient seitdem als starke Arbeitsgemeinschaft auch dazu, dass sich Unternehmen innerhalb der Region gemeinsam als interessante Arbeitgeber organisieren, profilieren und in den Fokus von Jobsuchenden rücken können. Der einfache Grundgedanke: Gemeinsam profitiert jeder Einzelne.

Der südwestfälische Regionalmarketingprozess gilt dabei als Erfolgsgeschichte. Vor allem deshalb, weil so viele Unternehmen, Vereine, Verbände, Organisationen und natürlich die Politik zusammenarbeiten. Ob in den drei IHKs, den fünf Arbeitgeberverbänden oder den Handwerksorganisationen: Zum Zeitpunkt der Regionsgründung durch den Zuschlag zur REGIONALE wussten die Institutionen der Wirtschaft Südwestfalens bereits, dass die Region auch ein wirtschaftliches Schwergewicht war. Doch in der öffentlichen Wahrnehmung war das kaum bekannt. Gleichzeitig zeichnete sich das Thema „Fachkräftemangel“ eindeutig ab. Das ging auch an den vielen familiengeführten und oftmals international erfolgreichen Unternehmen nicht vorbei. Deswegen gründeten die Institutionen gemeinsam mit Unternehmen den Verein „Wirtschaft für Südwestfalen“, um das Regionalmarketing als realen Prozess anzustoßen. Seite an Seite mit den fünf Kreisen der Region wurde der Verein mit rund 30 Gründungsmitgliedern dann mit der Vereinsgründung sechster Gesellschafter der Südwestfalen Agentur GmbH. Diese wurde anschließend mit der Ausarbeitung und Umsetzung eines Regionalmarketingkonzeptes beauftragt. Die finanziellen Ausgaben des Regionalmarketings teilen sich somit Wirtschaft und Kommunen der Region bis heute. Inzwischen ist der Verein mit rund 420 Mitgliedern stärkster Gesellschafter der Südwestfalen Agentur GmbH.

Als zentrale Geschäftsfelder der Agentur sind „Regionale Entwicklung" und „Regionalmarketing" benannt, die als zwei Seiten einer Medaille Hand in Hand gehen und einer gemeinsamen Vision folgen: Auf Initiative der Wirtschaft, die ohne ein strategisches Leitbild um „Fliehkräfte" innerhalb des noch jungen regionalen Zusammenschlusses Südwestfalen fürchtete, startete die Südwestfalen Agentur im Jahr 2016 im Auftrag ihrer Gesellschafter den partizipativen Prozess „Vision Südwestfalen 2030". Sie entstand in den Folgemonaten im kooperativen Diskurs unter Einbindung des südwestfälischen Netzwerks mit Akteuren aus Politik, Wirtschaft, Verwaltung, Kultur, Bildung, Tourismus, Ehrenamt und Gesellschaft sowie mit Beteiligung der Öffentlichkeit. Die drei Leitziele lauten: 2030 soll Südwestfalen bundesweit bekannt sein

- als stärkste Region des industriellen Mittelstandes
- als Inbegriff für gutes Leben, Arbeiten und Erholen
- für kooperatives Miteinander bei der Zukunftsgestaltung

6.5 Die Markenbildung „Südwestfalen" – Positionierung und Markenstrategie

Eine starke regionale Marke schafft Identifikation und Wiedererkennbarkeit. In Südwestfalen wurde dafür zum Start des Regionalmarketings in 2012 die Dachmarke „Südwestfalen – Alles echt!" entwickelt, die Authentizität, Bodenständigkeit, Innovationskraft und Lebensqualität betont. Konkurrenzanalysen im Regionalmarketing, Stärken-und-Schwächen-Analysen der Region, bundesweite Marktforschungen zur Wahrnehmung der Region und viele Diskussionen mit Unternehmern, Politik und Bürgern standen zu Beginn der Markenprofilierung, der Kampagnen- und Maßnahmenplanung. Branchenübergreifende Merkmale wurden festgemacht, z. B., dass in Südwestfalen der Mensch und privat wie wirtschaftlich der Handschlag noch zählen. Somit konnte eine kohärente Strategie geformt werden, die sowohl die Bedürfnisse von Personalern und Geschäftsführern als auch die Befindlichkeiten der Bürgerinnen und Bürger der Region aufgreift. Der Claim „Südwestfalen – Alles echt!" hebt bis heute einen Wesenszug der regionalen Identitäten hervor: Authentizität, Unverstelltheit, Gradlinigkeit. Mit „Südwestfalen – Alles echt!" war gleichzeitig die Programmatik der Regionalmarketingkampagne genannt: keinen falschen Werbeschleier, sondern klare

Aussagen, die das echte Bild der Region vermitteln und positive Umzugsentscheidungen in die Region befördern. Insbesondere die bislang unbekannten wirtschaftlichen Stärken der Region werden mit dem Claim unterstrichen – denn tatsächlich liegen allen Aussagen des Regionalmarketings stets „echt" nachweisbare Zahlen und Fakten zugrunde. So kann z. B. auf die ungläubige Rückfrage: „Echt?" zur Behauptung der Präsenz von mehr als 150 weltmarktführenden Unternehmen der Region stets geantwortet werden: „Ja, alles echt!"

Südwestfalen

ALLES ECHT!

Abbildung 11: Das Logo der Region mit Claim „Südwestfalen – Alles echt!" (Quelle: Südwestfalen Agentur)

Während ein Standortportal bis heute als zentrale Anlauf- und multimediale Informationsstelle dient, werden kontinuierlich unterschiedliche Werbemaßnahmen umgesetzt, z. B. eine Anzeigenkampagne, die auf die überraschenden Standortvorteile der Region aufmerksam macht. „Mach doch, was du willst! ... denn bessere Ausbildungskonzepte findest du nirgendwo. Echt!" war einer von mehreren Sprüchen und Motiven. Es folgte ein Link zur Homepage, denn bewiesen wurden diese Versprechen durch handfeste Fakten und Zahlen auf dem Internetportal. Als Regionalmarke wirbt Südwestfalen mit einer starken Wirtschaft, einem äußerst attraktiven Lebensumfeld, attraktiven Wohn-, Bau- und Gründungsmöglichkeiten sowie sechs Hochschulen und einem ausgeprägten Vereinswesen.

Als Kernbotschaften, die sich in allen Kommunikationsmaßnahmen wiederfinden, wurden festgelegt:

- Industrie- und Technologiestandort: Südwestfalen gehört zu den stärksten Industrieregionen Deutschlands.
- Vielfalt und Innovationskraft: Viele Hidden Champions und mittelständische Unternehmen prägen die Region.

- Lebensqualität: ländliche Idylle kombiniert mit wirtschaftlicher Stärke, guter Infrastruktur und hoher Wohnqualität
- Kooperation und Vernetzung: enge Zusammenarbeit zwischen Wirtschaft, Wissenschaft und Verwaltung

Die Kampagne zielt darauf ab, das Bewusstsein für die Region zu schärfen und ein positives Image sowohl innerhalb als auch außerhalb Südwestfalens zu fördern.

6.6 Koordinierte Markenkommunikation und Zielgruppen

Die Marke wird durch ein umfassendes Kommunikationskonzept gestärkt, das folgende Elemente umfasst:

- Standortlogo „Unser starker Standort – Südwestfalen. Alles echt!" zur gemeinsamen Nutzung in der Region sowie ein „Südwestfalen – Alles echt"-Stempel zur besonderen Kampagnenbegleitung
- einheitliche visuelle und sprachliche Leitlinien für alle Marketingmaßnahmen
- ein umfangreiches Maßnahmenportfolio
- eine enge Kooperation mit Unternehmen, Kommunen und Hochschulen zur gemeinsamen Vermarktung der Region

Das Regionalmarketing Südwestfalen richtet sich primär an drei verschiedene Zielgruppen:

- Fachkräfte und Auszubildende: Mit speziellen Projekten und Kampagnen werden Fachkräfte und junge Talente angesprochen, um sie für die vielfältigen Karrierechancen in Südwestfalen zu gewinnen.
- Bürgerinnen und Bürger: Durch die Förderung des regionalen Bewusstseins und Stolzes sollen die Einwohner als Botschafter der Region agieren.
- Kooperations- und Netzwerkpartner: Ein zentrales Merkmal des Regionalmarketings ist, wie oben beschrieben, die enge Zusammenarbeit zwischen Unternehmen, Hochschulen, Kommunen und Wirtschaftsförderungen. Der Verein „Wirtschaft für Süd-

westfalen" spielt hierbei eine entscheidende Rolle – und somit die Mitgliederakquise und -betreuung im Regionalmarketing.

6.7 Erfolgreiche Maßnahmen und Instrumente

Südwestfalen hat eine Vielzahl von Projekten und Initiativen ins Leben gerufen, um die Region bekannter zu machen und ihre Attraktivität zu steigern. Im Folgenden werden einige Beispiele vorgestellt:

Imagestärkung

Die Marke „Südwestfalen – Alles echt!" wird durch verschiedene Maßnahmen gestärkt:

- Südwestfalen Magazin: ein Onlinemagazin, das regelmäßig über Neuigkeiten, Erfolgsgeschichten und Besonderheiten der Region berichtet
- Social-Media-Kampagnen: aktive Präsenz auf Plattformen wie Facebook, Instagram und LinkedIn, um die Reichweite zu erhöhen und verschiedene Zielgruppen anzusprechen
- Sonderveröffentlichungen zum Standort Südwestfalen in diversen regionalen und überregionalen Medien

Abbildung 12: Der „Südwestfalen – Alles echt"-Stempel als starkes Kampagnenelement (Quelle: Südwestfalen Agentur)

Fachkräftesicherung

Um dem Fachkräftemangel entgegenzuwirken, wurden mehrere Projekte initiiert:

- Gap Year Südwestfalen: Ein Programm, das jungen Menschen die Möglichkeit bietet, innerhalb eines Jahres mehrere Praktika in unterschiedlichen Unternehmen der Region zu absolvieren. Ziel ist es, Nachwuchskräfte frühzeitig an die Region zu binden und ihnen die vielfältigen Karrierechancen aufzuzeigen.
- Meet 'n' Match: Ein digitales Kurzformat, das Studierende und Unternehmen zusammenbringt. In kurzen Sessions können sich beide Seiten kennenlernen und erste Kontakte knüpfen.
- Bewerberpool Südwestfalen – in Kooperation mit „Karriere Südwestfalen": Eine Plattform, auf der sich Fachkräfte registrieren können, um von regionalen Unternehmen gefunden zu werden.

Arbeitgeberunterstützung

Die Unternehmen der Region werden durch verschiedene Angebote im Personal- und Standortmarketing unterstützt:

- Netzwerkveranstaltungen: Häufig stehen Unternehmen vor ähnlichen Herausforderungen. Zahlreiche Events helfen den Mitgliedsunternehmen dabei, Erfahrungen auszutauschen und gemeinsam neue Lösungen zu entwickeln.
- Schulungen und Leitfäden: Insbesondere zum Thema „Arbeitgebermarketing" werden diverse Unterstützungsangebote gemacht – u. a. auch im geförderten Projekt „Arbeitgeberschmiede Südwestfalen".
- gemeinsame Aktivitäten und Materialien: Ob gemeinsame Auftritte auf Karrieremessen oder ein umfangreicher „Südwestfalen-Shop" mit Material: Für die Unternehmen steht ein buntes Portfolio an Mitmachoptionen zur Verfügung.

6.8 Mehrwerte im Regionalmarketing für Unternehmen

Während die Relevanz einer regionalen Markenbildung unbestritten evident ist, gelingt die Weiterentwicklung der Regionalmarketingaktivitäten nur durch den Ausweis von Mehrwerten: Was bringt mir als Unternehmer ein Beitritt in den Verein „Wirtschaft für Südwestfalen“, ist dabei eine Schlüsselfrage. Die Antwort: zahlreiche gemeinsam entwickelte Instrumente, um den unternehmenseigenen Recruitingprozess bestmöglich zu unterstützen. So können die Unternehmen sich z. B. in besondere Art und Weise auf dem Portal präsentieren, bekommen Hilfestellung im Bereich des „Employer Branding“ durch individualisierbare Anzeigenmotive, erhalten Materialien zur ansprechenden Standorterläuterung, können auf einen gemeinsamen „Bilderpool“ zugreifen, und ihnen wird die unternehmerische Teilnahme an bundesweiten Recruitingaktivitäten ermöglicht, z. B. durch Messebeteiligungen wie auch durch den Zugriff auf einen „Bewerberpool“. Auch die Entwicklung einer regionalen, kommunalen und unternehmerischen Willkommenskultur für Neuankommende in der Region ist ein relevanter Baustein des Regionalmarketings mit klaren Mehrwerten für die Unternehmen.

Die enge Zusammenarbeit mit den Unternehmen ist dabei ein Schlüsselfaktor des Regionalmarketings. Ob in gemeinsamen „Think Tanks“ zur Ideenentwicklung, in „Sneak Previews“ zur Projektideen-„Verkostung“ oder in Strategiedialogen: Die Ausrichtung und Gestaltung des Regionalmarketings Südwestfalen werden maßgeblich durch die Mitgliedsunternehmen geprägt. Die kontinuierliche Kommunikation an die Unternehmen erfolgt dabei per wöchentlich versendeter „Vereinspost“ mit aktuellen Mitmachangeboten.

Die bisherigen Wachstumsraten im Verein sowie die jährlichen Mitgliederumfragen bestätigen den hohen Zufriedenheitsgrad der Mitgliedsunternehmen sowie deren Weiterempfehlungsbereitschaft.

6.9 Überblick: Erfolgsfaktoren des Regionalmarketings Südwestfalen

Transparenz, Verlässlichkeit, Vertrauen

Von Beginn des Regionalmarketings an wurde ein großer Fokus auf transparente Prozesse, Entscheidungsfindung und Kommunikation gelegt, z. B. durch unterschiedlichste Beteiligungsformate, zahlreiche Diskussions- und Präsentationsveranstaltungen auf lokaler Ebene in der Flächenregion Südwestfalen und konsistente Kommunikationsformate, wie z. B. persönliche, regelmäßige Rundmails an die 59 Bürgermeister, Wirtschaftsförderungen und Stadtmarketings sowie die Mitgliedsunternehmen der Region. Besonders wichtig waren und sind dabei die auf Langfristigkeit angelegten, verlässlichen, aufrichtigen und kooperativen Beziehungen im Netzwerk, die stets das gemeinsame Interesse der Stärkung der Gesamtregion im Blick haben.

Schwarmintelligenz

Zahlreiche Initiativen und Kurskorrekturen des Regionalmarketings ergaben und ergeben sich kontinuierlich aus der aktiven Nutzung der Ideenvielfalt und Perspektiven in der Region und im Verein – so stehen stets weniger externe Werbeagenturen im Zentrum der Gestaltung des Regionalmarketings als vielmehr die Unternehmen, Bürgerinnen und Bürger sowie Institutionen und Kommunen der Region als Ideengeber und die Südwestfalen Agentur GmbH als Prozessgestalterin, Moderatorin, Impulsgeberin und Umsetzerin.

Gemeinsame Vision und gemeinsames Storytelling

Durch die Entwicklung einer gemeinsamen, tragfähigen Vision und die kollektive Akzeptanz des Storytellingansatzes rund um die „echten Geschichten“ und das dezidierte Profil der Region unter dem Siegel von „Südwestfalen – Alles echt!“ konnten eine gemeinsame Sprache und ein gemeinsames Narrativ zum Regionalmarketing entwickelt werden, das unter dem Schlagwort „Gemeinsam stärker“ transportiert wird.

Einbindung von kommunalem Stadtmarketing und Wirtschaftsförderungen

Regionalmarketing wird umso stärker, je mehr auch die Kräfte der heimischen Stadtmarketing- und Wirtschaftsförderungen einfließen können: Schließlich geht es um die gemeinsame Region. Im Regionalmarketing Südwestfalen zeigt sich dies z. B. im „Lkw-Projekt“: Mehr als 60 südwestfälische Lkws fahren durch Deutschland und Europa, auf deren Seitenplanen sich stets eine südwestfälische Kommune individuell präsentiert und deren Heck Südwestfalens Kernbotschaften schmücken – alles im einheitlichen Corporate Design Südwestfalens. So gehen Stadtmarketing und Regionalmarketing Hand in Hand und verstärken sich gegenseitig.

Abbildung 13: Mehr als 60 Südwestfalen-Lkws fahren bereits durch Deutschland und Europa (Quelle: Südwestfalen Agentur)

Dachmarkenstrategie und Identitätsstärkung

6

In Südwestfalen als nicht „klassisch gewachsener" regionaler Marke, sondern als recht jungem regionalen Zusammenschluss spielen die Themen „Identitäten" und „regionale Heimatmarken" eine zentrale Rolle. Sie erfordern eine besondere Sensibilität, Diskursfreude und Fingerspitzengefühl sowie eine klare Markenstruktur. So gelang es in Südwestfalen, eine Dachmarkenstrategie zu erarbeiten und umzusetzen, die die Kernmarken „Sauerland" und „Siegen-Wittgenstein" als attraktive Lebensräume und Tourismusregionen umfasst und mit Südwestfalen als starker Wirtschaftsregion eine Klammer um diese beiden Marken bildet. Die Ergänzung des Zusatzes „in Südwestfalen" in den Logos von „Sauerland" und „Siegen-Wittgenstein" zur besseren Vermittlung der regionalen Zugehörigkeit und Dachmarkenstrategie war dabei ein wesentlicher Meilenstein. Gemeinsame Projekte zwischen den Kernmarken und der Dachmarke, wie der „Bilderpool Südwestfalen", in dessen Rahmen ein gemeinsamer Bildstil für Südwestfalen/Sauerland/Siegen-Wittgenstein erarbeitet wurde und Hunderte Bilder kostenlos für alle Interessierten zur Verfügung stehen, zeigen die operative Umsetzung der gelungenen Dachmarkenstrategie, die auf gemeinsame Mehrwerte und eine gut abgestimmte Kommunikation der Markenfamilie abzielt.

„Von innen nach außen" – Fokus auf Binnenmarketing

Gerade in der „jungen Region" Südwestfalen lag und liegt bis heute ein Fokus aller Maßnahmen auf der Stärkung des regionalen Bewusstseins für das „Wir sind Südwestfalen". Im Rahmen unterschiedlicher Binnenmarketingmaßnahmen, wie z. B. der jährlichen Konzeption und Umsetzung eines 48-seitigen „Wir in Südwestfalen"-Magazins, das über ausgewählte Geschichten aus der Region berichtet und somit die Marke Südwestfalen „anfassbar" transportiert, werden alle Haushalte in der Region adressiert. Umgesetzt wird das Magazin stets in gut eingeübter Kooperation mit heimischen Verlagen. Ein wesentlicher Nebeneffekt: Innerhalb des Magazins werden die Aktivitäten des gemeinsamen Regionalmarketings vorgestellt und die Mitgliedsunternehmen per Logo in einer Karte verortet, was Transparenz über den laufenden Prozess schafft und regelmäßig für neue Mitglieder sorgt.

Abbildung 14: „Wir in Südwestfalen": Titelseite einer der jährlichen Sonderveröffentlichungen

Multiplikatorstrategie nutzen

Die mehr als 80.000 Unternehmen in Südwestfalen, ebenso wie die zahlreichen Institutionen, Hochschulen, die 59 Kommunen und fünf Kreise: Sie alle sind wesentliche Multiplikatoren der Marke und des Standorts Südwestfalen. Unterschiedlichste Möglichkeiten, diese als solche gezielt einzubinden, werden kontinuierlich im Rahmen des Regionalmarketings genutzt: Durch die explizite Freigabe des „Standortlogos Südwestfalen" für alle, den Aufbau des „Bilderpools Südwestfalen" zur kostenlosen Fotonutzung, um die Region auf eigenen Webseiten und Materialien passend zu bebildern, die Erstellung umfangreicher Standortmaterialien, die im „Südwestfalen-Shop" online zur Verfügung stehen und einfach sowie kostenlos bestellt werden können, ebenso wie die regelmäßige Veranstaltung von südwestfälischen Events und Mitmachaktionen, um den „Südwestfalenspirit" spürbar zu vermitteln und gemeinsam zum Vibrieren zu bringen.

Umsichtiger Mitteleinsatz und Chancenorientierung

Statt hoher Werbeetats für externe Werbeagenturen und kurzlebige, kostspielige Werbekampagnen wird im Rahmen des Regionalmarketings Südwestfalen in langfristige Maßnahmen investiert, die von vielen getragen werden, wie z. B. der zweijährlich stattfindende Videowettbewerb „Kracher des Jahres – made in Südwestfalen", der ohne nennenswerten Werbeetat durch die Südwestfalen Agentur GmbH umgesetzt wird, dafür jedoch von allen relevanten Wirtschaftsorganisationen der Region mitgetragen und somit auch gemeinsam publiziert wird (Kammern, Verbände, Kreis-Wirtschaftsförderungen usw.). Gleichzeitig wurden in der Vergangenheit regelmäßig die zur Verfügung stehenden finanziellen Mittel des Regionalmarketings durch erfolgreich geförderte Projektanträge bzw. -umsetzungen ergänzt, so z. B. durch das Regionalmarketingprojekt „PERSPEKTIVE Südwestfalen", in dessen Rahmen Lehrmaterial mit Südwestfalenbezug für den Unterricht konzipiert wurde, ebenso wie eine „Komm und bleib"-Kampagne, die sich an „Touristen als Neubürger" wandte, oder auch eine spezifische „Medizin- und Pflegefachkräfte"-Kampagne. Zuletzt konnte so auch das Projekt „Arbeitgeberschmiede Südwestfalen" erfolgreich zur Förderung eingereicht werden, das derzeit – auch in Kooperation mit den Hochschulen der Region – umgesetzt wird und sich zum Ziel gesetzt hat, Südwestfalen als Toparbeitgeberregion zu positionieren.

Strategische Ausrichtung und Kontinuität

Als wesentliche Erfolgsfaktoren in Südwestfalen können sicherlich die Kontinuität und Stabilität der inhaltlich-strategischen, personellen und organisatorischen Eckpfeiler des Regionalmarketings genannt werden. So war es in der Region in den letzten rund 13 Jahren möglich, einen Prozess aufzubauen und umzusetzen, der auf gesundes Wachstum mit lebendigen „Blüten" und neuen „Austrieben" ausgelegt ist, jedoch gleichzeitig tiefe Wurzeln und feste Stämme hat.

Bestandsentwicklung am Beispiel Wolfsburg

7. Bestandsentwicklung am Beispiel Wolfsburg

Jens Hofschröer und Verena Scholz, Wolfsburg Wirtschaft und Marketing GmbH

Wolfsburg ist als starker Wirtschaftsstandort geprägt von innovationsstarken Unternehmen und einer zukunftsorientierten Dynamik. Im folgenden Kapitel werden die Ansätze der Wolfsburg Wirtschaft und Marketing GmbH (WMG) für eine kontinuierliche Stärkung Wolfsburgs als Wirtschafts- und Wissenschaftsstandort beschrieben. Der Aufgabenbereich Unternehmen & Flächen der Wirtschaftsförderung der WMG steht dabei in engem Zusammenhang mit der wirtschaftlichen Ausgestaltung und Weiterentwicklung der Region. Voranzustellen ist, dass attraktive Arbeitsplätze Arbeitnehmerinnen und Arbeitnehmer im Erwerbsalter mit ihren Kindern an die Stadt binden und somit auch demografisch wirken. Demzufolge ist es ein wesentliches Ziel dieses Aufgabenbereichs, die bereits in Wolfsburg ansässigen Unternehmen langfristig und substanziell an den Standort zu binden. Hierzu gilt es, attraktive und zukunftsfähige Standortbedingungen zu schaffen. Ferner ist es von besonderer Bedeutung, eine hohe Identifikation der Unternehmen mit dem Standort Wolfsburg zu erreichen. Infolgedessen erscheint es von grundlegender Bedeutung, Standortbedingungen und Standortentwicklung in enger Kooperation mit Unternehmen zu entfalten und somit das Wissen, aber auch die Anforderungen des Markts in die Standortentwicklung einzuspeisen. Auf dieser Grundlage können dann passgenaue (Zusatz-)Leistungen und Produkte entwickelt werden, die sich an den Ansprüchen und Notwendigkeiten der Unternehmen orientieren.

In der Konsequenz sollten sich die Aktivitäten im Bereich der Bestandsbetreuung an den Ansprüchen und Bedürfnissen der Unternehmen ausrichten. Daher können u. a. ein Unternehmenshearing oder eine Unternehmensbefragung sinnvolle Instrumente sein, die als Navigationshilfen und interne Steuerungsinstrumente fungieren, um passgenau am Markt zu agieren. In diesem Zusammenhang werden vor allem die städtebauliche Aufwertung im Bereich der Innenstadt, die Nachverdichtung von Gewerbestandorten und Funktionsvielfalt benannt.

7.1 Unternehmensservice

Der Unternehmensservice, auch Stakeholdermanagement genannt, nimmt eine zentrale Rolle in der WMG-Wirtschaftsförderung ein, indem er als Bindeglied zwischen Unternehmen, Partnern und der Stadtverwaltung agiert. Durch einen vertrauensvollen und zugleich regelmäßigen Austausch sowie dem Etablieren von Netzwerken schafft die Unternehmensbetreuung eine wirkungsvolle Plattform für Interaktion und ein gemeinsames Verständnis.

Ein zentrales Element für einen vertrauensvollen Austausch stellen dabei Unternehmensbesuche dar. Sie dienen der direkten Kommunikation und dem offenen Austausch zwischen Unternehmen und Wirtschaftsförderung. Das Credo von Unternehmensbesuchen für Wirtschaftsförderungen lautet, die Herausforderungen oder auch Erfolge der Unternehmen ernsthaft verstehen zu wollen. Mit einem „Vorladen" in die Verwaltung wird dies nur in den seltensten Fällen gelingen. Folgerichtig sollte immer ein Besuch im Unternehmen angestrebt werden, um sich Projekte, Produkte, Maschinen und Probleme direkt erläutern zu lassen. Eine Unterstützung und Lösungssuche setzen ein Verstehen voraus. Der aktive und persönliche Austausch führt dazu, dass Hemmnisse frühzeitig erkannt und gemeinsam Lösungsansätze ermittelt werden können. Die Bestandspflege und gleichzeitige Innovationsförderung seitens des Unternehmensservices der WMG umfasst dabei die Zielsetzungen, Unternehmen am Standort zu stärken wie auch sich für die standortseitigen Rahmenbedingungen zum Wohle der Unternehmensentwicklung einzusetzen.

Ein wirkungsstarker Unternehmensservice ruht auf mehreren Säulen, die einen sehr hohen Kompetenz-, Akzeptanz- und Vernetzungsgrad benötigen. Neben den rechtlichen Rahmenbedingungen betrifft dies vor allem die Zusammenarbeit mit Verwaltung und Politik. Wie bereits zuvor beschrieben, ist eine ressortübergreifende Kooperation mit der Stadtverwaltung selbstverständlich, um Unternehmen eine schnelle und reibungslose Projektverwirklichung zu ermöglichen. Hierbei ist vor allem der regelmäßige Austausch mit den Geschäftsbereichen Stadtplanung und Bauberatung, Grundstücks- und Gebäudemanagement, Straßenbau und Projektkoordination sowie dem Referat Strategische Planung und Stadtentwicklung von besonderer Bedeutung. Als Instrument sichert die

WMG-Wirtschaftsroutine eine zielgerichtete, regelmäßige und zugleich verlässliche Zusammenarbeit.

Praktische Umsetzungsformen der Unternehmensbetreuung

Im Rahmen der praktischen Umsetzung der Unternehmensbetreuung wird eine aktive Netzwerkarbeit in den Fokus gerückt und seitens der WMG initiiert. In Wolfsburg dienen verschiedene Veranstaltungsformate wie z. B. Forum Wirtschaft, Dialogformate mit den Akteuren der Zentren, Zusammenkünfte von Anliegern in Gewerbegebieten und der Wirtschaftsempfang des Oberbürgermeisters zum gemeinsamen Austausch. Die Veranstaltungen bieten die Möglichkeit, sich untereinander zu vernetzen und über aktuelle Belange und Standortfragen in Wolfsburg zu diskutieren.

Der Innenstadt-Dialog und das Eigentümertreffen sind eigens geschaffene Formate, die die Entwicklungsperspektive der Innenstadt adressatengenau in den Mittelpunkt rücken. Um die Wolfsburger Innenstadt langfristig attraktiver zu gestalten und zu stärken, braucht es einen Schulterschluss. Viele Eigentümer von Immobilien sind entweder Fondsstrukturen oder nicht in Wolfsburg wohnhaft. Diese Akteure zusammenzubringen, eine Betroffenheit und zugleich auch gemeinsame Entwicklungsperspektive zu schaffen, sind wesentliche Ziele dieser Formate. Der direkte Austausch der Akteure untereinander sowie mit Stadtverwaltung und Wirtschaftsförderung ist hierfür eine bedeutende Grundlage.

Mit den Anliegertreffen organisiert die WMG-Wirtschaftsförderung ein „voneinander Wissen“ in den Gewerbegebieten, um Kontakte zwischen den Anliegern aufzubauen. Insbesondere innerhalb der stetigen Transformations- und Entwicklungsprozesse bietet dieses Veranstaltungsformat den Unternehmen die Möglichkeit, sich zu vernetzen und Synergien zu schaffen, z. B. bei Ausschreibungsbeteiligungen oder Kooperationen.

Mit dem Ziel, das Gründungsökosystem des Standorts im Rahmen des Gründerservices zu fördern, werden weiterhin Events im Zentrum der Gründerszene veranstaltet. Das Fundament bildet dabei das Gründercamp YOUCAMP, ein innovatives Bildungsangebot zur Förderung unternehmerischen Denkens und Handelns. Es befähigt junge Menschen von der Ideenentwicklung über die Businessplanung bis hin zum Pitchtraining kreativ und innovativ zu handeln. Das Format wird in den Sommerferien kostenlos für Schülerinnen und

Schüler angeboten. Mittel- bis langfristig kann so die Gründungskultur am Standort wachsen. Diese Entwicklung unterstützt die WMG-Wirtschaftsförderung als Projektpartner des Gründercamps. Daran anknüpfend, bildet die Gründerberatung einen weiteren Teil des Gründungsökosystems. Mit der Unterstützung des Engagements und der Entwicklung von Gründerinnen und Gründern wird eine stetig wachsende Angebotsvielfalt intendiert.

Neben der Netzwerkarbeit und dem Gründerservice ist die Herausgabe des Wirtschaftsmagazins „Wolfsburg+" ein weiteres Aufgabenfeld im Bereich Unternehmensservice. Es wird zweimal jährlich in Form einer Print- und Onlineausgabe auf wolfsburgplus.de veröffentlicht. Der inhaltliche Fokus liegt dabei auf der lokalen Wirtschaftsberichterstattung, die spezifische Entwicklungen, Trends und Herausforderungen am Standort beleuchtet. Neben informativen Artikeln wird das Portfolio um Porträts lokaler Wirtschaftsakteurinnen und -akteure und ihrer Geschichten ergänzt. Das Magazin ermöglicht die Sichtbarmachung lokaler Unternehmen, Start-ups, Projekte und Transformationen innerhalb der Region. Weiterführend trägt es sinnstiftend zur Bewusstseinsstärkung der kommunalen Wirtschaft bei und fördert die Identifikationsmöglichkeit mit der Stadt. Unter Einsatz einer klaren Zielgruppenansprache werden politische und wirtschaftliche Entscheidungen sowie regionale Entwicklungen kommuniziert und verstehbar gemacht.

Insgesamt stärkt die Unternehmensbetreuung durch gezielte Beratung, strategische Planung und aktive Initiierung von Austauschmöglichkeiten das Wachstumspotenzial am Standort. Die Facetten der Unternehmensbetreuung nehmen wesentlichen Einfluss auf die Bestandsentwicklung und somit auf die wirtschaftliche Stabilität und Prosperität der Region. In Zeiten großer Umbrüche und herausfordernder Themen am Wirtschaftsstandort Wolfsburg gilt es, die Standortentwicklung gemeinschaftlich weiterzuentwickeln. Die wirkungsvollen Synergien der Wirtschaftsförderung und ihr proaktives Agieren innerhalb eines starken Partnernetzwerks tragen hierzu bei.

7.2 Gewerbeflächenmanagement

Neben dem Aspekt der Unternehmensbetreuung ist das Gewerbeflächenmanagement integraler Bestandteil der Wirtschaftsförderung. Im Kern stehen dabei die Leistungen rund um die Ansiedlung, Vermarktung und Bestandspflege von Gewerbegebieten und -immobilien im Vordergrund. In diesem Aufgabenbereich werden Unternehmen und Investoren bei der Suche nach geeigneten Standorten und Gewerbeflächen in Wolfsburg unterstützt und bei der Erweiterung, Verlagerung und Neuansiedlung begleitet. Gemäß den strategischen Zielen der WMG versteht sich diese als Dienstleister, Berater und Unterstützer für Unternehmen im gesamten Ansiedlungs- und Verlagerungsprozess und darüber hinaus. Grundlage für eine erfolgreiche Gewerbeflächenvermarktung ist eine Detailkenntnis über die jeweiligen Spezifika der insgesamt 16 Gewerbegebiete auf den über 400 ha Grundfläche bezüglich der jeweiligen Flächenverfügbarkeiten und Zuschnittsgestaltungen.

Neben der allgemeinen Datenaufbereitung für die Flächenvermarktung in der Gewerbeflächendatenbank ist auch die passgenaue Aufbereitung der Standortinformationen eine elementare Voraussetzung für die erfolgreiche Vermarktung. Ebenso ist es für einen effektiven und einheitlichen Informationsstand innerhalb der Wirtschaftsförderung unerlässlich, über eine einheitliche, datenschutzkonforme Datenbank (Customer Relationship Management, kurz: CRM) zu verfügen. Das CRM-System bietet die Möglichkeit, Standortfaktoren und – soweit vorhanden und in das System eingepflegt – Unternehmenskontakte einzusehen und zu verwalten.

Eine Ansiedlung ist ein individueller und komplexer Prozess, der mit der Unternehmensakquise beginnt und in der Begleitung deutlich über die Unternehmensansiedlung und Geschäftseröffnung hinausgeht. In Rückbezug auf das Serviceverständnis ist hierbei insbesondere die Beratung und Vermarktung der jeweils passgenauen Gewerbefläche ein vielschichtiger und zeitintensiver Prozess, der die vorhandenen Ressourcen im Vorfeld der jeweiligen Beschlussvorlagenerstellung für die politischen Entscheidungsgremien in vollem Umfang beansprucht.

Die Herausforderungen des Gewerbeflächenmanagements werden durch die bestehenden Flächenknappheit und dem Anspruch einer nachhaltigen Flächennutzung zunehmend komplexer. Es gilt, die verschiedenen Ziele in einen bestmöglichen Einklang zu bringen, d. h., den Flächenverbrauch zu reduzieren und die Flächeneffizienz zu optimieren. Um diesen Herausforderungen begegnen und zukunftsfähige Entwicklungen gewährleisten zu können, sind strategische und innovative Ausrichtungen erforderlich. Dabei werden die Flächenentwicklungen der Nachverdichtung und Revitalisierung fokussiert, um langfristige Gewerbeflächenstrategien und innovative Nutzungskonzepte zu integrieren. Im Wesentlichen bilden sie die Grundlage für weitere strategische Maßnahmen zur Stärkung des Standorts. Die koordinierte Vorgehensweise eines effektiven Gewerbeflächenmanagements fördert demnach nicht nur die Ansiedlung neuer Betriebe, sondern trägt auch zur Revitalisierung bestehender Gewerbegebiete und Zentren bei und bietet positive Impulse für die gesamtheitliche Entwicklung des Wirtschaftsstandorts.

7.3 Erfolgreiche Projekte am Beispiel Wolfsburg

Den Wirtschaftsstandort Wolfsburg bewegen herausfordernde Themen der Standortentwicklung, die im Zusammenhang mit der Transformation von Volkswagen, der Innenstadtentwicklung und der gemeinschaftlichen Entwicklung des Hochschulstandortes mit der TU Braunschweig, der Ostfalia Hochschule für angewandte Wissenschaften, der Fraunhofer-Gesellschaft, der Volkswagen AG und der Stadt Wolfsburg stehen. Vor diesem Hintergrund zeigen die folgenden Beispiele die Relevanz der strategischen Unternehmensbetreuung in Zeiten einer Transformation des Wirtschaftsstandorts auf.

Das Projekt „Eastgate" steht als Positivbeispiel für die Nachverdichtung von zentrumsnahen Gewerbegebieten und zugleich gute Lösung von Nutzungskonflikten mit angrenzenden Wohngebieten.

Grundlage für die Neuordnung des zentrumsnahmen Gewerbegebiets Dieselstraße sind das städtebauliche Strukturkonzept wie auch eine Verlagerung eines seinerzeit ansässigen Logistikbetriebes inklusive untergeordneter Büronutzung. Daraus ergaben sich für das frei werdende Grundstück neue städtebauliche Entwicklungsperspektiven. Durch eine Neuordnung auf dem Grundstück konnten im südlichen Planbereich, angrenzend an das Wohngebiet „Alte Baumschule", weitere Wohnbaupotenziale i. S. d. Wohnbauoffensive der Stadt Wolfsburg geschaffen werden. Im nördlichen Grundstücksteil dagegen war eine Nachverdichtung von gewerblichen Nutzungen möglich. Die städtebauliche Situation entlang der Dieselstraße ist geprägt von gewerblich und betrieblich genutzten Parzellen mit einem hohen Versiegelungsanteil und einer inhomogenen Bebauungsstruktur.

Die Neuordnung des Grundstücks mit dem Projekt „Eastgate“ umfasst ein urbanes Wohn- und Arbeitsquartier. „Eastgate“ bezeichnet dabei ein 18.000 m^2 Mixed-Use-Quartier, das als Innovationszentrum Wolfsburgs „Tor nach Osten“ darstellen soll. Insgesamt sind sieben Gebäudekomplexe vorgesehen, die sowohl als Büro- und Gewerbeflächen als auch standortnahe Wohneinheiten in drei Bauabschnitten errichtet werden. Planungsrechtlich erfolgte eine sich von Norden in Richtung Süden entwickelnde Gebietsausweisung von Gewerbegebiet (GE), Urbanes Quartier (MU) und Allgemeinem Wohngebiet (WA). Als richtungweisendes Bauprojekt für die digitale und nachhaltige Zukunft Wolfsburgs leistet das Projekt „Eastgate“ einen Beitrag zur städtebaulichen Aufwertung des östlichen Stadteingangs und schafft neue, bedarfsgerechte Flächenangebote für Büro und Engineering, die nach modernsten „New Work“-Aspekten entwickelt wurden.

7

Abbildung 15: Querschnitt des Mixed-Use-Quartiers „Eastgate“ (Quelle: www.eastgate-wolfsburg.de)

Mit Fertigstellung des gesamten Projekts werden 600 Arbeitsplätze in Büros und gewerblichen Einheiten in einem hochmodernen, nachhaltigen Areal verfügbar sein. Abgerundet wird die Gesamtentwicklung mit ca. 90 Wohneinheiten, die Wohnen, Leben und Arbeiten in einem Quartier in bester Qualität gewährleisten. Der zusätzlich geschaffene Wohnraum komplementiert den Nutzungsmix, hält ökologisch positive Faktoren bereit und schafft Voraussetzungen für das Zusammenführen von Wohnen und Arbeiten. Die Entwicklung des Projektes wurde durch die Coronapandemie beeinflusst, dennoch konnte der Baustart im Januar 2022 erfolgen. Insgesamt stellt das „Eastgate"-Projekt einen bedeutenden Beitrag zur städtebaulichen Entwicklung Wolfsburgs dar.

Angesichts einer zukunftsfähigen strategischen Standortentwicklung ist die Open Hybrid LabFactory (OHLF) ebenfalls als gutes Beispiel für eine strategisch vorausschauende Stadt- und Wirtschaftsstandortentwicklung anzuführen. Mit dem Ziel, einen Universitäts- und Innovationscampus am Standort Wolfsburg zu etablieren, konnte im Jahr 2024 der angestoßene Prozess in Kooperation mit der TU Braunschweig, der Ostfalia Hochschule für angewandte Wissenschaften, der Fraunhofer-Gesellschaft, der Volkswagen AG und der Stadt Wolfsburg in die Umsetzung gebracht werden. Im Schulterschluss wird gemeinsam das Ziel verfolgt, die OHLF regional und international mit einer starken Forschungskompetenz sowie Studien-, Weiterbildungs- und Transferangeboten zu einem führenden Campus für Lösungen der automobilen Kreislaufwirtschaft weiterzuentwickeln. Am gemeinsamen Campus Wolfsburg vereinen sich zukünftig Spitzenforschung, erstklassige Forschungsinfrastruktur sowie Partner aus Wirtschaft und Politik, um einen signifikanten Beitrag für zukunftsweisende Innovationen zu leisten.

Dieses wegweisende Gemeinschaftsprojekt wird die Zusammenarbeit von Wissenschaft und Wirtschaft in der Region maßgeblich stärken. Das Projekt bildet eine national einzigartige Kooperationsplattform, das durch das Niedersächsische Ministerium für Wissenschaft und Kultur i. H. v. 11,5 Mio. Euro gefördert wird. Als Netzwerkpartner und zentraler Unterstützer von Wissenschaft, Wirtschaft und Gesellschaft hat die Stadt Wolfsburg nach einem Auftakt mit allen beteiligten Akteuren das Projektmanagement übernommen. Die engagierte und vertrauensvolle Zusammenarbeit von Wissenschaft, Wirtschaft und Stadt beruht auf langjährigen Projektkooperationen und hat sichtbare Ergebnisse in Forschung und Innovationen generiert.

Abbildung 16: Gemeinschaftliches Engagement
für den Hochschulstandort Wolfsburg (Quelle: WMG Wolfsburg)

Als bezeichnendes Leuchtturmprojekt wird der 2016 eröffnete Forschungscampus den inhaltlichen Schwerpunkt auf „Circular Economy Technologies" setzen. Demnach werden neue Ansätze in der industriellen Fahrzeugproduktion i. S. d. Kreislaufwirtschaft geschaffen. Dabei engagieren sich die TU Braunschweig, die OHLF, die Ostfalia Hochschule für angewandte Wissenschaften und die Fraunhofer-Gesellschaft als wissenschaftliche Partner. Die Handlungsfelder werden durch interdisziplinäre Forschungsgruppen etabliert und Projekte eng mit der Industrie verknüpft. Ebenso fasst der Campus das Innovationspotenzial für junge Unternehmen sowie Gründerinnen und Gründer in der Region zusammen und bietet
7 dadurch ein optimales Ökosystem für Start-ups. Auf rund 2.800 m^2 werden nationale und internationale hightechorientierte Spitzenforschungen durchgeführt, die den Wissens- und Technologietransfer des Wirtschafts- und Wissenschaftsstandorts Wolfsburg gewinnbringend fördern. Infolgedessen ergänzt der Campus die Stadt als ganzheitlichen und zukunftsfähigen Standort zum Leben und Arbeiten. Im Rahmen der Standortförderung stehen dabei zunächst die strukturellen Rahmenbedingungen für die Entwicklung der Universitätsstadt Wolfsburg im Vordergrund. Das Gemeinschaftsziel umfasst die Etablierung eines führenden Entrepreneurship Hubs am Campus Wolfsburg, den die WMG in Form seiner Etablierung und Positionierung sowie dessen Einbindung in die bestehenden Strukturen der Stadt unterstützt.

Das Projekt „Biomarkt & Boardinghouse" in Vorsfelde kann als weiteres Best-Practice-Beispiel für eine erfolgreiche Bestandsentwicklung betrachtet werden. Nach dem Auszug eines Lebensmittelvollsortimenters im Altstadtkern des Stadtteils Vorsfelde war es wichtig, die Nahversorgung zu stärken. Sämtliche Nachvermietungsversuche seitens der Eigentümerschaft schlugen jedoch fehl, sodass eine Neuordnung des Grundstücks in den gemeinsamen Fokus rückte. Infolge der zentralen Lage, eines beengten Grundstücks wie auch des zu beachtenden Gebäudebestandes sowie einer komplexen Eigentümerstruktur galt es, Lösungen zu finden, die dem Zentrum und der Nahversorgungssicherung dienten. Ein großflächiger Lebensmittelmarkt war planungsrechtlich auf dem Grundstück nicht umsetzbar, sodass ein Projekt mit einer verträglichen und zugleich tragfähigen Nutzungskombination gefunden werden musste. Der Projektentwickler Kappe erwarb das Grundstück, plante mit Unterstützung der Wirtschaftsförderung den Neubau eines Biomarktes mit 750 m^2 Nutzfläche und 52 Serviced Apartments (Boardinghouse) auf ca. 2.030 m^2 Wohnfläche. Das Projekt adressiert dabei mehrere Dimensionen der Nachhaltigkeit: Mit der Nachverdichtung des Grundstücks und Revitalisierung des Bestandsgebäudes wurde in der Altstadt von Vorsfelde ein Leerstand aktiviert und ein Beitrag zur nachhaltigen Stadt- und Regionalentwicklung geleistet. Mit der Ansiedlung eines Biomarktes wurde die wohnungsnahe Versorgungsstruktur gesichert.

Abbildung 17: Biomarkt Mutter Grün mit nachhaltigem Nahversorgungskonzept (Quelle: Christian Bierwagen)

Eine entsprechende Umnutzung des Gebäudes erfolgte unter Berücksichtigung städtebaulicher Gegebenheiten. Die Anpassung der Fassade an die benachbarten historischen Gebäude der Altstadt bildete ein zentrales Element der Planung, um nachbarschaftliche Interessen zu wahren und die Integration in das Stadtbild zu gewährleisten. Die WMG begleitete das Vorhaben im Stadtteilzentrum von der Investorenakquise bis zur Baugenehmigung.

Arbeitsmarkt und kommunale Beschäftigungsförderung

8. Arbeitsmarkt und kommunale Beschäftigungsförderung

Matthias Ullrich, Wirtschaftsförderungsgesellschaft Hildesheim Region (HI-REG) mbH

Der Wirtschaftsstandort Deutschland steht vor erheblichen strukturellen Herausforderungen, weil die Verfügbarkeit von Fachkräften als wichtiger Standortfaktor bei der Bewältigung der zukünftigen Herausforderungen weiter an Bedeutung gewinnen wird. Um die Wettbewerbsfähigkeit der Wirtschaft sicherzustellen, sind Standorte und Regionen in Deutschland zunehmend gefordert, herauszufinden und zu bewerten, inwiefern das etablierte Institutionensystem mit seinem Instrumentenkasten in der Lage sein wird, sich an die sich verändernden Rahmenbedingungen und anstehenden Transformationsprozesse so schnell wie möglich anzupassen. Die Zukunftsfähigkeit von Wirtschaftsstandorten wird in Zeiten des demografischen Wandels wesentlich davon abhängen, wie gut es dem Institutionensystem gelingt, die konkreten Bedarfe vor Ort zu verstehen und durch geeignete, zielgruppengerechte Maßnahmen zu decken (vgl. Fuhrich & Ullrich 2024). Falls es nicht gelingt, den konkreten Fachkräftebedarfen vor Ort besser als in der jüngeren Vergangenheit gerecht zu werden, werden die Unternehmen nach und nach ihre Geschäftstätigkeit einschränken müssen, Umsätze werden ebenso zurückgehen wie die Gewinne der Firmen, die eine wesentliche Grundlage für das Gewerbesteueraufkommen der kommunalen Ebene darstellen. Auf der anderen Seite wird das Ausscheiden der sog. Babyboomer-Generation in den nächsten zehn Jahren dazu führen, dass es immer schwieriger wird, das quantitative und qualitative Beschäftigungsniveau durch die Integration neuer Kräfte in Arbeit zu halten. Diese Entwicklung wird zu Veränderungen beim Einkommensteuerniveau und den sozialen Kosten auf der kommunalen Ebene führen. Da derartige Veränderungen die Handlungsspielräume für Daseinsvorsorge zum Teil erheblich einschränken werden, werden Maßnahmen der Beschäftigungsförderung als Teil der kommunalen Wirtschaftsförderung in den nächsten Jahren existenziell an Bedeutung gewinnen.

Dieses Kapitel soll Einflussfaktoren dieser Entwicklungen in Deutschland aufzeigen und die Handlungsnotwendigkeiten, aber auch Chancen einer durch die kommunale Ebene geprägten Wirtschafts- und Beschäftigungsförderung vor Ort beleuchten. Einer

Wirtschaftsförderung, die den Versuch unternimmt, die Standortqualität und Zukunftsfähigkeit ihrer Standortkommunen proaktiv zu gestalten und bestehende Lücken des etablierten und zum Teil durch überregionale Interessen gesteuerten Institutionensystems durch ergänzende, beschäftigungsfördernde Maßnahmen vor Ort arbeitsteilig zu schließen.

8.1 Arbeitsmarkt und Arbeitsmarktinstrumente in Deutschland

Der Arbeitsmarkt (und mit ihm die verschiedenen Formen der Erwerbslosigkeit) unterliegt im Zeitablauf sowohl vielfältigen Schwankungen als auch strukturellen Differenzierungen (Sucharbeitslosigkeit, saisonale, konjunkturelle und technologische Arbeitslosigkeit, qualifikatorischer und räumlicher Mismatch etc.). Während in den 1960er-Jahren Vollbeschäftigung und Knappheit an Arbeitskräften herrschte, stieg die Arbeitslosigkeit seit Beginn der 1980er-Jahre konstant an (Massenarbeitslosigkeit) und blieb trotz konjunktureller Boomphasen auf einem historischen Hoch von bis zu 4,8 Mio. Menschen im Jahr 2005 (Beckmann & Spohr 2022). Seitdem setzte ein kontinuierlicher, regional differenzierter Rückgang der Arbeitslosenquote ein, während sich das Phänomen der steigenden Langzeitarbeitslosigkeit bei gleichzeitigem erheblichen Fachkräftemangel insbesondere in der jüngeren Vergangenheit spürbar verstärkt.

Die (gesetzlich geregelten) arbeitsmarktpolitischen Instrumente unter Federführung der Bundesagentur für Arbeit unterteilen sich zum einen in die passive Arbeitsmarktpolitik, die die materiellen Folgen von Erwerbslosigkeit mildern soll (Arbeitslosengeld I und II sowie weitere Lohnersatzleistungen wie Kurzarbeitsgeld und Insolvenzgeld), zum anderen verfolgt die aktive Arbeitsmarktpolitik das Ziel der Vermeidung, Verringerung bzw. Beendigung von Hilfebedürftigkeit und setzt bei der Eingliederung in den Arbeitsmarkt (Arbeitsvermittlung, Qualifizierung etc.), der Beschäftigungsförderung auf dem ersten Arbeitsmarkt (Lohnkosten- und Einstellungszuschüsse sowie Gründungsförderung etc.) oder der öffentlich geförderten Beschäftigung auf dem zweiten Arbeitsmarkt (z. B. Beschäftigung schaffende Maßnahmen, früher „ABM“) an. Die sog. aktivierende Arbeitsmarktpolitik versucht hingegen stärker am Leitgedanken des „Förderns und Forderns“ anzusetzen und zählt z. B. Maßnahmen wie Kürzungen der passiven Leistungen oder die Ausweitung zumutbarer Beschäftigungen zu ihrem Repertoire. Demgegenüber zielt die Beschäftigungspolitik der Bundesregierung als Arbeitsmarktpolitik im weiteren Sinne auf der makroökonomischen Ebene darauf ab, die Arbeitsnachfrage der Wirtschaft mit dem individuellen Arbeitsangebot vonseiten der Erwerbsfähigen zum Ausgleich zu bringen. Als viel diskutierte, regierungsseitige Maßnahmen können dabei z. B. die Verkürzung (Frühverrentung) bzw. Erhöhung der Lebensarbeitszeit, die sog. „Herdprämie" und das „Ehegattensplitting" oder andere arbeitsmarktbeeinflussende Maßnahmen im Zuge der Fiskal-, Geld-, Lohn-, Struktur- und Bildungspolitik genannt werden (vgl. Spohr 2021, Beckmann & Spohr 2022).

8.2 Aktuelle Megatrends auf dem Arbeitsmarkt und ihre Bedeutung für die wirtschaftliche Entwicklung von Standorten und Regionen

Eine Reihe von Untersuchungen der einschlägigen Forschungsinstitute hat sich in den vergangenen Jahren intensiv mit der Frage beschäftigt, vor welchen historischen Herausforderungen sich Deutschland mit Blick auf die Zukunftsperspektiven seiner wirtschaftlichen Wettbewerbsfähigkeit und seines gesellschaftlichen Wohlstandes befindet (für eine zusammenfassende Darstellung der Bedeutung von Produktivitätswachstum und geleisteten Arbeitsstunden für das sog. „Wohlstandshaus Deutschland" vgl. Müller 2021). Als wesentliche Bestimmungsfaktoren werden dabei von vielen Beobachtern die sog. disruptiven „großen D's" – Digitalisierung, Dekarbonisierung, demografischer Wandel sowie die De-Globalisierung – benannt (vgl. Demary et al. 2021 und Demary et al. 2024). Unabhängig davon, zu welchen geopolitischen Veränderungen die Kriegsereignisse nach dem Überfall Russlands auf die Ukraine oder das Geschehen z. B. im Nahen Osten langfristig führen werden, ist zu vermuten, dass die sich verstärkenden Systemkonflikte zwischen der Weltanschauung des (transatlantischen) Westens und dem Selbstverständnis bzw. Zusammengehörigkeitsgefühl von Staaten wie China, Russland, Indien, Südafrika und Brasilien spürbare Folgewirkungen auf die internationale Arbeitsteilung und den internationalen Handel nach sich ziehen werden.

Angesichts noch bestehender Ungewissheit bezüglich der Entwicklungen im Bereich De-Globalisierung konzentrieren sich die folgenden Ausführungen auf die bereits recht gut prognostizierbaren

Einflüsse der Digitalisierung, Dekarbonisierung und des demografischen Wandels auf den Arbeitsmarkt und die Wirtschaftsentwicklung in Deutschland.

Digitalisierung und Künstliche Intelligenz (KI)

Die Digitalisierung in Form von neuen Produkten, veränderten Produktionsprozessen und innovativen Geschäftsmodellen beschäftigt die Entscheider in Deutschland schon seit geraumer Zeit, um im disruptiven Wettbewerbsumfeld der durch die aufstrebende Start-up-Szene getriebenen Plattformökonomie den Anschluss nicht zu verlieren. Im Zuge der Coronapandemie hat dieser Trend weitere Facetten mit Blick auf die Anpassung von Arbeitsweisen, Kompetenzen und Managementmethoden in den Unternehmen erhalten. Die Lockdowns der Pandemie haben dazu geführt, dass das Arbeiten von zuhause bzw. unterwegs in kürzester Zeit gesellschaftsfähig geworden ist. Weite Teile der Beschäftigten konnten (notgedrungen) erste und auch anhaltende Erfahrungen im Umgang mit dem orts- und auch zeitunabhängigen Arbeiten machen. Eine ganze Reihe von Arbeitgebern und Arbeitnehmern hat sich bereits an die Vorteile dieser Arbeitsform, z. B. mit Blick auf die Vereinbarkeit von Familie und Beruf oder den reduzierten Büroraumbedarf in der Firma, gewöhnt und sucht nach Wegen, diese neuen Arbeitsformen auch nach dem Ausklingen der Pandemie in gewissen Grenzen dauerhaft in den unternehmerischen Arbeitsalltag einzubauen. Begleitend zu den möglicherweise kosten- bzw. zeitsparenden Vorteilen gehen allerdings auch gewisse Anforderungen mit der Digitalisierung einher, die zu deutlichen Veränderungen führen werden. Neben den erforderlichen Investitionen in die betriebseigene Hardware stehen die Unternehmen in der jüngeren Vergangenheit vor der enormen Herausforderung, die komplexer werdenden IT-Systeme technisch und organisatorisch gegenüber der stark zunehmenden Bedrohung durch Cyberangriffe von kriminellen bzw. staatlichen Organisationen zu schützen und die bisweilen mit der IT-Sicherheit nur schwer in Einklang zu bringenden Vorgaben der jeweiligen Datenschutzregeln zu erfüllen. Zeitgleich bringen ortsunabhängigere Arbeitsformen neue Anforderungen an das Miteinander von Führungskräften und Mitarbeitenden mit sich, die zu einer Verschiebung der erforderlichen Fähigkeiten in Richtung agiler, sozialinteraktiver (Management-)Methoden sowie größerer Selbstorganisation und Teamfähigkeit in der Arbeitsgestaltung führen (vgl. Zika et al. 2021a). Diese Entwicklung stellt sich für die Wirtschaft mit Blick auf den Arbeitsmarkt als zweischneidige Angelegenheit dar, weil sie zu einer deutlichen Veränderung der Arbeitskräftenachfrage im Zuge des Transformationsprozesses führen wird. Zum einen werden die Unternehmen verstärkt darauf angewiesen sein, Menschen mit digitalen und naturwissenschaftlich-technischen Qualifikationsprofilen für den eigenen Betrieb zu gewinnen, die möglicherweise eine hohe Affinität zu den modernen Arbeitsformen mitbringen. Gerade mit Blick auf diese Qualifikationen und Kompetenzen besteht zum anderen bereits heute ein großer Mangel an Arbeitskräften auf dem Markt, sodass es andererseits unverzichtbar sein wird, auch die bereits etablierten Beschäftigten in Form von sehr zielgerichteten Anpassungsqualifizierungen und Weiterbildungsmaßnahmen auf diesem Weg mitzunehmen, um die Arbeitsproduktivität zu erhalten und das Arbeitszeitvolumen nicht erodieren zu lassen. Wie groß derartige Herausforderungen für die Wirtschaft noch werden könnten, kann man erahnen, wenn man betrachtet, mit welch großer Geschwindigkeit Anwendungen, wie z. B. ChatGTP etc., die im Wesentlichen auf (generativer) KI beruhen, angefangen haben, das Arbeitsleben tiefgreifend zu beeinflussen. Nicht zuletzt diese Entwicklung wird zumindest mittel- und langfristig erheblichen Einfluss auf die Substituierbarkeit von bestimmten Berufen und Branchen ausüben.

Dekarbonisierung

Die in den letzten Jahren zunehmenden Auswirkungen des Klimawandels auf viele Lebensbereiche haben auch auf der internationalen Ebene nach und nach zu einer Anpassung der regulatorischen Rahmenbedingungen für wirtschaftliches Handeln geführt. Mit ihrem Green Deal hat die Europäische Kommission 2020 die Weichen für die Transformation der europäischen Volkswirtschaften hin zur Klimaneutralität mit weitreichenden Folgen für die Regelsysteme in den einzelnen Ländern gestellt. So wurden die Ziele zur Reduktion von Treibhausgasen erhöht, während die Zeiträume zur Erreichung der jeweiligen Zwischenziele zum Teil deutlich reduziert worden sind. Bereits heute achten insbesondere Großunternehmen sehr auf die Erfüllung der sog. ESG-Kriterien als nachhaltigkeitsbezogene Verantwortungsbereiche ihrer Geschäftsmodelle und Unternehmenssteuerung. Und auch wenn diese Aspekte bislang vor allem in großen und international tätigen Unternehmen ihre Anwendung finden, werden sie nach und nach nicht zuletzt über die Regulatorik – wie z. B. die bankeninternen Ratingverfahren oder auch die Lieferverflechtung zwischen Großkonzernen und ihren Lieferanten – Kreise in weite Bereiche unseres Wirtschaftssystems ziehen. Spätestens seitdem Russland mit dem Überfall auf die Ukraine die einseitige Abhängigkeit Deutschlands von fossilen Energieträgern und augenscheinlich auch tiefgreifende politische Fehlentscheidungen seit dem Ausstieg aus der Kernenergie entblößt hat, steht die Wirtschaft am Standort Deutschland vor extremen Transformationsherausforderungen. Die angestrebte Klima- bzw. CO_2-Neutralität bis 2045 und ihre verkürzten Zwischenziele erfordern nicht nur ein öffentliches und privates Investitionsvolumen, das weit über dem der vergangenen Jahre liegt. Das gesamte Energieerzeugungssystem inklusive Infrastruktur muss nun in kürzester Zeit umgebaut werden, und insbesondere auch die (besonders energieintensiven) Leitbranchen der internationalen Wettbewerbsfähigkeit Deutschlands – wie z. B. die Automobil- und Zulieferindustrie, die Stahlerzeugung oder die Chemie- und die Baustoffindustrie – stehen mit Blick auf die Energie- und Verkehrswende vor disruptiven Veränderungen hinsichtlich ihrer Produktionsprozesse, Geschäftsmodelle und Produktfamilien

Eine ganze Reihe von Untersuchungen konnte bereits eindrucksvoll aufzeigen, dass sowohl die Energiewende als auch der konsequente Paradigmenwechsel zur E-Mobilität (Elektrifizierung, Automatisierung, Vernetzung) in den nächsten Jahren zu tiefgreifenden strukturellen Veränderungen in der Arbeitskräftenachfrage der Wirtschaft führen wird (vgl. Koneberg et al. 2022, Zika et al. 2021b). Während die traditionell innovationsstarke Automobilindustrie in Deutschland bezüglich dieser Entwicklung versucht, konsequent voranzuschreiten (vgl. Kempermann et al. 2021 für eine Analyse der Unterschiede in den von der Automobilindustrie geprägten Regionen in Deutschland), stehen andere energieintensive Branchen oder betroffene Lieferanten in der Wertschöpfungskette noch am Anfang eines fundamentalen Transformationsprozesses, der vor allem von anpassungsfähigen Fachkräften mit bestimmten naturwissenschaftlich-technischen sowie planerischen Kompetenzen vollbracht werden muss (vgl. Tiedemann et al. 2023). Die Dekarbonisierung bedarf in den nächsten Jahren somit nicht nur erheblicher gesamtstaatlicher Unterstützung (Energieerzeugung, Netze, Regulatorik), sondern benötigt mit Blick auf regional unterschiedliche Ausgangsbedingungen vor allem auch an die jeweiligen lokalen

Gegebenheiten angepasste beschäftigungspolitische Maßnahmen der handelnden Akteure vor Ort.

Demografischer Wandel

Während die großen Megatrends Digitalisierung und Dekarbonisierung zweifellos einen fundamentalen (quantitativen und qualitativen) Einfluss auf die Arbeitskräftenachfrage der Unternehmen haben werden, wirkt der demografische Wandel stark auf die Angebotsseite des Ausbildungs- und Arbeitsmarkts ein. Die natürliche Bevölkerungsentwicklung wird bestimmt durch die Anzahl der geborenen abzüglich der Anzahl der verstorbenen Menschen. Deutschland ist schon seit Jahrzehnten durch eine nahezu flächendeckend negative natürliche Bevölkerungsentwicklung gekennzeichnet, in der die Sterbefälle die Geburten in zum Teil erheblicher – wenn auch von Region zu Region unterschiedlicher – Größenordnung übertreffen. Diese negative Entwicklung kann in einigen – aber nicht allen – Regionen zum Teil durch Nettowanderungsgewinne aus anderen Regionen (Binnenwanderung) oder aus dem Ausland (Außenwanderung) kompensiert werden. Neben den Wanderungsbewegungen im Rahmen der Flüchtlingsströme der jüngeren Vergangenheit ist diesbezüglich insbesondere auch die Ausbildungswanderung zu nennen, da der Großteil der Mobilität im Alter bis 45 Jahre stattfindet und deshalb vielfach im Zusammenhang mit der Ausbildung bzw. dem Studium sowie dem ersten Fußfassen auf dem Arbeitsmarkt steht, bis z. B. die Entscheidungen rund um die Familiengründungsphase und den Erwerb von Immobilien zunehmend immobil machen.

Mit Blick auf Deutschland zeigt sich vor diesem Hintergrund, dass es insbesondere die großen Ballungsräume mit einem starken Ausbildungs- und Arbeitsmarkt bzw. einer Hochschule am Standort sind, die von derartigen (Netto-)Zuwanderungsgewinnen besonders profitieren können, wohingegen andere Standorte, die über derartige Voraussetzungen nicht verfügen, sich mit der Stabilisierung ihrer Bevölkerung deutlich schwerer tun. Die damit im Zusammenhang stehenden Konsequenzen für den Aufbau der Bevölkerungspyramide sind hinreichend bekannt und werden dazu führen, dass einer immer älter werdenden Bevölkerung immer weniger junge Menschen gegenüberstehen, die frei werdende Stellen besetzen können. In rein quantitativer Perspektive wird das in den nächsten Jahren bedeuten, dass die geburtenstarken Jahrgänge (sog.

Babyboomer-Generation der bis Ende der 1960er-Jahre Geborenen) sukzessive in den Ruhestand gehen werden, während bei Weitem nicht genug junge Menschen im selben Zeitraum in den Arbeitsmarkt eintreten werden, um diesen Verlust rein zahlenmäßig ausgleichen zu können (vgl. Müller 2022, Deschermeier & Schäfer 2024). Dabei ist zu beachten, dass die aus dem Erwerbsleben altersbedingt ausscheidenden Jahrgänge eine tendenziell deutlich geringere Akademisierungsquote aufweisen als nachfolgende Generationen, sodass es insbesondere mit Blick auf Tätigkeiten im Bereich des mittleren Qualifikationsniveaus zu einem erheblichen Ersatzbedarf an Arbeitskräften kommen wird. Aufgrund des sinkenden Arbeitskräfteangebots (Erwerbsbevölkerung) sind der Zahl der Erwerbstätigen somit bundesweit Grenzen gesetzt, sodass aktuelle Prognosen davon ausgehen, dass der demografische Wandel insbesondere im Zeitraum bis ca. 2035 zu einem deutlich limitierenden Faktor für die Beschäftigungsentwicklung mit erheblichen regionalen Unterschieden in Deutschland wird (vgl. Zika et al. 2023 sowie Zika et al. 2021a). Während also ein Großteil der Fachkräfte in den wohlverdienten Ruhestand gehen wird und gleichzeitig immer weniger junge Menschen auf den Arbeitsmarkt nachrücken, wird sich die Arbeitskräftenachfrage in den nächsten Jahren sehr stark auf bestimmte Qualifikationen und Kompetenzbereiche konzentrieren, was zu einer spürbaren Verstärkung des Mismatches (der qualifikatorischen Passung) von Angebot und Nachfrage auf dem Arbeitsmarkt führen wird (vgl. Hummel et al. 2021). Insofern dürfte der demografische Wandel die vermeintlich größte Herausforderung für die Wirtschaftsentwicklung und den Ausgleich der Lebensbedingungen in Deutschland in den nächsten 20 Jahren darstellen, da die Verschärfung dieser Fachkräftekrise demografisch determiniert ist.

8.3 Folgewirkungen für den Arbeitsmarkt und die Beschäftigungsförderung in Standorten und Regionen

Es ist deutlich geworden, dass die beschriebenen Megatrends in den nächsten Jahren wesentliche Veränderungen aufseiten der Arbeitskräftenachfrage und des Arbeitskräfteangebots auslösen werden. Für den Erfolg des digitalen und klimaneutralen Umbaus unseres Landes sind Innovationen und damit verbunden die Verfügbarkeit von Fachkräften mit bestimmten Qualifikationen und Kompetenzen jedoch unerlässlich. Die Verfügbarkeit an Beschäftigten mit MINT-Kenntnissen (Mathematik, Informatik, Naturwissenschaft, Technik) unterliegt auch einer sich verschärfenden Konkurrenzsituation, da zeitgleich z. B. auch im Gesundheits- und Pflegebereich händeringend Arbeitskräfte mit zum Teil vergleichbaren Kompetenzen gesucht werden, um sich aufbauende Versorgungslücken einer alternden Bevölkerung in den nächsten Jahren zu schließen. Angesichts dieser herausfordernden Marktsituation stellt sich mehr denn je die Frage, inwiefern die auf dem Arbeitsmarkt agierenden Akteure und Systeme in der Lage sein werden, Lösungen anzubieten, damit mögliche Lücken zwischen Angebot und Nachfrage geschlossen werden können und hemmende Fachkräfteengpässe in neuralgischen Bereichen möglichst gar nicht erst entstehen.

Stellenbesetzungsprobleme auf dem Ausbildungsmarkt

Der Ausbildungsmarkt ist in Deutschland schon seit einiger Zeit angespannt und durch sich verschärfende Passungsprobleme gekennzeichnet, die durch die Coronapandemie und die dadurch zusätzlich eingeschränkten Möglichkeiten für eine nachhaltige Berufsorientierung noch weiter verstärkt wurden (vgl. Fitzenberger et al. 2022).

Bereits seit einigen Jahren sinkt die Zahl junger Menschen, die eine duale Ausbildung beginnen wollen, nachhaltig, während viele Unternehmen nach wie vor händeringend Auszubildende suchen und zum Teil über einen erheblichen Bewerbermangel in klassischen und zukunftsorientierten Ausbildungsgängen klagen. Die Gründe dafür, dass sich zunehmende Passungsprobleme zwischen Angebot und Nachfrage auf dem Ausbildungsmarkt ergeben, können vielfältig sein. Zum einen ist es denkbar, dass die Berufswünsche junger Menschen sich beim Übergang von der Schule in den Beruf nicht mit dem regionalen Angebot an Ausbildungsstellen und damit den konkreten Bedarfen der Unternehmen decken. Andererseits wird vielfach angeführt, dass die Erwartungen der Unternehmen an Ausbildungsfähigkeit, Kompetenzen und Arbeitshaltung der Jugendlichen nicht zu dem passen, was den Arbeitgebenden im Rahmen der Bewerbungsverfahren begegnet. Ebenso denkbar ist, dass sowohl jungen Menschen als auch Unternehmen über die Krisenjahre der Pandemie einfach die Transparenz über Möglichkeiten vor Ort und der Kontakt zueinander verloren gegangen sind, um bestehende Informationsasymmetrien durch gegenseitiges Kennenlernen bzw. Erleben aufzulösen. Und zu guter Letzt können dauerhaft sinkende

Auszubildendenzahlen den Trend verstärken, dass bestimmte duale Ausbildungsberufe nicht (mehr) überall in unmittelbarer Nähe zum Wohn- oder Arbeitsort angeboten bzw. aufrechterhalten werden können, was die Schwierigkeit einer bedarfsorientierten, passgenauen Stellenbesetzung vor Ort perspektivisch weiter verschärfen kann. Deshalb stellt sich mehr denn je die Frage, was aus den jungen Menschen wird, denen es nicht gelingt, einen für sie geeigneten Weg in einer gelingende Erwerbsbiografie zu finden. Zudem ist es denkbar, dass sich gerade die „Nachwuchslücke“ im Bereich der (dual) ausgebildeten Fachkräfte angesichts der großen Zahl ausscheidender Erwerbstätiger der Babyboomer-Generation in den nächsten Jahren möglicherweise zu einem strukturellen Defizit im Bereich der mittleren Qualifikationen auf dem Arbeitsmarkt weiterentwickeln könnte.

Qualifikatorischer Strukturwandel und Veränderungen im Anforderungsniveau

Der qualifikatorische Strukturwandel ist über die Jahrzehnte zum einen durch einen stetigen Trend hin zu höherwertigen Abschlüssen und einer zunehmenden Akademisierung in der Berufswelt gekennzeichnet. Diese Entwicklung umfasst sowohl die Berufswünsche der nachwachsenden Generationen als auch das grundsätzliche Anforderungsprofil der Arbeitgebenden, die über die Jahre einen steigenden Bedarf an höher qualifizierten Beschäftigten zum Ausdruck gebracht haben. Hinsichtlich der angesprochenen Megatrends wird sich die Entwicklung in Richtung MINT-Qualifikationen, kognitiven Fähigkeiten und bestimmten Arbeitsweisen in den nächsten Jahren weiter verstärken. Am Beispiel des geplanten Ausbaus der erneuerbaren Energien konnten verschiedene Untersuchungen bereits eindrucksvoll nachweisen, dass Fähigkeiten in den MINT-Bereichen neben Kenntnissen im Projektmanagement und im Umgang mit Hard- und Software für Aufgaben im Zusammenhang mit dem klimaneutralen Transformationsprozess von wesentlicher Bedeutung sind (vgl. Monsef & Wendland 2022). Die Produktion, der Aufbau, die Steuerung und das Management der zukünftigen Energieerzeugungs- und Energieverteilungssysteme wird ohne einen erheblichen Zuwachs an Fachkräften in diesem Bereich nicht erfolgreich umgesetzt werden können. Aber auch Arbeitsweisen und -bedingungen werden in einem durch technische Neuerungen und organisatorische Veränderungen geprägten Arbeitsumfeld neue Anforderungen an die Beschäftigten mit sich bringen. Darüber hinaus werden die Qualifikationsprofile der Transformation zur Klimaneutralität erheblich durch produktions- und handwerksorientierte Berufsbilder geprägt sein und vor allem auch einen hohen Bedarf im Bereich der Fachkräfte mit Berufsausbildung auslösen. Sowohl bei den ausgebildeten Fachkräften als auch bei den Spezialisten und Experten mit Hochschulabschlüssen handelt es sich in der überwiegenden Zahl der benötigten Berufsbilder allerdings heute bereits – bevor der Ausbau im „Deutschlandtempo“ so richtig gestartet wurde – um sog. „Engpassberufe“ auf dem Arbeitsmarkt (vgl. Zika et al. 2021a und 2021b). Ein Großteil der Arbeitgebenden wird, weil es sehr schwer werden wird, die Fachkräftebedarfe durch die Einstellung von außen zu decken, deshalb erheblich in Weiterbildung investieren müssen, um die bereits vorhandenen Beschäftigten in Form von gelingenden Anpassungsqualifizierungen auf den Weg in die digitale und dekarbonisierte Welt mitzunehmen.

Passungsprobleme und Matchingdefizite auf dem Arbeitsmarkt

Das Phänomen, dass das Matching von Angebot und Nachfrage auf dem deutschen Arbeitsmarkt immer weniger gelingt, lässt sich mittlerweile bereits an einer ganzen Reihe von Indikatoren nachweisen. Das KfW-ifo-Fachkräftebarometer sowie das Institut für Arbeitsmarkt- und Berufsforschung (IAB) haben in den vergangenen Jahren aufzeigen können, dass der Fachkräftemangel sich im Vergleich zu den Vorjahren weiter spürbar verstärkt und mittlerweile alle Wirtschaftsbereiche mehr oder weniger intensiv in ihrer Geschäftstätigkeit durch den Fachkräftemangel eingeschränkt werden. Zahlreiche Unternehmen stellen – trotz der krisen- und konjunkturbedingten Unsicherheiten – weiterhin ein und suchen händeringend nach Mitarbeitenden, sodass nach wie vor keine echte Trendumkehr beim Arbeitskräftebedarf festzustellen ist (vgl. Müller 2022, Fitzenberger 2024, Fitzenberger et al. 2024). Der Rückgang der sog. „Registrierungsquote“ (gemessen als Anteil der bei der Bundesagentur für Arbeit gemeldeten offenen Stellen an allen offenen Stellen im Markt) kann durchaus als ein Hinweis darauf gewertet werden, dass die Arbeitgebenden mittlerweile nur noch wenig Hoffnung haben, dass ihre Fachkräftebedarfe durch eine Vermittlung vonseiten der Agenturen für Arbeit aus dem Bestand der dort verzeichneten Arbeitslosen bzw. Arbeitsuchenden gedeckt werden könnte. Bei der Bundesagentur für Arbeit waren Ende des Jahres 2022 mit 840.000

mehr offene Stellen gemeldet als vor der Coronapandemie. Hochrechnungen gehen davon aus, dass die Gesamtzahl Ende 2022 mit ca. 1,8 Mio. offenen Stellen jedoch sogar mehr als das Doppelte betrug, weil der Großsteil der offenen Stellen von Unternehmen mittlerweile gar nicht mehr bei den Agenturen für Arbeit vor Ort gemeldet wird (vgl. Müller 2022). Es ist vermutlich sogar damit zu rechnen, dass diese Registrierungsquote sich im Verlauf einer anziehenden Konjunktur tendenziell eher weiter in Richtung von nur noch 30 Prozent entwickelt als wieder in die Gegenrichtung. Verstärkt wird dieser Eindruck dadurch, dass auch die Besetzungsdauer (die sog. „abgeschlossene Vakanzzeit") der bei der Bundesagentur für Arbeit gemeldeten offenen Stellen immer länger wird und im Oktober 2022 bereits bei einem Höchstwert von durchschnittlich 154 Tagen lag. Besonders augenfällig sind darüber hinaus mittlerweile die großen Passungsprobleme zwischen den (fehlenden) Qualifikationen der bei der Bundesagentur für Arbeit gemeldeten Arbeitslosen und den Anforderungen der dort gemeldeten offenen Stellen. Etwa die Hälfte der Arbeitslosen sind lediglich als Hilfskräfte qualifiziert, während ca. 80 Prozent der bei der Bundesagentur gemeldeten offenen Stellen für Fachkräfte mit Berufsausbildung oder sogar Spezialisten bzw. Experten ausgeschrieben sind. Umgekehrt gab es im Jahr 2022 für ca. 1,3 Mio. arbeitslose Hilfskräfte nur ca. 184.000 gemeldete offene Hilfskraftstellen (vgl. Müller 2022).

Jüngere Untersuchungen weisen zudem darauf hin, dass der Fachkräftemangel auch trotz konjunktureller bzw. krisenbedingter Schwankungen weiterhin groß bleiben wird, weil vielen Unternehmen die Stellenbesetzung nach wie vor dauerhaft extrem schwerfällt. Die Zahl der nicht besetzbaren, vakanten (Fachkräfte-)Stellen erreichte bereits im Jahr 2022 mit 630.000 einen Höchststand (vgl. Tiedemann & Kunath 2024). Für das Jahr 2023 berechnete das Institut für Arbeitsmarkt und Berufsforschung auf Basis des IAB-Betriebspanels, dass bundesweit insgesamt rund 35 Prozent der Ausbildungsstellen und 41 Prozent der Fachkraftstellen nicht besetzt werden konnten – ebenfalls ein Höchstwertniveau mit dauerhaft ansteigendem Langfristtrend (vgl. Fitzenberger et al. 2024a). Die größte Fachkräftelücke wird im Bereich der Kinderbetreuung und -erziehung ausgewiesen, was die Ausweitung der Arbeitszeiten von Eltern erheblich einschränken kann. Auch das Defizit an Experten für Sozialarbeit und Sozialpädagogik ist besonders groß. Dadurch entstehen u. a. Folgewirkungen in der Schulsozialarbeit und Berufseinstiegsbegleitung. Nicht zuletzt schlagen sich derartige Entwicklungen in den stetig wachsenden Höchstständen an jungen Menschen ohne abgeschlossene Berufsausbildung nieder. Im Jahr 2022 hatten nahezu 2,9 Mio. junge Erwachsene im Alter zwischen 20 und 34 Jahren bzw. rund 19 Prozent keine Berufsausbildung abgeschlossen (vgl. Fitzenberger et al. 2024b, BIBB 2024). Aber nicht nur im Bereich Erziehung, Soziales und Gesundheit bestehen gravierende Fachkräfteengpässe. Eine zweite Gruppe mit den größten Stellenbesetzungsproblemen bilden Elektro- und handwerkliche Berufe, in denen in den letzten Jahren zum Teil acht von zehn offenen Stellen nicht besetzt werden konnten. Defizite in diesen Segmenten wirken einflussreich auf Bereiche wie den Wohnungsbau, den Maschinenbau oder die Kraftfahrzeugtechnik und betreffen somit nicht nur die erforderliche Energie- und Verkehrswende, sondern auch den Alltag der Verbraucher spürbar (vgl. Tiedemann & Kunath 2024, Zika et al. 2021b).

Diese – sich im Strukturwandel scheinbar weiter verstärkenden – Passungsprobleme zwischen Angebot und Nachfrage auf dem Arbeitsmarkt werden in den nächsten Jahren zu großen Herausforderungen für die Bundesagentur für Arbeit und die Jobcenter führen, da es bundesweit immer schwieriger werden wird, eine sich nach und nach verfestigende Langzeitarbeitslosigkeit bei gleichzeitig gravierenden Fachkräfteengpässen in wichtigen Zukunftsfeldern des wirtschaftlichen Lebens zu verhindern.

8.4 Der Einfluss regionaler Disparitäten und ihrer Determinanten

Da in Deutschland erhebliche regionale Disparitäten hinsichtlich der Ausgangsbedingungen sowie der Chancen und Risiken bestehen, die an unterschiedlichen Standorten vorliegen, werden die beschriebenen Trends je nach wirtschaftsstruktureller bzw. demografischer Ausgangssituation unterschiedlich stark verlaufen. Die Voraussetzungen dafür, den Weg z. B. in die Digitalisierung erfolgreich zu beschreiten, variieren zwischen Standorten und Regionen zum Teil erheblich, wie u. a. das örtlich nach wie vor sehr unterschiedliche Niveau der Breitbandqualität in Deutschland anschaulich zeigt. Aber nicht nur infrastrukturelle Faktoren üben einen großen Einfluss auf die örtlichen Chancenpotenziale und Handlungserfordernisse aus. Auch die Wirtschaftsstruktur in Form der jeweiligen Branchenschwerpunkte, Wettbewerbspositionen und Betriebsgrößenstrukturen unterscheidet sich zwischen Standorten in Deutschland zum Teil tiefgreifend. Am Beispiel der Automobilwirtschaft haben IW Consult und Fraunhofer IAO in einer gemeinsamen Untersuchung für das Bundesministerium für Wirtschaft und Energie (BMWi) im Jahr 2021 herausgearbeitet, dass 118 von 401 Regionen in Deutschland in ihrer Wirtschaftsstruktur stark von der Automobilindustrie geprägt sind. In 40 dieser 118 Regionen sind zudem besonders viele Beschäftigte in Kompetenzfeldern und Produktwelten rund um den konventionellen, verbrennungsmotorischen Antriebsstrang tätig mit daraus resultierenden größeren Transformationserfordernissen als Regionen, die bereits stärker in Chancenfeldern der Verkehrswende aktiv sind. Und selbst diese 40 Regionen weisen untereinander sehr heterogene Strukturmerkmale bezüglich ihrer Standortvoraussetzungen im Bereich Forschung und Entwicklung, Wirtschaftskraft, Arbeitsmarkt und Soziales und vor allem auch hinsichtlich ihrer Siedlungsstruktur (städtisch geprägte bzw. ländliche Räume) auf (Kempermann et al. 2021). Diese Disparitäten in den raumwirtschaftlichen Standortvoraussetzungen werden sich durch den demografischen Wandel tendenziell weiter verstärken. So weisen vom Bundesministerium für Arbeit und Soziales (BMAS) herausgegebene Prognosen darauf hin, dass sich sowohl die Zahl der Erwerbspersonen (Arbeitskräfteangebot) als auch die Zahl der Erwerbstätigen im Zeitraum bis 2040 in den verschiedenen Arbeitsmarktregionen in Deutschland extrem unterschiedlich entwickeln wird. Dabei wird die Anzahl der neu entstehenden und wegfallenden Arbeitsplätze im Strukturwandel unter dem Strich vor allem durch die negative Entwicklung auf der Angebotsseite des Arbeitsmarkts beeinflusst. Die Anzahl der Wirtschaftsstandorte, die bis 2040 eine Zunahme der Erwerbspersonen verzeichnen wird, wird sehr überschaubar sein und sich tendenziell auf die attraktiven Metropolen und Hochschulstandorte konzentrieren. Und eine Zunahme an Erwerbsbevölkerung und Erwerbstätigen wird nach diesen Prognosen im selben Zeitraum voraussichtlich nur eine Handvoll Städte mit besonderer Standortgunst wie Berlin oder München erleben (Zika et al. 2021a).

8.5 Ansatzpunkte einer bedarfsorientierten kommunalen Wirtschafts- und Beschäftigungsförderung

Der durch die Megatrends forcierte wirtschaftliche Strukturwandel und die damit einhergehende unterschiedliche Betroffenheit von Regionen wird in den nächsten Jahren unweigerlich dazu führen, dass die tendenziell eher gesamtwirtschaftlich orientierten Instrumente der klassischen, überregional organisierten Arbeitsmarktpolitik durch standortpolitische und stärker an den örtlichen Gegebenheiten ausgerichtete Maßnahmen auf der kommunalen Ebene ergänzt werden müssen. Die traditionellen Akteure und Maßnahmen der i. d. R. überregional gesteuerten Bildungs- und Arbeitsmarktpolitik konnten die erheblichen Fachkräfteengpässe bei gleichzeitig ansteigender Langzeitarbeitslosigkeit bislang nicht entscheidend eingrenzen. Deshalb werden Vertreter aus Politik und Verwaltung es sich in vielen Regionen mit Blick auf die Wettbewerbsfähigkeit der ansässigen Wirtschaft und das örtliche Steueraufkommen auf Dauer nicht leisten können, tatenlos dabei zuzusehen, wie sich die Fachkräftelücke und das Mismatch zwischen Angebot und Nachfrage auf den regionalen Arbeitsmärkten zu einem krisenhaften Nachteil im Standortwettbewerb um zukunftsweisende Investitionen aufbauen. Insofern wird künftig das gesamte System der Bildungs-, Arbeitsmarkt-, Wirtschafts- und Beschäftigungsförderung vor Ort gefordert sein, die Entwicklungshemmnisse arbeitsteilig zu beseitigen, um zu vermeiden, dass der Fachkräftemangel zu einem limitierenden Faktor für den klimaneutralen Strukturwandel und die wirtschaftlichen Entwicklungsperspektiven einzelner Standorte wird. Die Leistungsfähigkeit und Kompetenzen der kommunalen Wirtschaftsförderung auf der regionalen und gemeindlichen Ebene werden dabei in den nächsten Jahren weiter an Bedeutung gewinnen. Kommunale Wirtschaftsförderung wird sich sehr wahrscheinlich – dem allgemeinen Wandel in der Wirtschaft folgend – von einer traditionell freiwilligen zu einer vermutlich existenziellen kommunalen Zukunftsaufgabe weiterentwickeln (müssen), denn die konsequente Erweiterung des Erwerbspersonenpotenzials und die Integration in dauerhafte Erwerbstätigkeit werden mehr und mehr zum wichtigsten regionalen Standortfaktor für alteingesessene Unternehmen, ansiedlungswillige Investoren und nicht zuletzt auch wachstumsstarke Neugründungen (vgl. Ullrich & Umlauf 2013).

Derzeit zeichnen sich verschiedene strategische Tätigkeitsfelder ab, in denen die kommunale Wirtschaftsförderung, ergänzend zum bestehenden System der sonstigen Bildungs- und Arbeitsmarktakteure, relevante und hilfreiche Beiträge zur Fachkräftesicherung und Beschäftigungsförderung vor Ort leisten kann. So engagieren kommunale Wirtschaftsförderungseinrichtungen sich bereits seit vielen Jahren erfolgreich im Bereich der Gewinnung von Fachkräftenachwuchs. Beispiele hierfür sind u. a. das Engagement in schulischen Wettbewerben (Jugend forscht, Schülerfirmenwettbewerbe etc.), außerschulischen Lernorten oder in Maßnahmen der Berufsorientierung und des regionalen Übergangsmanagements von der Schule in den Beruf. Durch ihre große Nähe zu den örtlichen Unternehmen aller Branchen und Betriebsgrößen weist die kommunale Wirtschaftsförderung einen komparativen Vorteil dabei auf, eine mögliche Distanz zwischen dem Schulsystem und der Wirtschaft zu überbrücken und jungen Menschen Angebote einer erlebenden und möglichst breiten Berufsorientierung zugänglich zu machen.

Darüber hinaus hat gerade in den Krisenjahren der jüngeren Vergangenheit die Bindung von qualifizierten Arbeitskräften in der Region erheblich an Bedeutung gewonnen. Wenn Unternehmen z. B. im Zusammenhang mit Umstrukturierungsprozessen oder einem größeren Stellenabbau einen Interessensausgleich durchführen, werden erfahrungsgemäß nicht nur ältere und geringqualifizierte Beschäftigte freigesetzt, sondern insbesondere auch zum Teil hochqualifizierte, junge und hochgradig mobile Arbeitnehmende, die der Region sehr schnell dauerhaft verloren gehen können. Die kommunale Wirtschaftsförderung kann im Zusammenspiel mit den abgebenden Unternehmen, den Betriebsräten, der Bundesagentur für Arbeit und weiteren Akteuren dabei auf verschiedene Arten wesentliche Beiträge leisten und Brücken bauen, sodass die betroffenen Mitarbeitenden bereits Anschlussbeschäftigungen in anderen Unternehmen der Region kennenlernen können, bevor sie überhaupt arbeitslos werden oder aus Mangel an Alternativen in andere Regionen abwandern.

Eine weitere wichtige Aufgabe wird in den nächsten Jahren die Erhöhung der Erwerbsbeteiligung durch die weitere Mobilisierung unterschiedlicher Zielgruppen bleiben, da die Zahl der Erwerbspersonen perspektivisch immer weiter zurückgehen wird. Insbesondere ältere Personen, aber auch Menschen, die sich zwischenzeitlich in der Kinderbetreuung befunden haben, sowie zunehmend auch

Menschen mit Migrationshintergrund haben in der Vergangenheit erheblich zur Ausweitung der Beschäftigung in Deutschland beigetragen. Bezüglich dieser Zielgruppen bedarf es in Zukunft unter Mitwirkung aller Wirtschafsförderungsakteure vor Ort weiterer Anstrengungen und ergänzender Ideen und Maßnahmen, um das Angebot an verfügbaren Arbeitskräften möglichst stabil zu halten. Der Rückgang der Arbeitslosenzahl zeichnete in den vergangenen Jahren für einen gewissen Anteil am Beschäftigungsaufbau verantwortlich. Ein Sorgenkind des Arbeitsmarkts, das vermutlich nur begrenzt über kommunale Akteure beeinflussbar bleiben wird, ist allerdings die sich verfestigende strukturelle Langzeitarbeitslosigkeit bei gleichzeitigem Fachkräftemangel. Hier ist zu vermuten, dass es vor allem einer tiefgreifenden Veränderung der aktiven und aktivierenden Arbeitsmarktpolitik der Bundesregierung bedarf, um spürbare Erfolge mit Blick auf die Langzeitarbeitslosigkeit erreichen zu können.

Ein Betätigungsfeld, in dem sich die kommunale Wirtschaftsförderung sich hingegen in vielen Regionen bereits seit einiger Zeit sehr erfolgreich engagiert, ist das fachkräfteorientierte Standortmarketing. Hierbei zählen neben dem bewährten imagebildenden Marketing als attraktiver Lebens- und Arbeitsraum insbesondere auch neuere Ansätze des netzwerkorientierten Willkommensmarketings (wie Welcome Center oder die enge Zusammenarbeit mit Recruitingakteuren in der Begleitung von mobilen Fachkräften) zu den in vielen Regionen bereits etablierten Angeboten zur Fachkräftegewinnung von außen.

Literatur- und Quellenhinweise

Beckmann, Fabuab; Spohr, Florian, Arbeitsmarkt und Arbeitsmarktpolitik: Grundlagen, Wandel, Zukunftsperspektiven, UVK, München, 2022.

Bundesinstitut für Berufsbildung (BIBB), Berufsbildungsbericht 2024, Bundesministerium für Bildung und Forschung (BMBF), Berlin, 2024.

Demary, Vera; Matthes, Jürgen; Plünnecke, Alex; Schaefer, Thilo, Gleichzeitig: Wie vier Disruptionen die deutsche Wirtschaft verändern – Herausforderungen und Lösungen, IW-Studie, Institut der Deutschen Wirtschaft, Köln, 2021.

Demary, Vera; Matthes, Jürgen; Plünnecke, Alex; Schaefer, Thilo; Schmitz, Edgar, Herausforderungen der Transformation für die Unternehmen in Deutschland, IW-Trends 3/2024 (S. 89–106), Institut der Deutschen Wirtschaft, Köln, 2024.

Deschermeier, Philipp; Schäfer, Holger, Die Babyboomer gehen in Rente. IW-Kurzbericht 78/2024, Institut der Deutschen Wirtschaft, Köln, 2024.

Fitzenberger, Bernd, Wie hoch ist der Anteil der unbesetzten Ausbildungsstellen wirklich? Warum unterschiedliche Zahlen ausgewiesen werden, IAB-Forum v. 19. 06. 2024, Institut für Arbeitsmarkt- und Berufsforschung, Nürnberg, 2024.

Fitzenberger, Bernd; Heusler, Anna; Houštecá, Anna; Wicht, Leonie, Stellenangebot, Bewerbungen und neue Ausbildungsverträge. Passungsprobleme am Ausbildungsmarkt nehmen in der Corona-Krise weiter zu, IAB-Kurzbericht 19/2022, Institut für Arbeitsmarkt- und Berufsforschung, Nürnberg, 2022.

Fitzenberger, Bernd; Holleitner, Julia; Kagerl, Christian, Herausforderungen für die Arbeitsmärkte der Zukunft am Beispiel Deutschland, Wirtschaftsdienst – Zeitschrift für Wirtschaftspolitik, Heft 8 (S. 519–523), Hamburg, 2024.

Fitzenberger, Bernd; Leber, Ute; Schwengler, Barbara, Rekordhoch beim Anteil der unbesetzten Ausbildungsstellen, IAB-Kurzbericht 16/2024, Institut für Arbeitsmarkt- und Berufsforschung, Nürnberg, 2024.

Fuhrich, Svenja; Ullrich, Matthias, Mind the gap: Fachkräfte-Matching in der Region Hildesheim, in: Stember, Jürgen (Hrsg.), Innovative Wirtschaftsförderung in Krisenzeiten – Analysen, Konzepte und Praxisbeispiele kommunaler Gestaltungsansätze in Deutschland, Springer Gabler, Wiesbaden, 2024.

Hummel, Markus; Bernardt, Florian; Kalinowski, Michael; Maier, Tobias; Mönnig, Anke; Schneemann, Christian; Steeg, Stefanie; Wolter, Marc Ingo; Zika, Gerd, Qualifikations- und Berufsprojektion bis 2040 nach Bundesländern: Demografie und Strukturwandel prägen weiterhin die regionale Entwicklung der Arbeitsmärkte, IAB-Kurzbericht 1/2021, Institut für Arbeitsmarkt- und Berufsforschung, Nürnberg, 2021.

Kempermann, Hanno; Potinecke, Thomas; Ardillo, Antonio; Ewald, Johannes; Fritsch, Manuel; Koppel, Oliver; Müller, Benedikt; Zink, Benita, Wirtschaftliche Bedeutung regionaler Automobilnetzwerke in Deutschland – Endbericht, Studie für das Bundesministerium für Wirtschaft und Energie, Berlin, 2021.

Koneberg, Filiz; Jansen, Anika; Kutz, Vico, Energie aus Wind und Sonne – welche Fachkräfte brauchen wir?, KOFA-Kompetenzzentrum Fachkräftesicherung, Studie 02/2022, Institut der deutschen Wirtschaft, Köln, 2022.

Monsef, Roschan; Wendland, Finn Arnd, Beschäftigte im Bereich erneuerbare Energien: Renaissance der beruflichen Ausbildung? Produktions- und Fertigungsberufe im Fokus der Energiewende, IW-Report 5/2022, Institut der deutschen Wirtschaft, Köln, 2022.

Müller, Martin, Deutschland muss produktiver werden, um die künftigen Herausforderungen zu meistern, Fokus Volkswirtschaft, Nr. 356, KfW-Research, Frankfurt am Main, 2021.

Müller, Martin, Fachkräftemangel: Die Hälfte der deutschen Wirtschaft steht bereits in der Warteschlange, KfW-ifo-Fachkräftebarometer Dezember 2022, KfW-Research, Frankfurt am Main, 2022.

Spohr, Florian, Arbeitsmarkt- und Beschäftigungspolitik, in: Andersen, Uwe; Bogumil, Jörg; Marschall, Stefan; Woyke, Wichard (Hrsg.), Handwörterbuch des politischen Systems der Bundesrepublik Deutschland, 8. Aufl., Springer, Wiesbaden, 2021.

Tiedemann, Jurek; Köppen, Robert; Malin, Lydia, Die regionale Fachkräftesituation in M+E-Berufen. Eine Analyse für die Bundesländer, IW-Report 12/2023, Institut der deutschen Wirtschaft, Köln, 2023.

Tiedemann, Jurek; Kunath, Gero; Werner, Dirk, Dringend gesucht – In diesen Berufen fehlen aktuell die meisten Fachkräfte, IW-Kurzbericht 81/2024, Institut der deutschen Wirtschaft, Köln, 2024.

Ullrich, Matthias; Umlauf, Sarah, Kooperation der Akteure aus Wirtschaftsförderung, Arbeitsförderung und Bildung. Erfolgsfaktoren regionaler Fachkräftestrategien, in: Lange, Joachim (Hrsg.), Wirtschaftsförderung und Arbeitsförderung Hand in Hand?, Reihe Loccumer Protokolle, Band 72/13, Rehburg-Loccum, 2013.

Zika, Gerd; Schneemann, Christian; Bernardt, Florian; Kalinowski, Michael; Krebs, Bennet; Maier, Tobias; Mönnig, Anke; Parton, Frederik; Steeg, Stefanie; Ulrich, Philip; Wolter, Marc Ingo, Aktualisierte BMAS-Prognose „Digitalisierte Arbeitswelt", Forschungsbericht 526/3, Bundesministerium für Arbeit und Soziales, Berlin, 2021.

Zika, Gerd; Kalinowski, Michael; Bernardt, Florian; Hummel, Markus; Maier, Tobias; Krebs, Bennet; Mönnig, Anke; Parton, Frederik; Schneemann, Christian; Steeg, Stefanie; Studtrucker, Maximilian; Ulrich, Philip; Wolter, Marc Ingo, Die Auswirkungen der Klimaschutzmaßnahmen auf den Arbeitsmarkt und die Wirtschaft, Forschungsbericht 526/5, Bundesministerium für Arbeit und Wirtschaft, Berlin, 2021.

Zika, Gerd; Bernardt, Florian; Hummel, Markus; Kalinowski, Michael; Maier, Tobias; Mönnig, Anke; Schneemann, Christian; Wolter, Marc Ingo, Auswirkung des Strukturwandels für die Bundesländer in der langen Frist – Qualifikations- und Berufsprojektion bis 2040. IAB-Forschungsbericht 22/2022, Institut für Arbeitsmarkt- und Berufsforschung, Nürnberg, 2022.

Zika, Gerd; Bernardt, Florian; Kalinowski, Michael; Krebs, Bennet; Krinitz, Jonas; Maier, Tobias; Mönnig, Anke; Parton, Frederik; Schneemann, Christian; Ulrich, Philip; Wolter, Marc Ingo; Zenk, Johanna, Langfristprojektion des Fachkräftebedarfs in Deutschland 2021–2040 – Szenario „Fortschrittliche Arbeitswelt", Bundesministerium für Arbeit und Soziales, Berlin, 2023.

8

Innovationsmanagement und Technologietransfer in der Wirtschaftsförderung

9. Innovationsmanagement und Technologietransfer in der Wirtschaftsförderung

Jens Wrede, Wirtschaftsförderung im Landkreis Harburg GmbH

Innovationsmanagement und Technologietransfer spielen eine zentrale Rolle in der Wirtschaftsförderung, indem sie den Weg für nachhaltiges Wirtschaftswachstum und Wettbewerbsvorteile ebnen. Doch nicht auf allen Stufen der Innovationsprozesse kann die Wirtschaftsförderung eingebunden sein. Daher ist es wichtig, die Schlüsselkonzepte und Strategien in diesem Kontext zu definieren.

In einer griffigen Definition stellen Innovationen die wettbewerbsrelevanten Entwicklungen von Produkten und Dienstleistungen innerhalb von Unternehmen dar, die die wirtschaftliche Zukunft der Branchen bestimmen. Technologietransfer wird üblicherweise im Übergang zwischen Hochschulen und Unternehmen gesehen – wichtig und gewollt, aber in der Praxis oftmals mit Schwierigkeiten in der Umsetzung behaftet. Sowohl Unternehmen als auch Hochschulen sind häufig so in ihren eigenen Abläufen gefangen, dass Innovation und Technologietransfer nicht den Stellenwert einnehmen, der für eine verstärkt positive Entwicklung hilfreich wäre.

Der Beitrag soll zeigen, wie Innovationsmanagement und Technologietransfer zur positiven Wirtschaftsentwicklung beitragen. Dabei wird der Themenbereich vorgestellt und dabei die Rollenaufteilung zwischen Wirtschaftsförderung, Hochschulen und Unternehmen beleuchtet.

Wirtschaftsförderung muss dem Thema mehr Unterstützung, Engagement und Empathie entgegenbringen, als nur Veranstalter zu Vorträgen zum Thema zu sein. Leider ist das allzu oft der Fall, da qualifizierte Mitarbeiter mit dem passenden Mindset fehlen. Wirtschaftsförderung soll beim Innovationsmanagement Impulsgeber, Motor und Umsetzungs- bzw. Projektpartner für Unternehmen und Hochschulen sein. Mitarbeiter für diesen Job müssen Neugier, Interesse und Verständnis für innovative Entwicklungen mitbringen, zur Moderation von Entwicklungs- und Forschungskooperationen fähig sein und bestenfalls auch Projektanträge formulieren können. Das bedeutet jedoch nicht, dass sie technologisch die Projekte durchdringen müssen.

Die Wirtschaftsförderung ist nicht nur ein neutraler Intermediär, der die Metaebene bespielt. Entscheidend ist vor allem die Ebene darunter – also der praxisnähere und handfestere Teil: Hier kommen Unternehmen und Hochschulen zusammen. Für die Wirtschaftsförderung gilt es, Know-how zu bündeln und Innovation zu managen.

Innovationsmanagement

Innovationsmanagement bezieht sich auf die systematische Planung, Steuerung und Kontrolle von Innovationsprozessen innerhalb einer Organisation.

Da haben wir bereits die Herausforderung der Wirtschaftsförderung: Wir sind nicht „innerhalb" der Organisation. Aber wir können an verschiedenen Stellen den Prozess initiieren. Anregen und Beteiligen ist möglich bei:

- Kultur und Führung: Veranstaltungen zur Förderung einer Innovationskultur innerhalb von Firmen und zum Aufbau notwendiger Führung und Ressourcen sind beliebt und gut besucht.
- Ideengenerierung und -bewertung: Ist fachkundiges Personal vorhanden, werden Wirtschaftsförderungen auch hinzugezogen, wenn es um Prozesse zur Ermittlung und Bewertung neuer Ideen und Konzepte geht, die zu innovativen Produkten oder Dienstleistungen führen können.

Die weiteren Schritte müssen aus den Unternehmen kommen. Hier kann Wirtschaftsförderung nur punktuell unterstützen oder bei der Bereitstellung von Infrastruktur oder Kontakten helfen.

- Forschung und Entwicklung (F&E): Durchführung von Forschungs- und Entwicklungsaktivitäten zur Umsetzung von Ideen in marktreife Produkte oder Dienstleistungen
- Prototyping und Testen: Entwicklung von Prototypen und Durchführung von Tests, um die Funktionalität und Marktakzeptanz neuer Produkte oder Dienstleistungen zu überprüfen
- Markteinführung und Skalierung: Planung und Durchführung der Markteinführung und Skalierung von Innovationen, einschließlich Marketingstrategien und Markteintrittsbarrieren

Technologietransfer

Technologietransfer bezieht sich auf den Prozess des Übertragens von Technologien von einem Unternehmen oder einer Organisation zu einem anderen Unternehmen. Einige Formen des Technologietransfers sind rein als Geschäftsbeziehung zwischen Unternehmen zu sehen und damit kein Gegenstand von Wirtschaftsförderung, nämlich Lizenzierung und Unternehmensübernahmen.

Bei Entwicklungspartnerschaften von mehreren Unternehmen, idealerweise unter Einbeziehung von Hochschulen oder Forschungseinrichtungen, kann die Wirtschaftsförderung eine Managementfunktion übernehmen. Natürlich steht auch hier der unternehmerische Aspekt im Vordergrund, Technologien zu entwickeln und zu kommerzialisieren. Das ist ebenso bei Spin-offs der Fall, also neuen Unternehmen, die dazu gegründet werden, um innovative Technologien zu vermarkten, die in Forschungseinrichtungen oder großen Unternehmen entwickelt wurden. Wirtschaftsförderung kann eventuell eine Rolle spielen, wenn die Organisation dazu personell und gesellschaftsrechtlich aufgestellt wurde.

Rolle der Wirtschaftsförderung

Wirtschaftsförderungseinrichtungen können eine wesentliche Rolle im Innovationsmanagement und Technologietransfer bei folgenden Schwerpunkten spielen:

- Förderprogramme: Unterstützung bei der Auswahl, Beantragung und Bereitstellung von Finanzmitteln aus Förderprogrammen zur Unterstützung von F&E und Innovationstätigkeiten
- Netzwerke und Clusterbildung: Förderung der Vernetzung von Unternehmen, Forschungseinrichtungen und anderen Akteuren, um den Austausch von Wissen und Technologien zu erleichtern
- Beratung: Unterstützung von Unternehmen durch Beratungsleistungen zu Innovations- und Technologietransferprozessen
- Infrastruktur und Ressourcen: Bereitstellung von Infrastruktur wie Technologieparks, Inkubatoren und Forschungseinrichtungen
- Bildung und Schulung: Initiierung von Bildungs- und Schulungsprogrammen, um die Innovationskompetenz der Arbeitskräfte zu erhöhen

9.1 Ziele von Innovationsmanagement und Technologietransfer

Die Wirtschaftsförderung möchte mit Innovationsmanagement und Technologietransfer die Wettbewerbsfähigkeit der Region und deren Unternehmen stärken, nachhaltiges Wachstum fördern und den gesellschaftlichen Fortschritt unterstützen. Im Kern geht es darum, die Region modern und leistungsfähig zu gestalten und nicht wirtschaftlich überaltern zu lassen, was einen späteren starken Strukturwandel nach sich ziehen würde. Diese Erfahrungen mussten viele einst wirtschaftsstarke Regionen machen, die sich zu lange auf Schwerpunktbranchen konzentriert hatten, die nach disruptiven Änderungen und damit verbundenem Niedergang einen radikalen Wandel durchführen mussten.

Die Übersicht der Ziele zeigt, dass es kooperativer Anstrengung bedarf, um die Ziele zu erreichen. Wenn in Unternehmen das Bewusstsein für Innovationsfähigkeit geweckt ist, lassen sich Beratungsleistungen durchführen, Innovationsinstrumente implementieren und Fördermaßnahmen einrichten.

Innovationsmanagement und Technologietransfer zielen darauf ab, wirtschaftliche, gesellschaftliche und ökologische Fortschritte voranzutreiben. Ein zentrales Anliegen ist die Steigerung der Wettbewerbsfähigkeit von Unternehmen durch die Förderung technologischer Innovationen, die Optimierung von Produktionsprozessen und die Entwicklung einzigartiger Produkte und Dienstleistungen, die neue Marktchancen eröffnen und zusätzliche Marktanteile sichern. Gleichzeitig sollen das wirtschaftliche Wachstum und die Beschäftigung gefördert werden, etwa durch die Schaffung neuer Arbeitsplätze in innovativen Geschäftsfeldern, die Diversifizierung der Wirtschaft und die Unterstützung von Start-ups sowie KMUs bei der Umsetzung innovativer Ideen und beim Markteintritt.

Nachhaltigkeit und gesellschaftlicher Fortschritt spielen ebenfalls eine entscheidende Rolle. Dazu gehört die Entwicklung und Verbreitung umweltfreundlicher Technologien, die Ressourceneffizienz fördern, Emissionen reduzieren und den Energieverbrauch senken. Darüber hinaus sollen Innovationen in Bereichen wie Gesundheit, Bildung und Verkehr die Lebensqualität der Menschen verbessern, während nachhaltige Projekte langfristiges Wachstum ermöglichen und soziale sowie ökologische Herausforderungen adressieren.

Ein weiterer Schwerpunkt liegt auf der Förderung des Wissens- und Technologietransfers. Dieser umfasst die Verbreitung wissenschaftlicher Erkenntnisse aus der Forschung in die Industrie, den Aufbau und die Stärkung von Netzwerken und Kooperationen zwischen Unternehmen, Hochschulen und anderen Akteuren sowie die gezielte Entwicklung von Kompetenzen und Ressourcen, um die Innovationsfähigkeit zu erhöhen. Um diese Ziele zu erreichen, ist es wichtig, die Rahmenbedingungen zu verbessern. Hierzu zählen die Schaffung attraktiver Investitionsanreize, der Abbau bürokratischer Hürden und die Sicherstellung eines wirksamen rechtlichen Schutzes für geistiges Eigentum. Zusammen sollen diese Maßnahmen eine dynamische Innovationslandschaft fördern, die Wirtschaft, Gesellschaft und Umwelt nachhaltig stärkt.

9.2 Was erwarten die Unternehmen? Was erwartet die Politik?

Erwartungen der Unternehmen

Unternehmen haben klare Erwartungen an das Innovationsmanagement und den Technologietransfer, um ihre Wettbewerbsfähigkeit zu steigern und nachhaltiges Wachstum zu erzielen. Unternehmen geht es nicht primär um Förderung, sondern um neue Geschäftsfelder und Umsatzmöglichkeiten. Dennoch erwarten sie oft finanzielle Unterstützung, wie etwa Zugang zu staatlichen und regionalen Förderprogrammen, die Forschung, Entwicklung und Innovationsprojekte fördern, sowie die Verfügbarkeit von Risikokapital und Investitionsmöglichkeiten zur Finanzierung innovativer Ideen. Ebenso wichtig ist infrastrukturelle Unterstützung, z. B. durch Technologieparks, Inkubatoren und die Zusammenarbeit mit Universitäten und Forschungseinrichtungen, um Zugang zu neuesten Technologien und Wissen zu erhalten.

Darüber hinaus legen Unternehmen großen Wert auf fachliche Unterstützung und Beratung, etwa durch Beratungsdienste in Bereichen wie Innovationsmanagement, Patentanmeldungen, Marktanalyse und Geschäftsmodellentwicklung sowie durch Schulungen und Weiterbildungen zur Stärkung der Mitarbeiterkompetenzen. Netzwerke und Kooperationen spielen ebenfalls eine zentrale Rolle, sei es durch die Förderung von Clustern und Netzwerken oder die Unterstützung bei der Bildung strategischer Partnerschaften, um Synergien zu nutzen und gemeinsame Innovationsprojekte zu realisieren.

Abschließend erwarten Unternehmen optimale regulatorische Rahmenbedingungen, wie die Vereinfachung bürokratischer Prozesse und den Abbau von Hürden bei der Implementierung neuer Technologien sowie einen starken rechtlichen Schutz für geistiges Eigentum, um Investitionen in Forschung und Entwicklung abzusichern.

Erwartungen der Politik

Die Politik hat die Erwartung, mit der Förderung von Innovationen und Technologietransfers das Wirtschaftswachstum zu sichern und die Wettbewerbsfähigkeit der Wirtschaft zu steigern. Ein zentrales Anliegen ist die Steigerung der Innovationskraft, um langfristiges Wirtschaftswachstum und internationale Wettbewerbsfähigkeit sicherzustellen, sowie die gezielte Förderung von Schlüsselindustrien und -technologien, die als Treiber für wirtschaftliches Wachstum und technologische Führerschaft gelten. Hier sind z. B. die Megatrends Digitalisierung, Wasserstoff oder Mobilitätstechnologien zu nennen.

Zudem steht die Schaffung von Arbeitsplätzen im Fokus, indem Innovationen und neue Technologien unterstützt werden, die das Beschäftigungswachstum fördern und den Arbeitsmarkt stärken. Gleichzeitig wird in Bildung und Weiterbildung investiert, um die Arbeitskräfte für die Anforderungen der sich wandelnden Wirtschaft zu qualifizieren. Auch die nachhaltige Entwicklung spielt eine zentrale Rolle, etwa durch die Förderung umweltfreundlicher Technologien, die den Klimawandel bekämpfen, sowie ressourceneffizienter Prozesse, die zu einer schonenderen Nutzung von Ressourcen beitragen.

Ein weiterer Schwerpunkt liegt auf der regionalen Entwicklung, etwa durch die Einrichtung von Innovationszentren und Clustern, die regionale wirtschaftliche Fortschritte unterstützen und Disparitäten abbauen sollen. Auch die Förderung von Innovations- und Technologieprojekten außerhalb städtischer Ballungsräume trägt zur Dezentralisierung bei. Schließlich ist die Politik darauf bedacht, im internationalen Wettbewerb zu bestehen, indem sie ein attraktives Umfeld für in- und ausländische Investitionen in Forschung, Entwicklung und Innovation schafft und internationale Kooperationen sowie Netzwerke fördert, um den Wissens- und Technologietransfer grenzüberschreitend zu erleichtern.

9.3 Maßnahmen und Instrumente des regionalen Innovationsmanagements

Regionales Innovationsmanagement setzt auf praxisnahe, niedrigschwellige und gut vermittelbare Maßnahmen. An erster Stelle stehen zumeist Impuls und Wissensvermittlung. Als Impuls kann eine Veranstaltungsreihe sehr hilfreich sein. Viele Unternehmen sind daran interessiert, einen Einstieg und Überblick in aktuelle Themen oder Megatrends zu bekommen. Tatsächlich reicht die Bandbreite von der Vermittlung der Auswirkungen großer technischer Umbrüche wie Wasserstoffwirtschaft, KI oder Automatisierung bis zu eher anwendungsorientierten Präsentationen über den Wissensstand in der nachhaltigen Bauwirtschaft, der Fertigungstechnik oder der Lebensmittelverpackung.

Diese Veranstaltungen vermitteln nicht nur einen Eindruck über innovative Verfahren und Entwicklungen, die den Unternehmen in der eigenen Geschäftstätigkeit weiterhelfen können, sondern bieten auch die Gelegenheit, Vernetzungen zwischen den Unternehmen zu ermöglichen. Achtung – das geschieht nicht allein oder zumindest nur oberflächlich. Am Rande dieser Veranstaltungen ist es wichtig, diejenigen zu identifizieren, denen weitergehendes Interesse anzumerken ist, und mit dieser Erkenntnis die zweite Stufe der Tätigkeit zu zünden.

Ist erkennbar, dass sich mehrere Teilnehmer verstärkt für die Thematik begeistern lassen, kann daraus ein nachfolgender Workshop entstehen, in dem das Thema und die Erkenntnisse vertieft werden. Für die Wirtschaftsförderung ist das eine Moderationsaufgabe – technische oder fachliche Kenntnisse sind keine Voraussetzung. Die Experten aus den Unternehmen können sich schon hinreichend selbst austauschen. Es ist aber hilfreich, Experten aus Hochschulen, Forschungseinrichtungen oder Innovationsnetzwerken dazuzuholen, die die Moderation unterstützen. Es ist nicht notwendig, eine besonders hohe Anzahl an Teilnehmern zusammenzustellen. Wichtiger ist der inhaltliche Austausch, der bestenfalls zu einer Entwicklungszusammenarbeit führen kann, die ggf. durch Innovationsprogramme oder eine Projektförderung ergänzt wird. Moderation und Organisation solcher Projektgruppen ist eine nicht zu unterschätzende Maßnahme der Wirtschaftsförderung, um die Teilnehmer zu einer dauerhaften Zusammenarbeit zu motivieren. Sollte sich nur ein einzelnes Unternehmen für ein Thema interessieren, ist auch eine Einzelberatung oder Vermittlung an Experten in Hochschulen oder Forschungseinrichtungen denkbar.

Die Vermittlung von Innovationsförderung (siehe Kapitel 7) wäre ein Instrument, das in diesem Rahmen noch in die Kompetenz der Wirtschaftsförderung fallen kann. Darüber hinausgehende Unterstützung bei Schutzrechten, Veröffentlichungen oder Genehmigungsverfahren sind i. d. R. zu speziell für die regionale Wirtschaftsförderung.

Auch die häufig in der Literatur zu findenden Vorschläge zu Cluster- und Netzwerkbildung, Einrichtung von Technologie- und Innovationszentren oder Schaffung von infrastrukturellen Maßnahmen wie Breitband oder Forschungseinrichtungen und Laboren wären zwar hilfreich und wünschenswert, aber nur in Ausnahmefällen zu bewältigen.

9.4 Qualifikationen und Mindsets der Mitarbeiter der Wirtschaftsförderung für Innovationsmanagement und Technologietransfer

Mitarbeiter der Wirtschaftsförderung, die im Bereich Innovationsmanagement und Technologietransfer tätig sind, benötigen eine Vielzahl an spezifischen Qualifikationen und ein besonderes Mindset, um ihre Aufgaben erfolgreich bewältigen zu können.

Zu den wesentlichen fachlichen Qualifikationen gehören technisches Wissen in für die regionale Wirtschaft relevanten Bereichen wie Informationstechnologie, Biotechnologie, Maschinenbau oder erneuerbare Energien sowie wirtschaftswissenschaftliche Kenntnisse, um wirtschaftliche Zusammenhänge und die Bedeutung von Innovationen für die Wettbewerbsfähigkeit zu verstehen. Ergänzt wird dies durch Managementfähigkeiten wie Projekt- und Change-Management, um Innovationsprojekte effizient zu planen und Veränderungsprozesse in Unternehmen zu begleiten. Zudem sind rechtliche Kenntnisse, insbesondere im Patentrecht und Förderrecht, von großer Bedeutung, um den rechtlichen Rahmen von Innovationsvorhaben sicher zu beherrschen.

Kommunikationsfähigkeiten spielen eine zentrale Rolle. Verhandlungsgeschick und die Fähigkeit, Netzwerke aufzubauen und zu pflegen, sind essenziell für die Zusammenarbeit mit Unternehmen, Forschungseinrichtungen und Investoren. Darüber hinaus ist ein innovationsorientiertes Mindset gefragt. Offenheit für neue technologische Entwicklungen, Kreativität und Problemlösungsfähigkeit ermöglichen es, innovative Lösungen für komplexe Herausforderungen zu entwickeln und Innovationsprozesse aktiv zu gestalten.

Unternehmerisches Denken ist ebenfalls entscheidend. Proaktivität und die Bereitschaft, kalkulierte Risiken einzugehen, helfen dabei, Chancen frühzeitig zu erkennen und innovative Projekte trotz Unsicherheiten voranzutreiben. Eine kooperationsorientierte Haltung, Teamfähigkeit und die Fähigkeit, in interdisziplinären Teams zu arbeiten, fördern die Zusammenarbeit mit verschiedenen Stakeholdern und tragen dazu bei, gemeinsame Ziele zu erreichen.

Darüber hinaus ist eine ausgeprägte Lernbereitschaft erforderlich. Kontinuierliche Weiterbildung und die Reflexion eigener Erfahrungen ermöglichen es, sich den sich wandelnden Anforderungen anzupassen. Empathie und Kommunikationsstärke unterstützen dabei, die Bedürfnisse von Unternehmen und Stakeholdern zu verstehen, während Überzeugungskraft hilft, andere für die Vorteile von Innovationsprojekten zu gewinnen.

Nicht zuletzt sind analytisches und strategisches Denken von großer Bedeutung. Die Fähigkeit, Daten und Informationen fundiert zu analysieren, bildet die Grundlage für die Entwicklung effektiver Innovationsstrategien, die langfristig die regionale Innovationskraft stärken. In dieser Kombination aus Qualifikationen und Mindset liegt der Schlüssel für eine erfolgreiche Arbeit im Innovationsmanagement und Technologietransfer.

9.5 Kooperationen zwischen Wirtschaftsförderung, Hochschulen, IHK und Forschungseinrichtungen bei Innovationsmanagement und Technologietransfer

Kooperationen zwischen Wirtschaftsförderungseinrichtungen, Hochschulen, IHK und Forschungseinrichtungen sind entscheidend für erfolgreiches Innovationsmanagement und effektiven Technologietransfer. Diese Zusammenarbeit fördert Synergien, erleichtert den Wissens- und Technologietransfer und unterstützt die Entwicklung innovativer Produkte und Dienstleistungen.

Forschungseinrichtungen und Unternehmen arbeiten oft in gemeinsamen Projekten zusammen, um neue Technologien zu entwickeln und zu kommerzialisieren. Dabei erfolgt auch die Lizenzierung von Patenten durch Forschungseinrichtungen an Unternehmen, die diese weiterentwickeln und für die Marktumsetzung nutzen.

Die Förderung von Innovationen ist ein weiterer wesentlicher Bestandteil. Innovationszentren und Technologieparks bieten die notwendige Infrastruktur, um den Austausch zwischen Unternehmen, Start-ups und Forschungseinrichtungen zu erleichtern. Inkubatoren und Acceleratoren unterstützen Start-ups durch Mentoring, Schulungen sowie den Zugang zu Netzwerken und Finanzierungsmöglichkeiten.

Bildung und Weiterbildung sind ebenfalls wichtige Säulen der Kooperation. Hochschulen entwickeln in Zusammenarbeit mit Unternehmen praxisorientierte Studiengänge und Weiterbildungsprogramme. Duale Studiengänge und Praktika bieten Studierenden die Möglichkeit, theoretisches Wissen mit praktischen Erfahrungen zu verbinden, wodurch die Lücke zwischen akademischer Ausbildung und industriellen Anforderungen geschlossen wird.

Netzwerkbildung und Wissenstransfer werden durch Netzwerktreffen, Konferenzen und Clusterinitiativen gefördert. Diese Plattformen schaffen Gelegenheiten für den Austausch von Ideen und die Initiierung von Kooperationen. Regionale Innovationscluster bündeln die Kompetenzen verschiedener Akteure und fördern Synergien, die zu gemeinsamen Erfolgen führen.

Die Finanzierung und Förderung von Innovationsprojekten erfolgen häufig in Zusammenarbeit. Wirtschaftsförderungseinrichtungen und Forschungseinrichtungen entwickeln gemeinsam Förderanträge und organisieren Veranstaltungen, um Unternehmen mit Investoren und Förderprogrammen zu vernetzen.

Beispiele erfolgreicher Kooperationen verdeutlichen die Bandbreite dieser Ansätze. Die Fraunhofer-Gesellschaft kooperiert mit Unternehmen, um angewandte Forschung in marktfähige Lösungen umzuwandeln. Technologie- und Gründerzentren wie das TGZ Würzburg bieten Start-ups und etablierten Unternehmen eine Plattform zur Zusammenarbeit. Regionale Initiativen wie das Innovationsnetzwerk Hessen und Organisationen wie die Berlin Partner für Wirtschaft und Technologie GmbH fördern durch Beratung und Vernetzung die regionale Innovationskraft. Auch die IHK unterstützt Unternehmen durch Innovationsberatung, vermittelt Kontakte zu Forschungseinrichtungen und begleitet Förderanträge.

Für den Erfolg solcher Kooperationen sind klare Zielsetzungen, Vertrauen und offene Kommunikation entscheidend. Ebenso wichtig ist die Bereitstellung notwendiger Ressourcen sowie eine langfristige Perspektive, um nachhaltige Ergebnisse zu erzielen. Flexibilität und die Fähigkeit, sich an veränderte Bedingungen anzupassen, tragen dazu bei, die Kooperationen dynamisch und zukunftsorientiert zu gestalten.

Zusammenfassend leisten diese Kooperationen einen wesentlichen Beitrag zur Stärkung der Innovationskraft und Wettbewerbsfähigkeit der Wirtschaft, indem sie Akteure zusammenbringen, Wissen transferieren und gemeinsame Ziele fördern.

9.6 Förderprogramme

Förderprogramme für Innovationsmanagement und Technologietransfer spielen eine wesentliche Rolle bei der Unterstützung von Unternehmen und Forschungseinrichtungen, um die Innovationskraft zu steigern und neue Technologien zu entwickeln und zu kommerzialisieren. Sie bieten finanzielle Mittel, Beratung und Zugang zu Netzwerken, um Innovationsprojekte effizienter zu realisieren und deren Markteinführung zu erleichtern.

Im Folgenden werden wichtige nationale, europäische und internationale Programme sowie regionale Initiativen in Deutschland beschrieben.

Nationale Förderprogramme in Deutschland

1. Zentrales Innovationsprogramm Mittelstand (ZIM): Das ZIM ist ein bundesweites Förderprogramm, das speziell für KMUs sowie wirtschaftsnahe Forschungseinrichtungen konzipiert ist. Es unterstützt Innovationsprojekte in Form von Einzelprojekten, Kooperationsprojekten und Innovationsnetzwerken mit Zuschüssen. Ziel ist es, die Innovationskraft von KMUs zu stärken und deren Wettbewerbsfähigkeit zu erhöhen.

2. EXIST – Existenzgründungen aus der Wissenschaft: EXIST richtet sich an Hochschulabsolventen, Wissenschaftler und Studierende, die technologieorientierte oder wissensbasierte Start-ups gründen möchten. Das Programm bietet finanzielle Unterstützung für die Erstellung von Businessplänen, die Entwicklung von Prototypen sowie den Markteintritt.
3. Industrie-in-Klinik-Plattformen (IIK): Dieses Programm fördert die Zusammenarbeit zwischen Industrie und klinischen Forschungseinrichtungen, insbesondere bei der Entwicklung neuer Medizintechnologien und Arzneimittel. Es bietet Zuschüsse für gemeinsame Forschungs- und Entwicklungsprojekte, um die Übertragung innovativer Konzepte in die klinische Anwendung zu beschleunigen.
4. KMU-innovativ: KMU-innovativ unterstützt forschungsintensive kleine und mittlere Unternehmen bei Projekten in Schlüsseltechnologiefeldern wie Biotechnologie, Informations- und Kommunikationstechnologie (IKT) oder Materialforschung. Das Programm bietet finanzielle Zuschüsse für Forschungs- und Entwicklungsprojekte.

Europäische Förderprogramme

1. Horizon Europe: Horizon Europe ist das größte Förderprogramm der EU für Forschung und Innovation. Es unterstützt Projekte, die wissenschaftliche Durchbrüche, technologische Innovationen und Lösungen für gesellschaftliche Herausforderungen zum Ziel haben. Finanzielle Mittel stehen sowohl für die Grundlagenforschung als auch für die Markteinführung neuer Technologien bereit.
2. European Innovation Council (EIC): Der EIC, ein Bestandteil von Horizon Europe, fördert bahnbrechende Innovationen und ehrgeizige Projekte mit hohem Marktpotenzial. Neben Zuschüssen stellt der EIC auch Beteiligungskapital zur Verfügung, um Projekte in verschiedenen Entwicklungsphasen zu unterstützen.
3. Eurostars: Dieses Programm unterstützt grenzüberschreitende Innovationsprojekte von forschungsintensiven KMUs und Forschungspartnern in Europa. Es bietet finanzielle Unterstützung, um innovative Produkte und Dienstleistungen in den Markt zu bringen.

Internationale Förderprogramme

1. Global Innovation Fund (GIF): Der GIF unterstützt weltweit Projekte und Unternehmen, die innovative Lösungen für globale Entwicklungsherausforderungen bieten. Er stellt Zuschüsse, Darlehen und Beteiligungskapital bereit, um Projekte in unterschiedlichen Entwicklungsphasen zu fördern.
2. World Bank Innovation Fund: Die Weltbank unterstützt Innovationsprojekte in Entwicklungs- und Schwellenländern, die nachhaltiges Wachstum und technologische Fortschritte fördern. Finanzielle Mittel werden für Forschungs- und Entwicklungsprojekte, Technologietransfer und Unternehmensgründungen bereitgestellt.

Regionale Förderprogramme in Deutschland

1. ProFIT (Berlin): Das ProFIT-Programm der Investitionsbank Berlin (IBB) unterstützt technologische Innovationsprojekte von Unternehmen in Berlin. Es bietet Zuschüsse und Darlehen für Forschungs- und Entwicklungsaktivitäten, um die Innovationskraft der Hauptstadtregion zu stärken.
2. Innovationsgutscheine (z. B. Niedersachsen): Dieses Programm ermöglicht es KMUs, externe Dienstleistungen von Forschungseinrichtungen und Hochschulen und die Nutzung von Forschungsinfrastruktur in Anspruch zu nehmen. Innovationsgutscheine fördern insbesondere Beratungs- und Entwicklungsleistungen, um die Innovationsfähigkeit kleiner Unternehmen zu stärken.
3. Innovationsprogramm Forschung und Entwicklung (Hamburg): In Hamburg werden Unternehmen bei der Durchführung von Forschungs- und Entwicklungsprojekten finanziell unterstützt. Der Fokus liegt auf der Zusammenarbeit mit Forschungseinrichtungen, um innovative Technologien und Produkte zu entwickeln.

9.7 Zusammenfassung

Innovationsmanagement und Technologietransfer sind entscheidende Komponenten für die Steigerung der Wettbewerbsfähigkeit und das Wachstum von Unternehmen und Volkswirtschaften. Durch gezielte Maßnahmen der Wirtschaftsförderung können diese Prozesse effizient unterstützt und beschleunigt werden.

Die Ziele des Innovationsmanagements und Technologietransfers sind breit gefächert und zielen darauf ab, die Innovationskraft von Unternehmen und Regionen zu stärken, wirtschaftliches Wachstum zu fördern, die Lebensqualität zu verbessern und nachhaltige Entwicklung zu unterstützen. Durch gezielte Maßnahmen und die Zusammenarbeit verschiedener Akteure können diese Ziele erreicht und der Weg für eine erfolgreiche und zukunftsfähige Wirtschaft geebnet werden.

Die Erwartungen von Unternehmen und Politik an Innovationsmanagement und Technologietransfer überschneiden sich in vielen Bereichen, insbesondere in Bezug auf Wirtschaftswachstum, Schaffung von Arbeitsplätzen und Förderung nachhaltiger Technologien. Eine erfolgreiche Innovationspolitik erfordert eine enge Zusammenarbeit zwischen öffentlichen und privaten Akteuren, um die gemeinsamen Ziele zu erreichen und die notwendigen Rahmenbedingungen zu schaffen.

Das regionale Innovationsmanagement kann verschiedene niedrigschwellige Maßnahmen und Instrumente einsetzen. Impulse lassen sich über gut vorbereitete und besuchte Veranstaltungen setzen, aus denen weiterführende Workshops oder Einzelberatungen entstehen können. Möglicherweise entstehen daraus Forschungskooperationen. Innovationsförderung kann diese Maßnahmen begleiten.

Mitarbeiter der Wirtschaftsförderung im Bereich Innovationsmanagement und Technologietransfer benötigen eine Mischung aus fachlichen Qualifikationen, Managementfähigkeiten und einem geeigneten Mindset. Diese Kombination ermöglicht es ihnen, innovative Projekte erfolgreich zu fördern, Technologietransfer zu erleichtern und die Wettbewerbsfähigkeit der Region nachhaltig zu stärken. Kontinuierliche Weiterbildung und Offenheit für neue Entwicklungen sind dabei entscheidend, um den dynamischen Anforderungen gerecht zu werden.

Kooperationen zwischen Wirtschaftsförderung, Hochschulen, IHK und Forschungseinrichtungen sind essenziell für die Förderung von Innovationen und den Technologietransfer. Durch gemeinsame Projekte, Netzwerke und Unterstützungsprogramme können diese Akteure Synergien schaffen, die die Innovationskraft der Region stärken und die Wettbewerbsfähigkeit der ansässigen Unternehmen erhöhen. Entscheidend für den Erfolg solcher Kooperationen sind klare Zielsetzungen, Vertrauen, Kommunikation, ausreichende Ressourcen und eine langfristige Perspektive.

Förderprogramme für Innovationsmanagement und Technologietransfer bieten eine Vielzahl von Unterstützungsmaßnahmen, um Unternehmen und Forschungseinrichtungen bei der Entwicklung und Implementierung neuer Technologien zu helfen. Durch finanzielle Zuschüsse, Darlehen, Beratungsleistungen und Infrastrukturförderung tragen diese Programme dazu bei, die Innovationskraft zu steigern, den Technologietransfer zu erleichtern und die Wettbewerbsfähigkeit zu erhöhen. Eine effektive Nutzung dieser Programme erfordert eine gründliche Kenntnis der verfügbaren Fördermöglichkeiten und eine strategische Planung der Innovationsprojekte.

Zusammenarbeit von kleinen und mittleren Unternehmen im ländlichen Raum mit Hochschulen und Universitäten

10. Zusammenarbeit von kleinen und mittleren Unternehmen im ländlichen Raum mit Hochschulen und Universitäten

Dr. Thomas Jablonski und Armin Möller, Wirtschaftsförderungsgesellschaft für den Kreis Viersen mbH

Moderne Wirtschaftsförderung erfordert zunehmend eine enge Zusammenarbeit mit Hochschulen, um die Innovationskraft zu steigern und die Wettbewerbsfähigkeit der Unternehmen zu sichern. Gerade im ländlichen Raum, wo die Präsenz von Hochschulen oftmals fehlt, stellt diese Kooperation jedoch eine besondere Herausforderung dar. Die Wahrnehmung vieler KMUs gegenüber Hochschulen ist häufig von der Vorstellung geprägt, dass diese zu weit entfernt und wenig praxisorientiert sind. Auf der anderen Seite haben Hochschulen oftmals nur unzureichend die Bedürfnisse und Potenziale der mittelständischen Unternehmen im ländlichen Raum im Blick. Hier müssen gezielte Maßnahmen der Wirtschaftsförderung ansetzen, um diese Barrieren zu überwinden und eine fruchtbare Zusammenarbeit zwischen beiden Sektoren zu fördern.

Aus diesem Grund ist es einerseits wichtig, mittelständisch geprägte Unternehmen für die Möglichkeit der Zusammenarbeit mit Hochschulen zu sensibilisieren und andererseits Hochschulen auf die Potenziale sogenannter Hidden Champions aufmerksam zu machen. Beide Aspekte stellen eine Wirtschaftsförderung in weniger dicht besiedelten Räumen vor die Herausforderung, die Parteien inhaltlich zusammenführen zu müssen. Dies ist aufgrund der beschriebenen räumlichen Distanz, aber auch aus Gründen des beiderseits fehlenden Bewusstseins für den daraus resultierenden Mehrwert eine Herausforderung.

Um dieses Hindernis zu beseitigen, hat die Wirtschaftsförderung im Kreis Viersen proaktiv Allianzen mit Hochschulen und Universitäten in der näheren Region und auch darüber hinaus gebildet, nicht zuletzt, um den Hochschulen in diesem – überwiegend ländlichen – Gebiet im Schatten der Rhein-Ruhr-Agglomeration Sichtbarkeit bei Unternehmen zu verschaffen. Um diese Sichtbarkeit zu erreichen, wurden Hochschulstandorte wie von der Fontys-Hochschule aus Venlo in den Niederlanden im Technologie- und Gründerzentrum Niederrhein in Kempen eingerichtet sowie in Kooperation mit der Wirtschaftsförderungsgesellschaft für den Kreis Viersen mbH (WFG

Kreis Viersen) ein Innovations- und Zukunftsbüro der Hochschule Niederrhein im Haus der Wirtschaft in Viersen angesiedelt. Außerdem besteht eine Kooperation mit der in Düsseldorf ansässigen IST-Hochschule sowie mit dem Werkzeugmaschinenlabor (WZL) an der Rheinisch-Westfälischen Technischen Hochschule (RWTH) in Aachen.

10.1 Unternehmensansprache durch Beratungsangebote

Ausgehend von dem Umstand, dass Unternehmen abseits der Ballungsräume i. d. R. und erfahrungsgemäß nur selten bzw. anlassbezogen Kontakt zu Hochschulen pflegen, ist bei diesen oftmals ein Beharrungsvermögen entstanden, auf Hochschulwissen verzichten zu können. Das Verharren in der Komfortzone wird nicht selten mit wirtschaftlichem Erfolg in der Vergangenheit, einem festen Kundenstamm und einer guten Auftragslage begründet: *„Das haben wir schon immer so gemacht, und warum sollten wir das ändern?“*, ist ein oft gehörter Satz.

Häufig fehlt es den Unternehmen an der Vorstellung, wie eine solche Zusammenarbeit konkret aussehen könnte und welchen Mehrwert sie bringt. Hier ist es wichtig, niederschwellige Angebote zu schaffen, die den Unternehmen den Zugang zu Hochschulen erleichtern. Gerade Familienunternehmen tun sich besonders schwer, ihre über Generationen entwickelte Firmenkultur zu durchbrechen. Um Firmen überhaupt erreichen zu können, muss ein direkt für sie erkennbarer Mehrwert geboten werden. Die Gewinnung von Unternehmen zur Zusammenarbeit kann am erfolgversprechendsten über eine attraktive Angebotsorientierung einer Wirtschaftsförderung mit entsprechender Dienstleistung erfolgen.

Zu den klassischen Angeboten einer Wirtschaftsförderung gehört oft eine Fördermittelberatung. Die Fördermittelberatung ist ein gutes Instrument, um Unternehmen in eine aktive Wirtschaftsförderung einbinden zu können und ihnen Anreize für Innovationen zu liefern. Auf diese Art und Weise entsteht i. d. R. ein positives Verhältnis zwischen der Wirtschaftsförderung und den Unternehmen als gute Basis für eine intensive und langfristige Zusammenarbeit. Dies versetzt eine Wirtschaftsförderung in eine gute Ausgangsposition, um aktuelle Herausforderungen von Unternehmen abzufragen und zu identifizieren und aus diesen Erkenntnissen heraus maßgeschneiderte Dienstleistungen oder Projekte zu entwickeln.

Damit Unternehmen Fördermittel beantragen können, ist die Zusammenarbeit mit Hochschulen selbst bei niederschwelligen Förderangeboten wie dem Programm Mittelstand Innovativ & Digital (MID) des Landes Nordrhein-Westfalen zwingend erforderlich. Mit dieser Anforderung sollen kleine und mittelständische Unternehmen bereits bei kleineren Förderprojekten dazu animiert werden, Know-how von Hochschulen in den Mittelstand zu transferieren. Bei größeren Projekten wie dem Zentralen Innovationsprogramm Mittelstand (ZIM) oder anderen Forschungs- und Transferprojekten wie bei ZIM-Kooperations- oder Netzwerkprojekten ist eine noch intensivere Zusammenarbeit von Forschungs- und Entwicklungseinrichtungen bzw. Hochschulen erforderlich.

Die vonseiten der Wirtschaftsförderung bei den KMU wahrgenommene Schwellenangst, auf Hochschulen zuzugehen, wird durch die Anforderung zur Einbindung in Förderprojekte erheblich verringert. Die Wirtschaftsförderung kann in diesem Zusammenspiel ihre Stärke als Moderator von Prozessen sowie als Kümmerer für Unternehmen ausspielen und fungiert somit über die Fördermittelberatung als Brückenbauer zu Hochschulen.

Die sich aus solchen Kooperationen ergebenden Projektergebnisse werden im Rahmen der Öffentlichkeitsarbeit von den Hochschulen und Unternehmen idealerweise selbst sowie von den Multiplikatoren wie WFGs i. d. R. als Best Practices veröffentlicht, mit dem Ziel, weitere Unternehmen an Hochschulen anzudocken bzw. Hochschulthemen in die andere Richtung an Unternehmen heranzutragen.

Auf diese Weise ergibt sich für alle Beteiligten ein öffentlichkeitswirksamer Mehrwert: für die Unternehmen, die Hochschulen und das Standortmarketing der öffentlichen Hand. Diese drei Parteien bilden zusammengefasst die sogenannte Triple Helix, die im gut orchestrierten Zusammenspiel Mehrwerte für eine Region generieren und somit erheblich zur Verbesserung der Wirtschaftsstruktur und Einkommenssituation durch Innovationen und Investitionen beiträgt.

10.2 Fachkräftesicherung durch Mentoring und Hochschulkooperationen

Insbesondere familien- oder inhabergeführte KMU im ländlichen Raum konkurrieren im Wettbewerb um Nachwuchskräfte deutschlandweit mit Firmen in teils ganz anderen Größenordnungen um Fach- und Führungskräfte, wenn es um die Neu- oder Nachbesetzung von Fach- und Führungspositionen geht. Prekär wird der Mangel im Bereich der Fach- und Führungskräfte dann, wenn der eigene Nachwuchs andere berufliche Wege einschlägt und sich aus der Belegschaft niemand findet, die Unternehmensnachfolge anzutreten. Ein Management Buy-out, also der Kauf eines Unternehmens durch das eigene Management oder eigene Mitarbeiterinnen und Mitarbeiter, ist dann quasi unmöglich. In diesem Fall bleibt also nur noch die Möglichkeit eines Management Buy-in oder die Firmenaufgabe. Letztere Option ist einer positiven wirtschaftlichen Entwicklung abträglich.

Zusätzlich muss dem Umstand Rechnung getragen werden, dass viele Schülerinnen und Schüler nach ihrem Abschluss einen Studienort teils weit außerhalb ihrer Heimatregion aufsuchen und nicht selten nach ihrem Studienabschluss dort beruflich verhaftet bleiben. Dies ist z. B. bei Hochschulausgründungen und anderen Spin-offs häufig der Fall. Der hieraus resultierenden Abwanderung von potenziellen Fachkräften („Braindrain“) kann eine Wirtschaftsförderung durch entsprechende Maßnahmen wie Mentoringprogramme entgegenwirken.

Die Verfügbarkeit von qualifizierten Fach- und Führungskräften ist insbesondere ein ernst zu nehmendes Problem für kleine und mittlere Unternehmen, die es schwer haben, sichtbar zu werden und sich als attraktiver Arbeitgeber zu zeigen. Oft finden eine zeitgemäße Ansprache sowie die Präsentation in digitalen Medien nicht statt. Der talentierte Fachkräftenachwuchs wird üblicherweise nicht von sich aus nach Führungspositionen abseits der Ballungsräume suchen. Dies liegt zum einen daran, dass die dortigen Firmen zumeist weniger bekannt als große Konzerne oder namhafte Unternehmen sind, und zum anderen daran, dass die Verlockung der großen Zentren eine vermeintlich höhere Standortattraktivität verspricht als ländliche Regionen.

Wikipedia definiert Mentoring als ein Personalentwicklungsinstrument – insbesondere in Unternehmen, aber auch beim Wissenstransfer in persönlichen Beziehungen –, das auf der Tätigkeit einer erfahrenen Person (Mentorin/Mentor) beruht. Diese gibt ihr fachliches Wissen oder ihr Erfahrungswissen an eine noch unerfahrene Person (Mentee) weiter, teils vermittelt sie auch persönliche Kontakte. Ein Ziel ist es dabei, den Mentee bei persönlichen oder beruflichen Entwicklungen zu unterstützen. Bereiche, die in Mentoringbeziehungen thematisiert werden, reichen von Ausbildung, Karriere und Freizeit bis hin zur Persönlichkeitsentwicklung.

Mentoring als Personalentwicklungsinstrument ist in diesem Kontext besonders geeignet, um Wissenstransfer auf einer persönlichen Beziehungsebene in zwei Richtungen zu initiieren:

- Hochschule → Mentees → Unternehmen (anforderungsorientiert)
- Unternehmen/Mentor → Mentees → Hochschule (bedürfnisorientiert)

Bei der Anforderungsorientierung wird davon ausgegangen, dass Unternehmen einen bestimmten Anspruch an die i. d. R. beruflich noch unerfahrene Person (Mentee) haben, die diesem mangels praktischer Erfahrung noch nicht vollumfänglich entsprechen kann. Durch das gegenseitige Geben und Nehmen bekommen die Mentees durch die Mentorinnen und Mentoren Einblicke in die konkreten Tätigkeiten und Verpflichtungen von Fach- und Führungskräften und können auf diese Weise mit ihrem an der Hochschule erworbenen theoretischen Wissen in eine Managementrolle hineinwachsen.

Im Hinblick auf die Bedürfnisorientierung ergeben sich umgekehrt auch Vorteile für Hochschulen, die über die Mentees und die Mentorinnen und Mentoren direkte Einblicke bekommen, vor welchen aktuellen und zukünftigen Herausforderungen Unternehmen stehen. Hieraus können sich dann Themen für Abschlussarbeiten oder für Dissertationen ergeben.

Motivation für Studierende, an einem Mentoringprogramm teilzunehmen:
– berufliche und persönliche Ziele definieren (Karriereplanung) – berufliche und persönliche Weiterentwicklung – Selbstreflexion – mit Unterstützung aller Mentees, Mentorinnen und Mentoren

- eventuell fachliche und persönliche Defizite identifizieren
- Einblicke in die Strukturen der Berufswelt unterschiedlicher Branchen und Organisationen erhalten
- Einbindung und Mitarbeit in einem Netzwerk, das neue Impulse ebenso wie konkrete Hilfe bieten kann (Praktika, Abschlussarbeiten, Stellenangebote, Karriereförderung etc.)

Mentees erhoffen sich in erster Linie Kontakte und die Verbesserung ihrer sozialen und kommunikativen Fähigkeiten, aber auch Unterstützung und Bestätigung sowie Hinweise zu Defiziten. Hierdurch erhalten sie eine ehrliche Rückmeldung zu ihrer Persönlichkeit, die sie im Freundes- und Bekanntenkreis nicht bekommen würden.

Motivation für Führungspersönlichkeiten, Mentorin oder Mentor zu werden:

- Reflexion der beruflichen und persönlichen Entwicklung
- Gewinnung von neuen Impulsen und Sichtweisen
- Nachwuchs für das eigene Unternehmen/die eigene Institution aufzubauen und zu rekrutieren
- Kontakte zu anderen Mentorinnen und Mentoren aufzubauen

Erfahrungsgemäß ist die Gewinnung von Mentorinnen und Mentoren für ein Mentoring nicht schwierig. Der angesprochene Personenkreis erkennt sehr schnell die Mehrwerte für sich selbst wie auch das Unternehmen, für das er arbeitet. Einerseits wird das eigene Netzwerk außerhalb des gewohnten Geschäftsumfeldes erweitert, andererseits werden die eigenen Kontakte zu Hochschulen verstärkt und es besteht die Chance, ein Jahr lang potenzielle Mitarbeiterinnen und Mitarbeiter (nicht nur die eigene oder den eigenen Mentee) kennenzulernen bzw. für das eigene Unternehmen zu gewinnen.

Eine nicht zu unterschätzende Rolle spielt häufig auch der Wunsch, erworbenes Wissen an die jüngeren Generationen weiterzugeben und selbst das Verständnis für die Denkweisen und Erwartungen junger Menschen zu entwickeln.

Über kurze Bewerbungsvideos können sich Studierende formlos bewerben. Voraussetzungen können etwa der Studienfortschritt und der Mindestnotendurchschnitt sein. Neben einer kurzen persönlichen Vorstellung zur Person sollten diese Videos etwas über die Persönlichkeit, die Motivation für die Teilnahme an einem Mentoringprogramm sowie die Ziele und Erwartungen aussagen. Anhand dieser Videos kann ein Auswahlgremium an der Hochschule eine Vorauswahl treffen. Im Rahmen eines professionellen eintägigen Assessmentcenters unter Leitung eines renommierten Personaldienstleisters wird die Endauswahl vorgenommen. Selbst Bewerberinnen und Bewerber, die in diesem Auswahlverfahren nicht bestehen, profitieren von der Erfahrung, an einem Assessmentcenter teilgenommen zu haben.

Bei dem Finden und der Auswahl von geeigneten Mentorinnen und Mentoren bei interessanten, innovativen Unternehmen kann die Wirtschaftsförderung eine wichtige Rolle einnehmen und als Kooperationspartner der Hochschule fungieren. Wirtschaftsförderungen verfügen über das entsprechende Netzwerk und kennen die Führungsetagen der ortsansässigen Unternehmen i. d. R. bestenfalls persönlich. Unter Berücksichtigung des Fach- und Führungskräftemangels sind viele Geschäftsführungen und Vorstände durchaus aufgeschlossen, sich als Mentorin oder Mentor zu engagieren. Dabei hat die Unternehmensgröße eine untergeordnete Bedeutung. Voraussetzung für die Eignung als Mentorin oder Mentor ist eine leitende Position in einem Unternehmen mit Personalverantwortung bzw. auf Geschäftsführungs- oder Vorstandsebene.

Ein Team aus den Organisatorinnen und Organisatoren und der Personalberatung diskutiert nach dem Assessmentcenter über die möglichst optimalen Tandems aus Mentorin bzw. Mentor und Mentee. Dabei spielen neben geografischen Entfernungen die fachlichen und menschlichen Komponenten eine wichtige Rolle.

Beim Matching spielt es eine untergeordnete Rolle, aus welchen Fachbereichen die Studierenden kommen. Anspruch eines Mentoringprogramms sollte es sein, dass die ausgewählten Mentees mittelfristig das Potenzial für Führungspositionen mitbringen. Das bedeutet: Fachliches Wissen wird vorausgesetzt. Die sogenannten Soft Skills, organisatorische, strategische und führungstechnische Fähigkeiten sowie die eigene Persönlichkeit, treten in den Vordergrund. Der „Blick über den Zaun" in andere Branchen in Kombination mit den (Lebens-)Erfahrungen und Ratschlägen bzw. dem Feedback der Mentorinnen und Mentoren sind nur einige von vielen Vorteilen.

Ein Mentoring gibt keinen Stunden- oder Zeitplan vor, d. h., dass die Tandems hinsichtlich Häufigkeit von persönlichen Treffen bzw. Telefonaten sowie deren Inhalten und Themen völlig frei sind. Empfehlenswert ist mindestes einmal im Monat, aber erfahrungsgemäß findet ein Austausch häufiger statt. Die Organisatorinnen und Organisatoren des Programms stehen im Hintergrund für Fragen zur Verfügung und organisieren i. d. R. zwei Veranstaltungen pro Jahr für alle Mentees, Mentorinnen und Mentoren, um das Gemeinschaftsgefühl zu fördern.

Ein weiterer nicht zu unterschätzender Mehrwert kann durch die frühzeitige Entwicklung eines Alumni-Netzwerks geschaffen werden, d. h., schon vom ersten Durchgang eines Jahrgangs an sollten Mentees für die eigenverantwortliche Organisation und Pflege eines solchen Netzwerks gewonnen werden.

Das kann bedeuten, dass nach zehn Jahren 100 Mentees zwischenzeitlich Jobs bei Unternehmen gefunden haben, die wiederum zum Netzwerk gehören können. Je nach Jahrgangsgruppengröße kommen so in kurzer Zeit mehrere Hundert beteiligte Personen und Unternehmen zusammen. Gleiches gilt für die Mentorinnen und Mentoren, die sich i. d. R. sehr schnell selbst vernetzen. Da alle Mentees alle Mentorinnen und Mentoren über einen langen Zeitraum gut kennenlernen, entstehen bestenfalls langjährige, vertrauensvolle Verbindungen.

Bei den gesamten zuvor beschriebenen Prozessen kommt der Wirtschaftsförderung eine Schlüsselrolle zu. Zunächst einmal kann sie aktiver Initiator eines Mentoringprogramms sein und Hochschulen für die Umsetzung gewinnen. Sie ist Ansprechpartner vor Ort für Unternehmen und Hochschulen, Initiator und Moderator des Prozesses auf regionaler und lokaler Ebene. Auch die Identifizierung und Ansprache geeigneter Mentorinnen und Mentoren liegt zum Großteil bei der Wirtschaftsförderung. Diese Position kann eine Wirtschaftsförderung optimal ausfüllen, wenn sie über die hierfür notwendigen persönlichen und qualifizierten Unternehmenskontakte verfügt. Von den genannten Mehrwerten für Unternehmen, Hochschulen und Studierende profitiert eine Wirtschaftsförderung ebenso wie alle anderen Beteiligten.

10.3 Regionale Verankerung von Hochschulen außerhalb der Ballungsräume

Ein kritischer Faktor für das Gelingen eines Mentoringprogramms ist der Zugang zu einer bzw. – idealerweise – zu mehreren Hochschulen oder Universitäten. Um die physische Distanz zwischen Unternehmen und Hochschulen zu verringern, haben sich Satellitenstandorte als äußerst erfolgreiche Modelle erwiesen. In Regionen, in denen keine eigenen Hochschulstandorte vorhanden sind, können solche Einrichtungen als Brücke zwischen Theorie und Praxis dienen. Die Präsenz von Hochschulen in Form von Satellitenstandorten ermöglicht den direkten Austausch zwischen Studierenden, Forschenden und Unternehmen und fördert so die Innovationskraft und Zusammenarbeit. Als Beispiel hierfür können die Dependance der niederländischen Fontys-Hochschule aus Venlo im Technologie- und Gründerzentrum Niederrhein in Kempen (TZN), aber auch die Präsenz der Hochschule Niederrhein mit dem Innovations- und Zukunftsbüro im Haus der Wirtschaft in Viersen dienen, in dem u. a. die WFG Kreis Viersen angesiedelt ist. Durch diese räumliche Nähe sind kurze Wege und Austausch garantiert. Obwohl die Hochschulen in akzeptablen Entfernungen zu den Unternehmen liegen, ist es wichtig, regional verankert und sichtbar zu sein. Akzeptanz und Zugang für Unternehmen werden hierdurch erheblich erleichtert.

Ein besonders erfolgreiches Modell für die ländlichen Regionen stellt das duale Studium dar. Es kombiniert eine theoretische Ausbildung mit praktischer Erfahrung und ermöglicht es Unternehmen, Fachkräfte frühzeitig an sich zu binden. Besonders in den Regionen, in denen der Fachkräftemangel besonders akut ist, bietet dieses Modell eine attraktive Möglichkeit, Nachwuchskräfte direkt vor Ort auszubilden.

Ein weiterer Vorzug, der sich aus der Zusammenarbeit von Wirtschaftsförderungen mit Hochschulen ergibt, ist der Kontakt zu Studierenden, die auf der Suche nach Unternehmen sind, bei denen sie – ggf. berufsbegleitend – ihre Bachelor- oder Masterarbeit schreiben können. Ein duales Studium in einem realwirtschaftlichen Umfeld bietet eine praxisnahe und zugleich wissenschaftlich fundierte Ausbildung. Ein Beispiel für ein solches Modell ist die Zusammenarbeit zwischen der IST-Hochschule und der WFG Kreis Viersen. Durch diese intensive Zusammenarbeit haben sich im Laufe der Zeit viele Vorteile für beide Beteiligte ergeben. Insbesondere bei der Projektarbeit stehen Wirtschaftsförderungen – wie viele andere Unternehmen der gewerblichen Wirtschaft auch – immer wieder vor der Herausforderung, befristete Teilzeitstellen mit Fach- und potenziellen Führungskräften besetzen zu müssen. Diese Notwendigkeit ergibt sich zumeist aus dem Projektkontext einerseits und den begrenzten Projektarbeitsstunden andererseits. Diese Stellen qualifiziert zu besetzen, ist ausgehend von diesem Stellenzuschnitt eine besondere Schwierigkeit.

Hier eröffnen sich Chancen für Studierende, die sich im Rahmen ihrer Bachelor- oder Masterarbeit für duale, also berufsbegleitende Studiengänge interessieren. Die Kombination aus praktischer Erfahrung und weiterführendem Studium stellt eine attraktive Option dar, insbesondere weil eine ausschließliche Teilzeittätigkeit im Regelfall Freiräume zur weiteren Lebensgestaltung schafft, die mit einem Studium sinnvoll zur persönlichen Weiterentwicklung genutzt werden können. Ein berufsbegleitendes Bachelor- oder Masterstudium ermöglicht es den Studierenden direkt und bestenfalls sogar in unterschiedlichen Fach- und Geschäftsbereichen ihr theoretisches Wissen in der Praxis anwenden und unternehmensfördernde Strategien in einem realen Umfeld entwickeln und erproben zu können. Die praxisnahe Anwendung des erworbenen Wissens führt außerdem dazu, dass die Studierenden frühzeitig in Entscheidungsprozesse eingebunden werden und wertvolle Erfahrungen sammeln können.

Trotz der zahlreichen Vorteile gibt es auch Herausforderungen. Die Kombination von Studium und beruflicher Tätigkeit kann eine hohe zeitliche Belastung darstellen. Um diesen Herausforderungen zu begegnen, können Wirtschaftsförderungseinrichtungen gezielt Kooperationen mit Hochschulen eingehen und Studierenden attraktive Rahmenbedingungen bieten und sie bei der Vernetzung mit Unternehmen unterstützen. Flexibilität seitens der Arbeitgeber und eine gezielte Betreuung der dualen Studierenden sind weitere entscheidende Erfolgsfaktoren.

Anders als in urbanen Verdichtungsräumen liegt eine weitere Herausforderung in der Diversität und Kleinteiligkeit der Wirtschaftsstruktur im ländlichen Raum. Insbesondere kleinere, familiengeführte Unternehmen stehen bei der Rekrutierung von Fachkräften weniger im Fokus von Bewerbern und verlassen sich noch häufig auf konservative Methoden der Personalgewinnung. Entgegen allen Trends ist neben der digitalen die analoge Netzwerkarbeit und das persönliche Vernetzen von Akteuren nach wie vor sehr wichtig. Dies gilt auch für die Kontaktanbahnung von Studierenden und Unternehmen, bei der Wirtschaftsförderungen aktiv unterstützen können, indem sie entsprechende Formate organisieren, sodass Angebot und Nachfrage einander finden können. Die Einbindung junger Talente fördert den Wissenstransfer und stärkt die Wettbewerbsfähigkeit der regionalen Unternehmen. Zudem kann durch die gezielte Entwicklung von Nachwuchskräften aufgezeigt werden, dass auch KMUs in ländlichen Regionen attraktive Karriereperspektiven bieten. Damit kann langfristig die Fachkräftesicherung vor Ort unterstützt werden. Die enge Verzahnung von Theorie und Praxis führt zu einer fundierten Ausbildung und stärkt die Karriereperspektiven der Absolventinnen und Absolventen. Angebote wie ein Mentoringprogramm können zusätzlich dazu beitragen, den Wissenstransfer und die Vernetzung innerhalb der regionalen Wirtschaft zu fördern.

10.4 Allianz für regionales Wachstum

Durch intensive Hochschulkontakte können Wirtschaftsförderungen auch im ländlichen Raum entscheidend dazu beitragen, dass Studierende die Karriere- und Arbeitsmöglichkeiten entdecken und im Hochschulkontext, aber auch im Zusammenspiel mit kommunalen Unternehmen oder anderen öffentlichen Einrichtungen bis hin zu Kommunalverwaltungen Projektideen entwickeln können. All dies trägt dazu bei, Studierende an die Region zu binden, die Wertschöpfung vor Ort zu sichern oder gar zu verbessern und die Attraktivität eines Wirtschaftsstandorts sowie dessen Einkommenssituation zu verbessern.

Für die Zukunft ist es sinnvoll, das Angebot an dualen Studienplätzen weiter auszubauen und die Zusammenarbeit zwischen Hochschulen, Universitäten und Wirtschaftsförderungseinrichtungen zu intensivieren. Eine gezielte Kommunikation der bestehenden Möglichkeiten kann dazu beitragen, dass mehr Studierende und Unternehmen von diesen Programmen profitieren. Damit können duale Masterstudiengänge einen wichtigen Beitrag zur wirtschaftlichen Entwicklung und Fachkräftesicherung leisten. Der individuelle Zugriff auf verschiedene Fachbereiche an Hochschulen ist der

Schlüssel zum Erfolg in Regionen mit einer stark diversifizierten Wirtschaftsstruktur.

Es ist von entscheidender Bedeutung, dass Wirtschaftsförderungen aktiv Netzwerke aufbauen, geeignete Kooperationsformate wie Mentoringprogramme initiieren und gezielt Fördermittel einsetzen, um Hochschulen und Unternehmen nachhaltig miteinander zu verbinden. Nur durch eine enge Zusammenarbeit können ländliche Regionen im globalen Wettbewerb bestehen und den Herausforderungen des demografischen Wandels sowie des Fachkräftemangels erfolgreich begegnen.

Die Rolle der Wirtschaftsförderung für die Innenstadt – Einzelhandels- und Innenstadtentwicklung am Beispiel Wolfsburg

11. Die Rolle der Wirtschaftsförderung für die Innenstadt – Einzelhandels- und Innenstadtentwicklung am Beispiel Wolfsburg

Jens Hofschröer und Verena Scholz, Wolfsburg Wirtschaft und Marketing GmbH

Als alle Generationen ansprechendes Zentrum bildet die Innenstadt das Herzstück einer jeden Stadt. Der Treffpunkt des gesellschaftlichen Zusammenlebens steht allerdings seit mehreren Jahren unter einem enormen Veränderungsdruck. In einer sich rasant verändernden Welt, in der Urbanisierung, gesellschaftliche Bedeutung und Klimawandel zu den größten Herausforderungen zählen, wird eine strategische, nachhaltige Innenstadtentwicklung zu einem zukunftskritischen Schlüsselfaktor. Es geht darum, städtische Räume so zu gestalten, dass sie umweltfreundlich, wirtschaftlich zukunftsfähig und sozial gerecht sind.

„Die Städte als Lebensorte der Menschen, in denen die Disruptionen für jede und jeden ganz konkret erfahrbar werden, müssen umgestaltet und mit lebenswerten Zukunftsaussichten aufgeladen werden. Es wird immer deutlicher, dass diese Aufgabe nur mithilfe gelingender Transformations- und Aushandlungsprozesse erfolgreich sein kann.“ (Bundesvereinigung City- und Stadtmarketing Deutschland e. V. [bcsd] 2023)

1970 war die Porschestraße in Wolfsburg eine vierspurige Straße, und je stärker Wolfsburg wuchs und die 100.000er-Einwohnermarke überschritt, umso mehr wuchs auch der Wunsch nach einer modernen Innenstadt. Der städtebauliche Wandel von einer einst grauen Industrie- und Arbeitersiedlung hin zu einer modernen Freizeit- und Erlebnisstadt war folglich das Kernziel der Stadtentwicklung.

„Gerade für die Stadt Wolfsburg, eine urbane Gemeinde in ausgedehnter Stadtlandschaft mit Grünzonen und Waldgürteln, ist die Schaffung und der Erhalt eines funktionsfähigen, attraktiven und lebendigen innerstädtischen Zentrums von großer Bedeutung“ (Stölzl 2008, S. 360), lautete vor rund 20 Jahren die Handlungsmaxime.

Die Porschestraße, Haupteinkaufsstraße der 87-jährigen Stadt Wolfsburg, hat nach 1970 bereits verschiedene Entwicklungs- und Revitalisierungsphasen erfahren. „Vom Grünen ins Urbane“ wurde zum Motto der Umplanung auf Grundlage eines Masterplans Anfang der

2000er-Jahre. Seit 2005 wuchs mehr und mehr vom Klieversberg das Grün in die Stadt und verfestigte sich in einer grünen Achse, die sich bis zum Endpunkt am Mittellandkanal erstreckt. Einbauten wurden entfernt, ein hochwertiger Granitbelag verwendet, neues elegantes Mobiliar aufgestellt, und ein Boulevard mit großen Platanen hielt Einzug (Stölzl 2008, S. 364). Mit der City-Galerie Wolfsburg, dem phaeno, den Designer Outlets Wolfsburg und der Autostadt gelang es, wichtige Anker mit Magnetfunktion in der Innenstadt zu realisieren und damit die Stadt näher an die Nahtstelle zum Volkswagen Werk heranzurücken.

Heute sieht sich die Stadt einmal mehr herausgefordert, innovative Ideen für die Innenstadtentwicklung zu verfolgen und auszuprobieren. Unter diesem Handlungsdruck verfolgen die Wolfsburg Wirtschaft und Marketing GmbH (WMG) und die Stadtverwaltung gemeinsam mit den Innenstadtakteuren, Politik und Multiplikatoren das Ziel, die Innenstadt zu stärken und zukunftsfest aufzustellen. Wolfsburg bietet dabei als noch junge Planstadt mit ihrem vergleichsweise jungen architektonischen Erbe und ihrer geringen Bebauungsdichte enorme Möglichkeitsräume zur positiven Neuausrichtung der Innenstadt. Dafür bedarf es sowohl zügiger, konkreter und frequenzbringender Maßnahmen als auch Analysen und Konzepte für mittel- bis langfristig wirkende Veränderungsstrategien. Um diese sukzessive in die Umsetzung zu bringen, ist infolge angespannter kommunaler Haushalte auch die erfolgreiche Einwerbung von Fördermitteln und Gewinnung privater Investoren essenziell.

11.1 Das Entwicklungskonzept Innenstadt

Dieser vielschichtigen Transformation des Innenstadtraums begegnete die Stadt mit der Erarbeitung des Entwicklungskonzepts Innenstadt. Dieses wurde in großen Teilen im Rahmen des niedersächsischen Sofortprogramms „Perspektive Innenstadt!“ umgesetzt, mit dem das Land Niedersachsen die Städte und Gemeinden, finanziert durch REACT-EU-Mittel und als Teil der Reaktion der EU auf die COVID-19-Pandemie, bei der Bewältigung der Pandemiefolgen in den Innenstädten unterstützt. Die Projektleitung für die Umsetzung des Sofortprogramms übernahm die WMG mit ihrem Bereich Wirtschaftsförderung. Neben der Umsetzung von Sofortmaßnahmen in Zusammenarbeit mit der Stadtverwaltung bildete das Entwicklungskonzept Innenstadt die konzeptionelle Klammer für weitere

Teilprojekte, die im Rahmen des Förderprogramms initiiert und umgesetzt wurden. In diesen weiteren Projekten wurde der Fokus vor allem auf die Themenfelder Aufenthaltsqualität, Handel, Klimaschutz, Nachhaltigkeit, Digitalisierung, Verkehr sowie Kunst und Kultur gelegt, um innerhalb des kurzen Förderzeitraums ein breites Projektprogramm umzusetzen.

Mit dem Beschluss des aus drei Bausteinen bestehenden Entwicklungskonzepts Innenstadt durch den Rat der Stadt Wolfsburg im September 2024 liegt ein gemeinschaftlich erarbeiteter strategischer Rahmen zur Gestaltung einer lebendigen und attraktiven Innenstadt vor. Die WMG hat federführend von 2021 bis 2024 die Erarbeitung gemeinsam mit der Stadt Wolfsburg und dem beauftragten Planungs- und Beratungsbüro urbanista aus Hamburg übernommen. Der Prozess gliederte sich in drei Phasen: Kompass, Regiebuch und Roadmap. Dabei stellte zunächst der Stadtcheck eine umfassende Bestandsaufnahme und Analyse der Innenstadt dar. Aufbauend auf diesen Erkenntnissen und einem intensiven Beteiligungsprozess, sind als Teile des Entwicklungskonzepts Innenstadt in einem schrittweisen Prozess der Kompass, das Regiebuch und die Roadmap entstanden, die lang-, mittel- und kurzfristig wirken sollen.

Der Prozess der Innenstadtentwicklung umfasste eine größtmögliche Beteiligungsstruktur und wurde und wird nach wie vor gemeinsam mit der Politik, der Stadtverwaltung, den Eigentümerinnen und Eigentümern sowie innerstädtischen Akteuren durchgeführt. So bestand während der Erarbeitung des Entwicklungskonzepts Innenstadt für die Bürgerinnen und Bürger sowie Stakeholder der Innenstadt in verschiedenen Formaten die Möglichkeit, aktiv am Prozess zur Entwicklung der Wolfsburger Innenstadt mitzuwirken. Schließlich sind die Ideen, Vorstellungen und Gedanken eine wichtige Grundlage für eine attraktive und lebendige Innenstadt. Die Innenstadtkonferenz bildete den Startschuss der öffentlichen Beteiligung. In ihrem Rahmen wurde den Bürgerinnen und Bürgern die Möglichkeit geboten, sich vor Ort an verschiedenen Themenstationen mit den Zukunftsperspektiven auseinanderzusetzen. Ergänzend gab es eine Onlinebeteiligung und sogenannte Beteiligungskits für die Bearbeitung in Kleingruppen. Mit dem Innenstadt-Dialog und dem Eigentümertreffen wurden Formate speziell für die Innenstadtakteure bzw. die Eigentümerschaft entwickelt, die im Kontext der Innenstadtentwicklung weiter verstetigt wurden, um diese für die Weiterentwicklung des Stadtzentrums entscheidenden Akteure regelmäßig einzubinden.

11.2 Der Kompass Innenstadt

Der Kompass stellt als langfristige Maßnahme und Vision den ersten zentralen Baustein des Entwicklungskonzepts dar. Als Vision für die Wolfsburger Stadtmitte definiert er die Entwicklung als gesamtgesellschaftliche Aufgabe, um die Innenstadt zu stärken und zukunftsfest aufzustellen. Dabei ist der Kompass als langfristige Orientierung und Argumentationsgrundlage für die kommenden 20 bis 30 Jahre sowie für die Prüfung von privaten und öffentlichen Projekten für die Innenstadtakteure dienlich.

In Zukunft sollen zwei Ebenen den Kompass Innenstadt tragen und den Verantwortlichen der Stadt sowie privaten und zivilgesellschaftlichen Akteurinnen und Akteuren Orientierung bieten. Dafür formuliert der Kompass im ersten Schritt Visionen und Erzählungen für die Innenstadt und im zweiten Schritt konkrete Ziele und Aufgaben. Die Ebenen nehmen dabei gegenseitig Impulse auf, komplementieren sich wechselseitig und versuchen, auf verschiedene Zielgruppen zu wirken. Auf der ersten Ebene wurden drei Teilräume der Innenstadt definiert, die nördliche, mittlere und südliche Innenstadt, denen Zukunftsimpulse unterliegen, die jeweils die Atmosphäre, Schwerpunkte und Perspektiven abbilden. Sie bieten eine langfristige Projektionsfläche, um eine Diskussionskultur über Veränderungen in der Innenstadt anzustoßen.

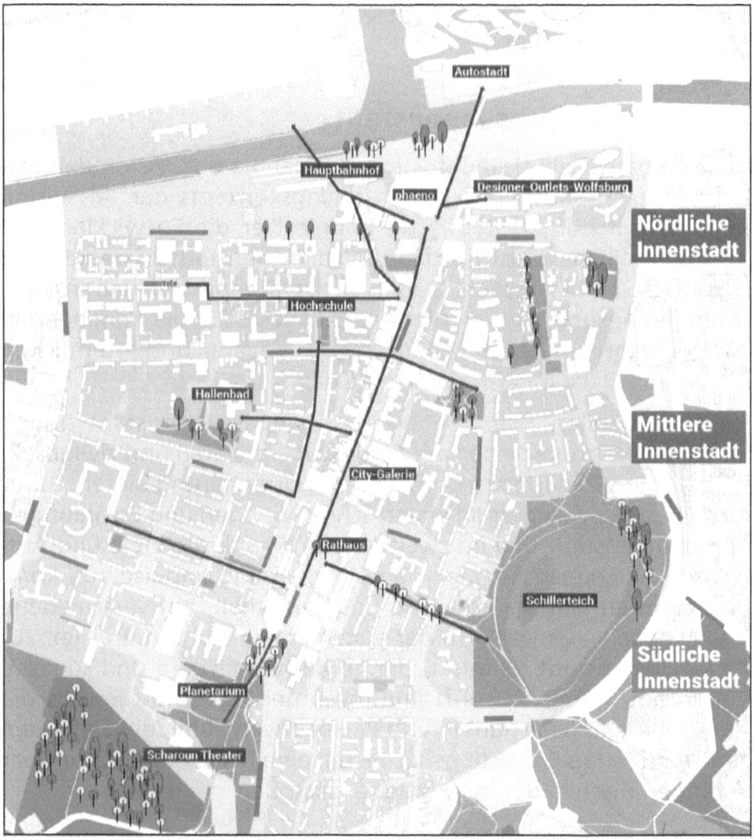

Abbildung 18: Die drei Teilräume der Wolfsburger Innenstadt (Quelle: WMG Wolfsburg)

Auf der zweiten ergänzenden Ebene bildet der Kompass Ziele und Aufgaben mit einer unmittelbaren Wirksamkeit in der Umsetzung von innerstädtischen Vorhaben und Projekten ab. Die acht Ziele, die das Grundgerüst für die zukünftige Ausrichtung der Innenstadt bilden, fokussieren sich vor allem auf die Themenfelder Wohlfühlen, Lebendigkeit, Funktionalität, Handel, Arbeiten und Innovation, Wohnen, Klimaresistenz und nachhaltige Entwicklung der Erreichbarkeit. Auch wenn die Tiefe der Ziele auf den ersten Blick etwas oberflächlich erscheint, war es dennoch ein sehr wichtiger Aushandlungsprozess aller Innenstadtakteure. Insbesondere nach der

Corona-Pandemie wurde die Zukunft des Einzelhandels in einigen Fachdisziplinen sehr kritisch gesehen. Der Aushandlungsprozess führte jedoch dazu, die acht Ziele zu konsentieren.

Bei der Entwicklung von zukünftigen Maßnahmen oder der Umsetzung von Projekten sollen die Ziele fortan berücksichtigt und als Gradmesser genutzt werden. Neben den Zielfeldern wurden die damit einhergehenden Aufgaben inklusive ihrer Auswirkungen auf die Entwicklungsdynamik der Innenstadt festgehalten.

Das Zielgerüst für die zukünftige Ausrichtung der Wolfsburger Innenstadt:

I.	Alle müssen sich in der Wolfsburger Innenstadt willkommen fühlen.
II.	Die Innenstadt muss lebendiger werden.
III.	Die Innenstadt muss funktional mehr leisten.
IV.	Die Innenstadt muss ein Ort des Handelns bleiben.
V.	Die Innenstadt muss sich als Ort der Arbeit und Innovation profilieren.
VI.	Die Innenstadt muss zu einem dichten Wohnstandort mit mehr Einwohner*innen werden.
VII.	Die Innenstadt muss klimaresistent gestaltet werden.
VIII.	Die Erreichbarkeit der Innenstadt muss nachhaltig entwickelt werden.

11.3 Das Regiebuch Innenstadt

Aufbauend auf den Inhalten aus dem Kompass, beinhaltet das Regiebuch eine abgeleitete Umsetzungsperspektive, erste Handlungsstränge und Projektimpulse sowie Strukturen zur Verstetigung des Prozesses. Die jeweiligen Ansatzpunkte und Steuerungsmöglichkeiten liegen bei der Stadtverwaltung und der WMG. Im Gesamtprozess basiert das Regiebuch auf den Ergebnissen des Innenstadtchecks, dem Kompass Innenstadt und den Impulsen aus den Beteiligungsformaten wie der Innenstadtkonferenz und der Innenstadtwerkstatt.

Entsprechend ihrer jeweiligen Zuständigkeiten und Kompetenzen sind fünf Handlungs- und Dynamikbereiche als Handlungsempfehlungen definiert, denen ein Maßnahmenkatalog zugrunde liegt. Die Bereiche reichen von strategischen Rahmenbedingungen über

Handlungsempfehlungen zur Erprobung und Umsetzung von Maßnahmen bis hin zu Empfehlungen zur Aktivierung und Koordinierung des privaten Engagements und Kooperationen. Konkret entsprechen sie diesen fünf Bereichen:

Handlungs- und Dynamikbereiche für die Wolfsburger Innenstadt:

I.	Setzungen von strategischen Rahmenbedingungen.
II.	Lebendige Gestaltung des öffentlichen Raums.
III.	Aktive Erprobung von Nutzungen.
IV.	Aktivierung der Zivilgesellschaft.
V.	Organisation von Kooperation.

Sie verankern das Ziel, die Innenstadt langfristig zu transformieren, indem sie als „Regieanweisungen" die kommunalen Handlungs- und Dynamikbereiche für die Verantwortlichen aufzeigen. In der Funktion eines Handbuchs definiert das Regiebuch somit strategische Grundlagen für die öffentliche Hand, um mittelfristig die Innenstadtentwicklung zu organisieren und zu steuern. Diese umfassen Impulse von rahmengebenden Maßnahmen wie vertiefende kommunale Studien, Konzepte und Gutachten sowie rechtliche Grundlagen, über gestalterische Ansätze bis hin zu organisatorischen Vorgehensweisen, die Kooperationen beflügeln und private und zivilgesellschaftliche Kräfte aktivieren sollen. Die Anzahl verdeutlicht, dass nicht alle Maßnahmen gleichzeitig angegangen werden können, sondern nur als erstes dort umgesetzt werden können, wo sich spezifische Gelegenheiten, Notwendigkeiten und aktuelle Entwicklungen ergeben. Gelegenheiten, die durch Fördermittel, strategische Notwendig- und Abhängigkeiten u. a. im Rahmen konkreter baulicher Vorhaben sowie die Formierung eines breiten Bündnisses entstehen. In all diesen Bereichen wurden bereits erste Anstrengungen und Schritte unternommen, die konkretisiert, strategisch ausgerichtet und abgestimmt sowie verstetigt werden müssen. Bei der weiteren Konkretisierung der Maßnahmen sind neben den Zielen und Aufgaben des „Kompass Innenstadt" auch weitere kommunale Konzepte zu berücksichtigen, die mit entsprechenden intensiven Planungs- und Abstimmungsprozessen verbunden sind. Die Maßnahmenimpulse sind dabei nicht als abschließend zu verstehen, sondern als erster Ansatzpunkt.

11.4 Die Roadmap Innenstadt

Ergänzt werden die beiden Bausteine des Entwicklungskonzepts um die Roadmap, die kurzfristige Projekte und Impulse für Wolfsburg in den kommenden zwei Jahren identifiziert und so zur Verstetigung des Prozesses beiträgt. Die gemeinsame Definition und Priorisierung von acht zentralen Projekten zur Entwicklung der Innenstadt bringt diese Strategie in die konkrete Umsetzung. Unter Einbeziehung aktueller Konzepte und Grundlagen sowie Beteiligung der Stadtverwaltung und Politik werden parallel zu den Projekten auch weitere Maßnahmen kurzfristig umgesetzt, sodass die Innenstadt stetig an Angebotsvielfalt, Attraktivität und Aufenthaltsqualität gewinnen wird. Das ergänzende dritte Teilprodukt des Entwicklungskonzepts priorisiert die folgenden acht Schlüsselprojekte für die Wolfsburger Innenstadt für die nächsten zwei Jahre.

Acht Schlüsselprojekte für die Wolfsburger Zentren bis 2026:

I.	Nordkopfentwicklung
II.	Förderprojekte „Resiliente Innenstädte"
III.	Erbbaurechtsstrategie Porschestraße
IV.	Weiterentwicklung der innerstädtischen Wohnbestände
V.	Nutzungshandbuch Porschestraße inkl. Sofortmaßnahmen
VI.	Verkehrskonzept Innenstadt
VII.	Digitales Parkleitsystem
VIII.	Gründungsförderung Wirtschaftsstandort Innenstadt

Die Festsetzung der Projekte basiert auf der zuvor erfolgten Bestandsaufnahme und Analyse der Innenstadt, dem Kompass Innenstadt und dem Regiebuch. Zusätzlich sind die Ergebnisse der verschiedenen Beteiligungsformate miteinbezogen worden. Sie können künftig als Grundlage für Akquise von Partnerschaften und Fördermitteln innerhalb wie außerhalb der Stadt dienlich sein. In der Folge sind damit die Festsetzung strategischer Maßnahmen, von Kosten/-schätzungen und Zuständigkeiten sowie der Findungsprozess von Kooperationspartnern verbunden, die die angestrebten Transformationen verstetigen. Die WMG schreibt die Roadmap unter Einbeziehung aktueller Konzepte und Grundlagen sowie Beteiligung der Stadtverwaltung und Politik auf Beschluss des Rates fort.

11.5 Schlüsselprojekte der innerstädtischen Entwicklung

Mit Blick auf die priorisierten Zielsetzungen im Rahmen des Entwicklungskonzepts werden die (I) Nordkopfentwicklung und (II) Förderprojekte „Resiliente Innenstädte" im Folgenden näher betrachtet. Die Entwicklung des Nordkopfes besteht aus zwei Teilprojekten, die die Relevanz der Einzelhandels- und Innenstadtentwicklung aufzeigen: Die Gestaltung des Nordkopfquartiers Mitte wird als mischgenutzte Fläche inklusive Neugestaltung des Zentralen Omnibusbahnhofs mit den großflächigen Vorhaben BRAWO City und BRAWO Arkaden der Volksbank BRAWO komplementiert. Bei den Projektentwicklungen der Volksbank BRAWO handelt es sich um private Quartiersentwicklungen, die die Innenstadt zukunftsorientiert aufwerten und Impulsgeber für die lokale Wirtschaft darstellen.

Nordkopfquartier Mitte

Inkludiert in das Entwicklungskonzept steht die Nordkopfentwicklung in Bezug zu allen innenstadtrelevanten Themenfeldern und zahlt auf die bereits vorgestellten Zielfelder des „Kompass Innenstadt" ein. Der Prozess zur Nordkopfentwicklung bringt somit die Vision des Entwicklungskonzepts Innenstadt in eine erste Umsetzung und gibt diesem Teil der Innenstadt eine zukunftsweisende Perspektive. In den nächsten Jahren sollen in diesem Gebiet gemischt genutzte klimafreundliche Quartiere zum Wohnen und Arbeiten realisiert werden, die ein neues Eingangstor an der Nahtstelle zwischen Volkswagenwerk und Stadt bilden. Das Gebiet umfasst den Bereich des Hauptbahnhofs, der Bahnhofspassage und der Porschestraße (siehe Abbildung 18), was die Vernetzung zwischen den touristischen Destinationen und der Innenstadt stärken soll. Dem städtebaulichen Planungsentwurf entsprechend, sollen neben Flächen für Gastronomie und kleinteiligen Handel nachfragegerechte Büroflächen und attraktiver Wohnraum für Arbeits-, Fach- und Führungskräfte sowie Unternehmen entstehen.

Zur Entwicklung einer Grundidee für das Quartier stimmte der Rat der Stadt im Dezember 2023 zu, das dänische Planungsbüro Henning Larsen Architects mit der Erarbeitung von einem städtebaulichen Konzept für das Quartier Nordkopf Mitte zu beauftragen. Am Anfang des Prozesses stand das Beteiligungsformat „48 Stunden

Nordkopf", das vom Planungsbüro begleitet wurde und die Ergebnisse mit in die Erarbeitung von drei städtebaulichen Ideen nahm. In einem zweiten Beteiligungsformat stellten sie die Zwischenarbeitsstände der drei städtebaulichen Ideen für das Quartier vor, welche für das Quartier unterschiedliche Schwerpunkte hinsichtlich der Themen „Verortung des Zentralen Omnibusbahnhofs", „Freiraumgestaltung", „Wegebeziehungen" und „Bauliche Dichten" setzten. Insgesamt drei öffentliche Partizipationsmöglichkeiten wurden angeboten, sodass das Stimmungsbild der Bürgerinnen und Bürger ebenso wie die Rückmeldungen der Stakeholder aus Handel, Politik und Verwaltung in die Gesamtentscheidung eines Expertinnen- und Expertenrates einfließen konnten. Mit Blick auf die nächsten Schritte sind die Schaffung von Planungsrecht und Bauleitplanung sowie die Vermarktung und Investorenansprache von Bedeutung. In diesem Zusammenhang präsentierte die WMG das Projekt auf der internationalen Fachmesse für Immobilien und Investitionen, der EXPO REAL, in München. Im Fokus des Messeauftritts stand die nachhaltige Entwicklung und Aufwertung der Innenstadt inklusive des städtebaulichen Konzepts für das Nordkopfquartier Mitte mit konkreten Investitionschancen.

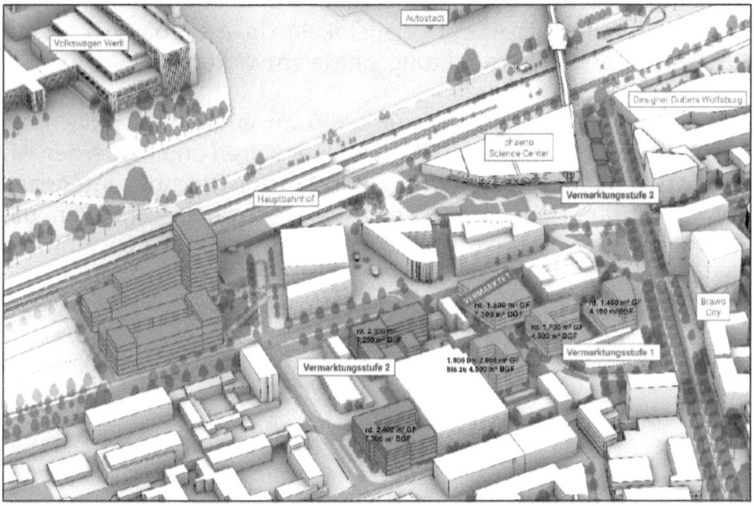

Abbildung 19: Vermarktungsbereich des Nordkopfquartiers Mitte (Quelle: WMG Wolfsburg)

11

In Gesprächen mit Investoren und Projektentwicklern konnten belastbare Vereinbarungen für konkrete Projekte erzielt werden, die zur Stärkung des Wirtschaftsstandorts beitragen.

Einen zentralen Bestandteil der Nordkopfentwicklung bildet das Medical Office, das als erstes Bauvorhaben innerhalb des Quartiers im November 2024 Spatenstich feierte und 2026 fertiggestellt sein soll.

Das Medical Office spielt eine zentrale Rolle im wirtschaftlichen Kontext des Nordkopfquartiers Mitte. Die Nutzungsmischung aus Krankenkasse, Gesundheitsamt, Arztpraxen und Gastronomie trägt zu einer Frequenzsteigerung bei und unterstützt zugleich auch die städtebaulich verfolgte Platzbildung im Bereich der Bahnhofspassage. Ein lokaler privater Investor setzt mit dem Projekt ein bedeutendes Zeichen für die Zukunftsfähigkeit des gesamten Quartiers. Als erstes Bauvorhaben im Nordkopfquartier Mitte wird es als Modell für zukünftige Entwicklungen dienen und dazu beitragen, das Quartier als attraktiven Standort für Unternehmen, medizinische Einrichtungen und private Investoren zu etablieren. Initiator der Projektentwicklung war die Krankenkasse Audi BKK, die auf der Suche nach einem neuen Standort im Bereich des Nordkopfes war und in Zusammenarbeit mit einem lokalen Investor das Projekt auf Flächen der ersten Vermarktungsphase entwickelte.

Auf einer Fläche von insgesamt 1.500 m^2 entsteht demnach ein fünfgeschossiges Bürogebäude, das einer klaren und modernen Architektur entspricht, die sich harmonisch in das Stadtbild integriert. Die Konzeption sieht vor, dass die Audi BKK, zwei Arztpraxen, das Gesundheitsamt und ein gastronomisches Angebot den Komplex beziehen.

Abbildung 20: Medical Office im geplanten Nordkopfquartier Mitte (Quelle: Bühring Architekten)

BRAWO City und BRAWO Arkaden

Die Quartiersentwicklungen fortführend, bilden die BRAWO City und die BRAWO Arkaden einen weiteren bedeutenden Bestandteil. Die Volksbank BRAWO engagiert sich mit diesen Projektentwicklungen für die nachhaltige Aufwertung und Belebung innerstädtischer Bereiche. Die Projekte verfolgen das Ziel, eine moderne und attraktive städtische Infrastruktur zu schaffen, die sowohl kommerzielle als auch wohnwirtschaftliche Nutzungsmöglichkeiten vereint und den urbanen Raum gestaltet. Ein zentrales Anliegen beider Konzepte ist es, die Innenstadt als integrativen Raum zu entwickeln, der den sozialen, kulturellen und wirtschaftlichen Anforderungen einer modernen Stadt gerecht wird.

Demnach vereint die BRAWO City städtische Funktionen wie Wohnen, Arbeiten, Einkaufen und Freizeit, um als urbanes Quartier ein zukunftsfähiges und nachhaltiges Stadtbild zu schaffen. Das Projekt sieht vor, auf einem insgesamt rund 20 ha großen Areal in zentraler Lage sowohl Büro- und Gewerbeflächen als auch eine Vielzahl von Wohnungen zu errichten, was die Anforderungen unterschiedlicher Zielgruppen adressiert. Konkret umfasst das Konzept ein 24-Stunden-Quartier, das mit einem Mix aus Wohnen, Büro, Einzelhandel und Gastronomie sowie durch attraktive Fassaden und eine nutzerorientierte Außenraumgestaltung jederzeit belebt ist. Das zentrale Erkennungsmerkmal des Areals bildet ein 13-geschossiges

Hochhaus, das mit den Hochhäusern in unmittelbarer Umgebung für Gewerbe- und Büronutzung vorgesehen ist und Passanten vom Hauptbahnhof in Richtung Innenstadt leiten soll.

Abbildung 21: Nachhaltige Aufwertung und Belebung der Innenstadt in Form der BRAWO City (Quelle: KSP Engel GmbH)

Neue Wegeverbindungen sorgen für eine städtebauliche Durchlässigkeit des Quartiers und verknüpfen die Porschestraße mit den angrenzenden Quartieren. Die drei Querverbindungen (Ost-West) gliedern die BRAWO City und erleichtern eine schrittweise Umsetzung der Planung in verschiedenen Phasen. Die Vielfalt der Nutzungen kommt auch durch die Fassadengestaltung der Büro- und Wohngebäude zum Ausdruck, die eine belebte städtische Atmosphäre erzeugen. Die Quartiersentwicklung soll nicht nur durch eine moderne, effiziente Architektur überzeugen, sondern auch durch eine nachhaltige, klimafreundliche Bauweise, die sich in das städtische Umfeld integriert und gleichzeitig zur ökologischen und sozialen Weiterentwicklung der Stadt beiträgt. So werden die Gebäude für einen energieeffizienten Betrieb ausgerichtet und verfolgen verschiedene Prinzipien einer zirkulären und ressourcenschonenden Gestaltung. Dachbegrünung sowie hocheffiziente PV-Module auf dem Dach zur Stromerzeugung sind ebenfalls Teil des nachhaltigen Entwurfs. Langfristig gesehen, wird das neue Quartier zu einem zentralen Bestandteil der Wolfsburger Innenstadt werden und eine Schlüsselrolle in der städtischen Entwicklung der kommenden Jahre spielen. Bis zum Baubeginn wird die Fläche der BRAWO City als Erholungs- und Veranstaltungsfläche zwischengenutzt.

Das zweite innerstädtische Großprojekt der Volksbank BRAWO bilden die BRAWO Arkaden, die das Stadtbild in Richtung einer zeitgemäßen Urbanität prägen werden. Die Investition der Volksbank profiliert den Innenstadtbereich als multifunktionalen Raum und generiert einen neuen Anker für Einzelhandel, Gastronomie, Büros und verschiedene Wohnkonzepte. Mit dem Rückbau von Bestandsgebäuden, der Revitalisierung von Flächen als auch Neubauten wurden die BRAWO Arkaden nicht nur als Handelszentrum, sondern auch als Begegnungsort für die Wolfsburger Bevölkerung und somit als Aufwertung des Innenstadtkerns konzipiert. Zudem sollen sie ein Vorzeigeprojekt in den Bereichen Nachhaltigkeit und Mobilität sein. In diesem Zusammenhang sind Mobilitätsstationen für E-Bikes und E-Fahrzeuge geplant, die den Parkplatzbedarf reduzieren sollen.

Mit einem signifikanten architektonischen Erscheinungsbild, einer attraktiven Lage in der Fußgängerzone und einem breiten Spektrum an Einkaufsmöglichkeiten sowie gastronomischen Möglichkeiten sollen die BRAWO Arkaden einen Anziehungspunkt in der Innenstadt schaffen, der zu einem wichtigen und nachhaltigen Bestandteil der urbanen Infrastruktur wird.

Abbildung 22: BRAWO Arkaden (Quelle: StructureLab GmbH/loomn Architekturkommunikation)

11

Insgesamt betrachtet, stellen die BRAWO Arkaden ein zukunftsweisendes städtebauliches Projekt dar, das das Potenzial hat, Wolfsburgs Innenstadt als lebendiges und modernes Zentrum aufzuwerten und gleichzeitig einen wichtigen Beitrag zur regionalen Wirtschaft zu leisten. Das erforderliche Bauleitplanverfahren konnte im November 2024 mit dem Satzungsbeschluss vom Rat der Stadt Wolfsburg erfolgreich abgeschlossen werden. Mit der Fertigstellung des ersten Bauabschnitts der BRAWO Arkaden ist ab 2028 zu rechnen.

Resiliente Innenstädte

Mit der Aufnahme in das Förderprogramm „Resiliente Innenstädte" des niedersächsischen Ministeriums für Bundes- und Europaangelegenheiten und regionale Entwicklung im Rahmen des Europäischen Fonds für regionale Entwicklung (EFRE) kann Wolfsburg mit einer Laufzeit von 2022 bis 2027 Projekte zur Aufwertung der Innenstadt umsetzen. Die Wirtschaftsförderung der WMG unterstützt in diesem Zusammenhang die Stadtverwaltung im Management der mittel- und langfristigen Maßnahmen. Seitens der Stadtverwaltung sind zunächst die ökologische Umgestaltung des Rathausplatzes und des Kleistparks als Projekte in Planung. Neben der Stadtverwaltung können zudem auch Vereine und Initiativen über einen Verfügungsfonds Zuwendungen erhalten. Die Projekte werden unter Berücksichtigung zahlreicher Anregungen im Rahmen von Bürgerbeteiligungen modelliert.

Die Umgestaltung des Rathausplatzes soll einen repräsentativen, lebendigen und vielseitig nutzbaren Raum in der Innenstadt eröffnen sowie Impulse für eine klimagerechte Neuausrichtung setzen. Mit der Erweiterung des bereits bestehenden Potenzials wird künftig der Fokus vermehrt auf die Begrünung und experimentelle Bauweisen gelegt, um die Innenstadt als gesellschaftliche Mitte zu stärken. Ziel ist es, einen Teil der Umgestaltung bis 2027 abgeschlossen zu haben.

Die Grünanlage Kleistpark stellt eine zentrale öffentliche Grünanlage mit wichtiger Erholungsfunktion für die Wolfsburger Innenstadt dar. Im Rahmen des Förderprogramms „Perspektive Innenstadt!" wurde bereits ein Gutachterverfahren zur Umgestaltung des Kleistparks durchgeführt. Mit Mitteln aus dem Förderprogramm „Resiliente Innenstädte" soll, anknüpfend an dieses Ergebnis, eine vertiefende Entwurfsplanung und anschließende Umgestaltung realisiert werden. Ziel ist es, den Kleistpark zu einer „grünen Oase" mit hoher Aufenthaltsqualität sowie vielfältigen Freiraumangeboten zu entwickeln.

Fortschreibung Einzelhandels- und Zentrenkonzept

Eine der zentralen Aufgaben der Wirtschaftsförderung ist die Sicherung und Entwicklung einer zeitgemäßen und zukunftsorientierten Nahversorgung im gesamten Stadtgebiet. Demzufolge fördert und unterstützt die WMG als Bindeglied zwischen Verwaltung, Unternehmen und Projekt-Entwicklern Vorhaben der Nahversorgung und Zentrenentwicklung. Die Sicherung der Nahversorgung wird aufgrund des anhaltenden Strukturwandels und bedingt durch sich verändernde Anforderungen von Nachfrage- und Angebotsseite zunehmend komplexer. Hochwertige Versorgungsangebote und eine breite Angebotsvielfalt sind entscheidend für die Lebensqualität und das Image einer Stadt. Die maßgebliche Orientierungs- und Entwicklungsgrundlage bildet hier wie auch bei allen strukturrelevanten Einzelhandelsvorhaben im gesamten Stadtgebiet das Einzelhandels- und Zentrenkonzept der Stadt Wolfsburg, das 2023 seitens der WMG im Auftrag der Stadt erfolgreich fortgeschrieben wurde. Das Konzept wurde einstimmig vom Rat der Stadt Wolfsburg beschlossen und die WMG mit der Umsetzung des Konzepts beauftragt.

Auch die fortschreitende Wohnbauoffensive sowie die Entwicklungen in der Innenstadt wirken sich direkt auf den lokalen Einzelhandel aus und machen die Fortschreibung des Konzepts als strategische Leitlinie erforderlich. Die Fortschreibung basiert auf einer umfassenden Analyse des Einzelhandelsstandorts Wolfsburg, die eine Befragung zum Einkaufsverhalten sowie in Zusammenarbeit mit lokalen Einzelhändlern die Herkunft der Kunden umfasst. Auf dieser Grundlage formuliert das Konzept Entwicklungsleitlinien und setzt diese mit den im Rahmen der Stadtentwicklung und -planung anzuwendenden Instrumente wie der Festsetzung sog. zentraler Versorgungsbereiche und der Wolfsburger Sortimentsliste um.

Mit der primären Steuerung von Einzelhandelsentwicklungen kommt dem Konzept im Kontext der Entwicklung der Innenstadt und der Stadtteilzentren eine zentrale Bedeutung zu. Gemeinsam mit der Stadtverwaltung wird die Zukunftsfähigkeit der Zentren im Zusammenspiel mit einer ausgewogenen Nahversorgung an tragfähigen Versorgungsstandorten durch die WMG sichergestellt und so nachhaltig eine hohe Lebensqualität in den Stadt- und Ortsteilen ermöglicht.

Literatur- und Quellenhinweise

Bundesvereinigung City- und Stadtmarketing Deutschland e. V. (bcsd), Stadtmarketingorganisationen als Partner im Transformationsprozess der Städte, Positionspapier, Berlin, 2023.

Stölzl, Christoph, Die Wolfsburg-Saga, Theiss, Stuttgart, 2008.

Wirtschaftsförderung der Zukunft: Bruchsal auf dem Weg zum Regional Transformation Accelerator

12

12. Wirtschaftsförderung der Zukunft: Bruchsal auf dem Weg zum Regional Transformation Accelerator

Stefan Huber, Regionale Wirtschaftsförderung Bruchsal GmbH

Wirtschaftsförderungen haben den Auftrag, den Wandel in ihren Städten und Regionen aktiv mitzugestalten. Dies wird anhand des Praxisbeispiels Region Bruchsal deutlich, die sowohl urbane und suburbane als auch ländliche Räume umfasst und insofern stellvertretend für viele Standorte der DACH-Region steht, was Strukturen, Chancen und Herausforderungen angeht. Die Regionale Wirtschaftsförderung Bruchsal (nachfolgend WFG Region Bruchsal) hat, aufbauend auf ihren „klassischen" Aufgaben und Werkzeugen, in den letzten zehn Jahren verstärkt neue Wege beschritten. So entstand im Kraichgau eines der ersten und bislang größten E-Carsharing-Systeme auf dem Land in Deutschland. Eine ehemalige Kaserne wurde zum ersten Wohnquartier umgestaltet, das mit autonom fahrenden Lieferrobotern ver- und entsorgt wird. Ein brachliegendes Hochregallager wurde das Heim eines Vereins, in dem sich Unternehmen und Start-ups Digitalisierung und Transformation gemeinsam zunutze machen. Diese und weitere Projekte machen zwischenzeitig den Großteil des Portfolios der WFG Region Bruchsal aus, die sich damit ein neues Profil als Innovationsagentur verschafft hat.

Eine neue, visionäre Perspektive von Wirtschaftsförderung lässt sich am eigenen, organisationalen Transformationsprozess der WFG Region Bruchsal skizzieren. Aufbauend auf jahrzehntelanger institutionalisierter und interkommunaler Zusammenarbeit, haben die beteiligten Akteure im Kraichgau ein gemeinsames Leitbild der Regionalentwicklung entworfen. Mit der Schaffung des Grundsteins für einen „Regional Transformation Accelerator" wurde die nächste Ebene erreicht.

12.1 Die Wirtschaftsförderung als Treiber der (inter-)kommunalen Entwicklung

Kernauftrag der Wirtschaftsförderung ist es, die Zukunftsfähigkeit des Wirtschaftsstandorts langfristig zu sichern und auszubauen. Sie unterstützt bestehende Unternehmen entlang ihrer Bedarfe und fördert die Ansiedlung und Entwicklung neuer und junger Unternehmen. Durch ihre Aktivitäten erhöht die Wirtschaftsförderung die Attraktivität der Städte und Regionen und leistet damit einen wesentlichen Beitrag zur Daseinsgrundvorsorge in ihrem Wirkungsgebiet: Arbeitsplätze werden geschaffen und gesichert, Fachkräfte und Zukunftstechnologien den Betrieben zugänglich gemacht, Versorgungs-, Bildungs- und Einkaufsmöglichkeiten erhalten, die Handlungsfähigkeit der Kommunen durch Gewerbe- und Einkommensteuer verbessert, mit denen wiederum kommunale Infrastruktur, Kulturangebote und soziale Leistungen finanzierbar bleiben. Kurz: Die Leistungen von Unternehmen und ihren Mitarbeitenden bilden eine wesentliche Grundlage für Wohlstand.

Die Wirtschaftsförderung agiert an der Schnittstelle zwischen Politik, Wirtschaft und Gesellschaft. Sie koordiniert öffentliche und private Akteure, um Rahmenbedingungen zu schaffen, die sowohl der wirtschaftlichen Entwicklung als auch der Lebensqualität der Bevölkerung dienen.

Wie andere Wirtschaftsförderungen erfüllt auch die WFG Region Bruchsal seit ihrer Gründung im Jahr 1987 die „klassischen" Aufgaben einer WFG wie Ansiedlungsmanagement, Bestandspflege, Existenzgründungsförderung und Standortmarketing. Derzeit gehören der WFG Region Bruchsal 18 Gesellschafter an: 16 Städte und Gemeinden, die zusammen rund 80 Prozent des Stammkapitals halten, und zwei Banken. Die „Mitgliedschaft" ist für die Kommunen und Banken freiwillig. Daher liegt Stakeholder-Value-Handeln in der DNA der WFG. Ständig wechselnde sozioökonomische Rahmenbedingungen gibt es – wie überall – auch im Kraichgau. Die WFG macht diese Veränderungen sich und dem Standort zunutze. Sie sieht sich als der Treiber eines permanenten Changeprozesses in der Region. In dieser Rolle setzt sie zukunftsweisende Impulse in Bereichen wie Digitalisierung, Nachhaltigkeit und Fachkräftesicherung und erfindet sich dabei selbst permanent (fast täglich) neu.

12.2 Die Region Bruchsal im Profil

Die Region Bruchsal liegt in Baden-Württemberg, inmitten der großen Wirtschaftsräume Rhein-Neckar, Heilbronn-Franken, Stuttgart und Karlsruhe. Sie ist Heimat von rund 200.000 Menschen und 5.000 Unternehmen. Bruchsal ist mit knapp 50.000 Einwohnern größte Einzelkommune und Mittelzentrum der Region.

Abbildung 23: Lage der Wirtschaftsregion Bruchsal im „Bermudadreieck" (Quelle: Regionale Wirtschaftsförderung Bruchsal GmbH)

Naturräumlich gehört die Region zum Oberrheintal und zum Kraichgau. Dies begründet die besondere Lagegunst: Hier befindet sich der Kreuzungspunkt zwischen den europäischen Verkehrs- und Entwicklungskorridoren Rotterdam-Genua („Blaue Banane" nach Roger Brunet) und Paris-Wien („Magistrale"). Zu verdanken ist dieser Umstand dem Kraichgauer Hügelland, dem einzigen Abschnitt zwischen Frankfurt und Basel, in dem der Rheingraben nicht durch schwer überwindbare Mittelgebirge eingefasst ist. Hier konnte sich ein leistungsstarker West-Ost-Korridor ausbilden.

Die Region selbst zeichnet sich durch eine diversifizierte Branchenstruktur aus. Sie macht widerstandsfähig gegenüber konjunkturellen Schwankungen und Entwicklungen einzelner Wirtschaftszweige. Zu den Schwergewichten gehören international agierende Unternehmen wie SEW-Eurodrive, einer der führenden Anbieter in der Antriebstechnik, und John Deere, ein globaler Pionier in der Landmaschinentechnik. Die unmittelbare Nähe zur SAP, dem größten europäischen Softwareunternehmen, stärkt die wirtschaftliche Position der Region ebenso wie Treiber von Weltinnovationen wie der weltweit beachtete Elektro-Flugtaxi-Pionier Volocopter mit Hauptsitz in Bruchsal. Neben Großunternehmen prägen zahlreiche mittelständische Betriebe das wirtschaftliche Profil der Region. Wichtige Branchen sind der Maschinenbau, Elektrotechnik, IT und Dienstleistungen.

12.3 Erfolgsfaktoren im „Bermudadreieck" großer Wirtschaftsregionen

Die WFG Region Bruchsal agiert aus einer geografischen Lage zwischen starken Metropolregionen heraus. Diese Sandwichposition bringt sowohl Herausforderungen als auch enorme Chancen mit sich. In einer solchen Zwischenlage – nennen wir sie „Bermudadreieck" – verschwindet man leicht von der Bildfläche. Umgeben von strahlenden, größeren Nachbarstädten besteht die Gefahr, als Marke bzw. Standort übersehen zu werden. Das eigene Standortmarketing kann nur mit sehr viel Aufwand im nationalen oder gar internationalen Maßstab eine eigenständige Sichtbarkeit erreichen. In der Region Bruchsal gibt es keine Universität, keine Hochschule, keine außeruniversitären Forschungsinstitute. Auch herausragende, oberzentrale Freizeiteinrichtungen wie Opernhäuser, Fußballbundesligastadien und Ähnliches sucht man in den 16 Gemeinden der WFG vergebens.

Aber die Region hat Schnittstellenfunktion. Bruchsal und der Kraichgau haben es geschafft, sich als wirtschaftsstarke, eigenständige Region zu behaupten. Als kleiner Spieler unter großen gelingt dies – auch anderswo in Deutschland – immer dann, wenn man sich seine

Stärken bewusst macht und die durchaus vorhandenen Akteure vor Ort in einen ehrlich gemeinten, langfristigen Beteiligungsprozess mitnimmt. Dann wird aus Jammern Machen, aus Kleinreden Stolz, aus Verwalten Gestalten, aus Festlegen Verbinden.

Banales Beispiel, wie ein solcher Mindshift allein in der Kommunikation eine andere Perspektive eröffnet: Bruchsal hat nicht ein Opernhaus, sondern gleich sechs renommierte Opernhäuser im Umkreis von nur einer Stunde Fahrzeit. Im selben Radius gibt es mehr als rund 40 Hochschulen und drei Bundesligisten. Und schon wird das Bild einer „eingeklemmten" Region durch das einer „Spinne im Netz" ersetzt, die je nach Bedarf das Beste für sich, seine Bürgerinnen und Bürger und Unternehmen herausholen kann.

Ein solcher Wandel im Bewusstsein und in der Wahrnehmung kann gelingen, wenn er orchestriert wird. Wer, wenn nicht die Wirtschaftsförderung, sollte hierbei den Lead übernehmen? Lead i. S. v. Primus inter Pares und einem strategischen Ansatz folgend, aus dem Entscheidungen und innovative Projekte gemeinsam abgeleitet werden.

Die Erfolgsfaktoren der WFG Region Bruchsal zusammengefasst:

- Ausüben einer Brückenfunktion: Bruchsal hat seine geografische Sandwichlage genutzt, um sich als dynamische Drehscheibe, Schnittstelle und Brückenbauer zwischen den großen, sich gegenseitig konkurrierenden Wirtschaftszentren zu positionieren.
- Fokus auf Innovation und Digitalisierung: Dank der gezielten Förderung von Zukunftstechnologien und Innovationsprojekten ist die Region Bruchsal heute in bestimmten Bereichen der Digitalisierung, Industrie 4.0 und nachhaltigen Mobilität führend. Diese Profilierung muss auf Dauer angelegt sein und greifbare, zählbare Ergebnisse hervorbringen.
- Vielfalt in der Wirtschaftsstruktur: Die Kombination aus international agierenden Konzernen, starkem Mittelstand und aufstrebenden Start-ups bietet eine ausgewogene wirtschaftliche Basis. Diversität wird gezielt gefördert, um die Resilienz der Region zu stärken und sie weniger anfällig für Krisen zu machen.
- Interkommunale Institution: Langfristige, gemeinschaftliche Regionalentwicklung braucht Akteure, die institutionalisiert zusammenwirken. Im Kraichgau ermöglicht dies die WFG Region Bruchsal. In Aufsichtsrat und Gesellschafterversammlung ent-

scheiden Bürgermeisterinnen und Bürgermeister als Vertretungen der einzelnen Kommunen sowie Bankvorstände gemeinsam und nach klaren Spielregeln über den interkommunalen Weg. Vision, Commitment und Zukunftsprojekte werden mit den erforderlichen Ressourcen ausgestattet. Kirchturmpolitik findet kaum noch statt.

- Netzwerke nach außen: Die Zusammenarbeit mit überregionalen Wirtschaftsförderungen und Netzwerken wie der TechnologieRegion Karlsruhe (TRK) und der Metropolregion Rhein-Neckar (MRN) ermöglichen, Synergien zu nutzen und gemeinsam im Verbund große Themen, Projekte und Programme anzugehen. Nach dem Motto: Klein braucht Groß und Groß braucht Klein. Das Feld der Kooperation muss dabei fortlaufend austariert werden und besprechbar bleiben. Ebenso ist es von großer Bedeutung, die spezifischen Interessen der Partner zu kennen und belastbare persönliche Kontakte aufzubauen.
- Attraktivität für Fachkräfte: Mit der Devise „bezahlbare Lebensqualität" kann sich eine Region wie Bruchsal im Wettbewerb um die besten Köpfe behaupten. Alle oberzentralen Funktionen sind in der Nachbarschaft erreichbar, und vor Ort genießen Unternehmen und Einwohnerschaft Natur, kurze Wege und weitere Vorzüge kleiner Gemeinden. Dank der Sandwichposition sind hier z. B. auch Dual Career Services für qualifizierte Fachkräfte deutlich besser abbildbar als in einem auf ein einzelnes Oberzentrum (mit ggf. Branchenmonostruktur) ausgerichteten Wirtschaftsstandort.
- Fokus auf Mittelstand und Hidden Champions: Innovationsförderung und Weiterbildungsangebote sollten zuvorderst dem ortsansässigen Mittelstand nützlich sein. Großunternehmen haben im Wirtschaftsgefüge zwar eine dominante, förderliche Funktion für viele weitere Zulieferbetriebe, aber auch mehr Ressourcen in Form von F&E-Abteilungen oder firmeneigene Räume für Innovation und Start-ups.

12.4 Die WFG Region Bruchsal: Treiber von Veränderung und Motor der regionalen Entwicklung

Die WFG Region Bruchsal ist zentraler Akteur der wirtschaftlichen Entwicklung in der Region Bruchsal. Mit einem klaren Fokus auf ihre Kernaufgabe – die gezielte Förderung der Wirtschaft – hat sie sich als innovativer Impulsgeber und treibende Kraft für Veränderung etabliert:

- „Spinne im Netz" – Vernetzer und Koordinator: Die WFG agiert als verbindendes Element zwischen Unternehmen, Kommunen, Institutionen und Bürgern. Sie schafft Netzwerke, fördert Kooperationen und nutzt Synergien, um gemeinsame Projekte erfolgreich umzusetzen. Durch ihre koordinierende Funktion sorgt sie dafür, dass alle relevanten Akteure an einem Strang ziehen und zukunftsweisende Lösungen entwickeln können.
- Anstifter und Initiator: Mit proaktiven Impulsen und visionären Ansätzen setzt die WFG innovative Projekte in der Region um. Sie initiiert Projekte, um sowohl die Lebensqualität als auch die wirtschaftliche Wettbewerbsfähigkeit der Region zu fördern, und überführt diese für den Betrieb entweder in geeignete bestehende oder neue Institutionen oder aber übernimmt den Betrieb in Eigenregie.
- Mitspieler und Partner auf Augenhöhe: Die WFG arbeitet eng mit lokalen Unternehmen, Bildungseinrichtungen und Verwaltungen zusammen und versteht sich dabei als Partner auf Augenhöhe. Gemeinsam mit den Akteuren der Region entwickelt sie maßgeschneiderte Lösungen, die sowohl den wirtschaftlichen Erfolg als auch den gesellschaftlichen Mehrwert steigern.

Dieses Rollenbild ermöglicht es der WFG, flexibel auf sich wandelnde Bedürfnisse von Stakeholdern, Unternehmen und weiteren Systemumwelten einzugehen. Und aus diesem Selbstverständnis heraus hat die WFG Region Bruchsal in den letzten Jahren eine Reihe von Leuchtturmprojekten initiiert und umgesetzt – darunter auch „ungewöhnliche" Vorhaben in dem Sinne, dass sie nicht ins klassische Portfolio einer WFG passen oder traditionelle Tätigkeitsfelder auf neue Art und Weise bedienen.

„Stunde null" des damit verbundenen Regionalentwicklungsprozesses war die Einberufung des „Zukunftsforums Wirtschaftsregion Bruchsal" durch die WFG Region Bruchsal im Jahr 2013. Rund 100 Top-Entscheidungspersonen aus den Bereichen Wirtschaft, Bildung, Verwaltung, Soziales, Kultur und Sport – das Who's who des Kraichgaus – wirkten mit und begaben sich in mehreren Tomorrow Camps auf eine gemeinsame Reise in die Zukunft. Systemische und agile Methoden kamen zum Einsatz: u. a. SWOT-Analyse, From-Here-to-There, Fishbowl, Hummel-Methode. Die Beteiligung aller gesellschaftlichen Gruppen erzeugte ein intensives Wir-Gefühl für die Region. Handlungsfelder und konkrete Maßnahmen wurden abgeleitet. Die daraus resultierende Zukunftsstrategie wurde in themenbezogenen Expertengruppen weiter durchbuchstabiert und in ihrer Umsetzungsphase von den Stakeholdern nicht nur begleitet, sondern auch mitgetragen.

Die nachfolgenden Projekte sind direkt oder indirekt aus dem Zukunftsforum hervorgegangen. Sie lassen sich als Good Practices von und in jeder anderen Wirtschaftsregion Deutschlands realisieren. Die Themen werden dabei vielleicht andere sein – z. B. weil die Mitspieler in der jeweiligen Region andere Ressourcen, Skills und Interessen mitbringen. Im Fall der WFG Region Bruchsal zahlen die Projekte allesamt auf die zentralen Handlungsfelder der Regionalentwicklung ein: Mobilität, Fachkräftesicherung und Innovation.

ZEO Carsharing – Mobilität als Standortfaktor

ZEO Carsharing hat die Region Bruchsal zum Vorreiter für nachhaltige Mobilität gemacht. Gemeinsam mit rund 30 Partnerorganisationen aus Verwaltung und Wirtschaft realisierte die WFG Region Bruchsal das deutschlandweit größte Elektro-Carsharing-System im ländlichen Raum. In 18 Städten und Gemeinden besteht bereits seit dem Jahr 2016 ein flächendeckendes Ausleih- und Ladeangebot für Bürgerinnen und Bürger, Unternehmen, aber auch Vereine und soziale Einrichtungen. Eine breite Fahrzeugpalette vom Kompaktwagen bis zum Umzugstransporter bedient alle Mobilitätsbedarfe.

Neben der positiven Klimawirkung verbessert ZEO Carsharing die Lebensqualität und Verkehrsinfrastruktur – und wurde damit zu einem wichtigen Alleinstellungsmerkmal und Standortfaktor der Region. Womit klar wird: Nachhaltige Mobilität in der Fläche zählt zu den künftigen Kernaufgaben der Wirtschaftsförderung – auch andernorts.

Es dient zudem als ein Paradebeispiel dafür, wie Zukunftskonzepte und -technologien trotz anfänglicher Widerstände auch im ländlichen Raum Einzug halten können. Deutschland ist in weiten Teilen noch „Carsharingwüste": Mangels kritischer Masse liegt Marktversagen vor. Für rein private Investoren und Betreiber lohnt sich Autoteilen im ländlichen Raum in aller Regel (noch) nicht.

Die WFG Region Bruchsal hat sich mit dieser Situation nicht abgefunden und stattdessen einen Fahrzeugstellerverbund in öffentlich-privater Partnerschaft gebildet. Firmen investierten selbst in die Mobilitätsinfrastruktur. Sie bringen ebenso wie die Kommunen eigene Elektroautos in einen regionalen Carsharingpool ein. Den Betrieb aller 71 Stationen vergibt die WFG Region Bruchsal per europaweiter Ausschreibung an professionelle Anbieter.

Abbildung 24: ZEO Carsharing: flächendeckende nachhaltige Mobilität dank öffentlich-privater Partnerschaft (Quelle: Regionale Wirtschaftsförderung Bruchsal GmbH)

ZEO Carsharing wurde vom Land Baden-Württemberg und der EU mehrfach als Erfolgsmodell prämiert. Der Ansatz lässt sich auf jede andere Region übertragen: Fehlende Attraktivität und Nachfragemasse wird durch Kooperation kompensiert. Reichen die Ressourcen der öffentlichen Akteure allein nicht aus, können Unternehmen in die Finanzierung eingebunden werden. Motivatoren für sie sind dabei Sichtbarkeit, Image und die Erreichung betrieblicher Nachhaltigkeitsziele.

Das Konzept zeigt außerdem, dass es nicht ausreicht, Partner A mit Partner B zusammenzubringen und dann zu hoffen, dass es „schon irgendwie laufen" wird. Wer Neuland betritt, weiß: Es braucht eine Leading Organization, die über die Initiierung hinaus die Systemintegration und falls nötig auch die Gesamtverantwortung für den Betrieb übernimmt. So hat die WFG Region Bruchsal ZEO Carsharing nicht nur angestoßen, sondern dauerhaft die Federführung für dieses innovative Mobilitätssystem übernommen. Ohne diese „Rollenannahme" der Wirtschaftsförderung hätten die hiesigen Fachkräfte und Unternehmen bis heute noch kein zeitgemäßes Angebot für nachhaltige Mobilität. Mehr Infos: www.zeo-carsharing.de

EfeuCampus – wenn der Paketbote nicht mehr klingelt

Als weiteres von der EU prämiertes Leuchtturmprojekt im Bereich der nachhaltigen Mobilität hat die WFG mit Partnern aus Forschung, Wirtschaft und Verwaltung den EfeuCampus auf den Weg gebracht. Seit 2017 entstand auf einem ehemaligen Kasernenareal in Bruchsal ein modernes Stadtquartier, das emissionsfrei ver- und entsorgt wird. In einem Quartiersdepot werden Pakete und sonstige Waren sowie Müll angeliefert. Dort werden sie auf kleine, eigens konstruierte Lieferroboter umgeschlagen, die autonom im öffentlichen Raum fahren. Dieses Reallabor für die Zukunft der Güterlogistik auf der ersten und letzten Meile ist deutschlandweit einmalig. Beteiligt ist ein sektorenübergreifendes Konsortium u. a. mit dem Karlsruher Institut für Technologie und der SEW-Eurodrive, das die WFG mobilisiert hat. Die Projektträgerschaft wurde nach der Startphase für Umsetzung und Betrieb an die Stadt Bruchsal übertragen, die wiederum die Tochtergesellschaft EfeuCampus Bruchsal GmbH gegründet hat.

EfeuCampus zeigt, wie kleine bzw. mittelgroße Regionen mit benachbarten Metropolen konstruktiv und für beide Seiten gewinnbringend zusammenwirken können: Im Verbund mit der Technologieregion Karlsruhe wurden umfangreiche Fördermittel für EfeuCampus eingeworben. Umgekehrt gelang es Karlsruhe dank kommunal getragenen Innovationsprojekten wie EfeuCampus, sich als Innovationsregion europaweit zu positionieren.

Ein EU-Leuchtturmprojekt wie EfeuCampus wirkt sich positiv auf das Image aus. Bruchsal und die Region werden neu wahrgenommen und heute mit autonomen Lieferfahrzeugen in Verbindung gebracht. Andere Cluster und Initiativen schließen daran an und suchen von sich aus die Kooperation. So wurde Bruchsal dank EfeuCampus z. B. Teil des Testfelds autonomes Fahren des Landes Baden-Württemberg.

Aus Wirtschaftsförderungssicht ergibt sich aus forschungsintensiven Projekten wie EfeuCampus neben der Profilschärfung auch ein wertvoller Wissenstransfer, der Zulieferbetrieben der beteiligten Projektpartnern und letztlich der gesamten Region zugutekommt: Das im Reallabor entstandene Technik- und Methodenwissen wird von der EfeuAkademie proaktiv an Dritte weitergegeben. Und schließlich ermöglicht es die Wirtschaftsförderung, indem sie derartige Vorhaben startet und orchestriert, dass sich Unternehmen mit wissenschaftlichen Instituten vernetzen und Zugang zu Forschungsergebnissen und Fördermitteln erhalten. Mit den gemeinsam generierten Projektergebnissen können sie sich neue Märkte und Tätigkeitsfelder erschließen. Mehr Infos: www.efeucampus-bruchsal.de

HubWerk01 – ein total analoger Ort im digitalen Zeitalter

Das HubWerk01 ist das Zentrum für Transformation und Digitalisierung der Region Bruchsal. Seit 2019 bietet es Firmen, Start-ups und sonstigen Organisationen in einer brachliegenden Industriehalle Impulse, Inspiration und Netzwerkmöglichkeiten. Es wurde unter Federführung der WFG Region Bruchsal ins Leben gerufen. Dafür wurde zusammen mit zunächst sechs weiteren Organisationen eine eigene Trägerorganisation gegründet: der Digital Hub Region Bruchsal e. V. Die Rechtsform eines Vereins haben die Partner bewusst gewählt, um zu verdeutlichen: Dies ist kein Zentrum *für* Unternehmen, sondern ein Zentrum *der* Unternehmen. Rund 80 Mitglieder unterschiedlichster Branchen und Größe unterstützen sich seither gegenseitig auf ihrem Weg in und durch die Digitalisierung. Unternehmen treffen Start-ups, Kreative, Jugendliche und Forschende in der Kaffeeküche, auf Events und weiteren Angeboten des HubWerk01, tagtäglich und auf Augenhöhe. Projektgruppen entstehen fortlaufend, um gemeinsam an Lösungen für die Zukunft zu arbeiten. Das Hubwerk01 ist ein physischer Ort und ein Netzwerk, um technologische und wirtschaftliche Transformation aktiv zu gestalten.

Abbildung 25: HubWerk01: Von der Industriebrache zum Schmelztiegel für Transformation (Quelle: WFG)

Auch mit dem HubWerk01 ging die Region neue Wege: Die WFG und ihre Partner haben sich nach eingehender Markt- und Zielgruppenanalyse für die Einrichtung eines „Schmelztiegels" entschieden, anstatt ein reines Gründerzentrum zu bauen. In Letzterem sitzen üblicherweise „nur" Start-ups, für die die Wirtschaftsförderung als Mietpreisbremse und Vermittler von Know-how und ersten Kunden fungiert. Demgegenüber bietet das HubWerk01 allen Zielgruppen – sowohl Start-ups als auch etablierten Unternehmen – Inspiration, Impulse, Kontakte und vieles mehr.

Der Ort des HubWerk01 könnte symbolträchtiger nicht sein: Das Transformationszentrum ist in Industriehallen des ehemaligen Siemensgeländes beheimatet. Der Technologiekonzern war einst mit über 7.000 Beschäftigten größter Arbeitgeber und Aushängeschild der regionalen Wirtschaft. Es folgte ein tiefgreifender Strukturwandel, der nach mehreren Jahrzehnten im Jahr 2012 in der Schließung des Standorts mündete. Nach dem Weggang von Siemens gelang es der Stadt und der WFG Region Bruchsal, junge Technologieunternehmen anzusiedeln. Mit der TRIWO AG wurde ein neuer Eigentümer und Betreiber gefunden, der die Industriebrache als Technopark langfristig weiterentwickelt. Das HubWerk01 befördert diesen Changeprozess: Das Transformationszentrum liegt mitten im Technopark und bietet den ringsum ansässigen Betrieben vielfältige, fußläufige Möglichkeiten der persönlichen Vernetzung und Inspiration über den eigenen Tellerrand hinaus.

Der Trägerverein und seine Mitgliedsunternehmen fördern junge Tech-Teams, die sich im HubWerk01 entwickeln können. Ein Beispiel hierfür ist Alpha Protein, eine Hightechausgründung aus dem Karlsruher Institut für Technologie. Das Start-up ist vor fünf Jahren mit einem dreiköpfigen Gründerteam ins Hubwerk01 eingezogen. Es beschäftigt heute bereits 25 Mitarbeitende. Sie entwickeln automatisierte, klimafreundliche Anlagen für die Proteinproduktion auf Insektenbasis. Die Unterstützung durch das Ökosystem war und ist für das Wachstum des Start-ups wesentlich: Ein erster Prototyp wurde in den Hallen des HubWerk01 gebaut, Mitgliedsunternehmen haben Kapital und technische Komponenten beigesteuert. WFG und Hubmanagement vernetzten das Start-up mit Investoren. Heute steht es kurz davor, eine erste industrielle Mehlwurmaufzuchtanlage zu realisieren. Erste zusätzliche Flächen außerhalb des HubWerk01 wurden angemietet. Der nächste Schritt steht in Kürze an: der Kauf des ersten eigenen Gewerbegrundstücks in einer ländlichen Gemeinde der Region. Dort soll in einigen Jahren eine der bundesweit ersten automatisierten Proteinproduktionen anlaufen, verbunden mit entsprechender Wertschöpfung, zusätzlichen Arbeitsplätzen und Steuereinnahmen.

Das HubWerk01 trägt in seiner DNA, dass die wirtschaftliche Transformation nicht isoliert von einzelnen Akteuren gelingen kann. Wirtschaftsförderung wird zum entscheidenden Bindeglied zwischen Unternehmen, Bildungseinrichtungen, Kommunen und Gesellschaft. Sie schafft die nötigen Räume und Strukturen, um Transformation als permanenten Prozess in der Region und für alle Akteure diskriminierungsfrei zugänglich zu verankern.

Konkrete Angebote stellen z. B. das Tomorrow Camp und die KI-Challenge dar. Die WFG und ihre Partner setzen diese Workshop- und Kursformate gezielt in der Bestandspflege ein, um Unternehmen und ihre Teams fit die Zukunft zu machen.

Um das regionale Innovationsökosystem noch stärker in den Umlandgemeinden zu verankern, wurde vor Kurzem der erste Satellitenstandort des HubWerk01 eröffnet: das HubWerk02 in Kronau. Mehr Infos: www.hubwerk01.de

InnoPartner – ziemlich beste Freunde

Die klassische Existenzgründungsförderung gehört selbstredend zum Angebotsspektrum der WFG Region Bruchsal. Im HubWerk01 finden Gründungsinteressierte günstige Räume und direkte Zugänge zu Kapital, Geschäftspartnern und Kunden.

Die WFG Region Bruchsal geht aber einen Schritt weiter: Sie vernetzt mittelständische Unternehmen mit Start-ups gezielt und proaktiv. Entlang der Bedarfe der Unternehmen werden Entwicklungspartnerschaften angestoßen. Hierfür hat die WFG im Jahr 2021 das Regionsgrenzen überschreitende Projekt „InnovationsPartnerschaften Kraichgau" konzipiert und gestartet. Auch in diesem Fall nicht im Alleingang: Projektpartner sind die Wirtschaftsförderung des Rhein-Neckar-Kreises, das HubWerk01 und die innoWerft Walldorf. Die Ausgangslage: Mittelständische Unternehmen bilden das wirtschaftliche Rückgrat im ländlichen und suburbanen Raum Baden-Württembergs. Auch der Kraichgau beheimatet zahlreiche Technologie- und Marktführer. Diese kleinen und mittelständischen Unternehmen haben jedoch zunehmend Probleme, Schritt zu halten. Ihre konventionellen Methoden der Produktentwicklung und Innovation reichen im digitalen Zeitalter nicht mehr aus – Stichwort Kundennähe oder unternehmensinterne Entwickler. Für technologische Durchbrüche und neue Geschäftsfelder brauchen sie disruptive Lösungen. Die hierfür benötigten Kompetenzen und Methoden und das benötigte Know-how können von vielen Unternehmen nicht inhouse abgebildet werden.

Start-ups wiederum bringen genau das mit: Sie verfügen über Agilität, Kreativität und Technologiekompetenz. Ihnen fehlt wiederum oftmals der erfahrene Partner, um ihre Produkte zu skalieren und im Markt zu platzieren.

Vor diesem Hintergrund können Entwicklungstandems von Mittelständlern und Start-ups die Stärken beider Seiten kombinieren – und „ziemlich beste Freundschaften" knüpfen. Derart gewinnbringende Kooperationen und Synergien entstehen freilich nicht von allein. Eine Marktanalyse der WFG aus dem Jahr 2021 ergab, dass der überwiegende Teil der Betriebe im Kraichgau vor dem Start des Projekts InnoPartner noch keinerlei Erfahrung in der Zusammenarbeit mit Start-ups hatten.

Abbildung 26: Systemische Regionalentwicklung: Akteursbeteiligung im Fishbowl-Format (Quelle: WFG)

Die Vorteile von InnoPartner für Mittelständler:

- Zugang zu neuen Technologien und Ideen
- Steigerung der Wettbewerbsfähigkeit
- Förderung des kulturellen Wandels im Unternehmen

Vorteile für Start-ups:

- Erfahrungswissen und Infrastruktur: Etablierte Unternehmen bieten wertvolles Prozess- und Produktions-Know-how.
- Finanzielle Unterstützung durch erfolgreiche, kapitalstarke Mittelständler aus der Region
- Marktzugang: Start-ups profitieren von den bestehenden Netzwerken und Kunden des mittelständischen Tandempartners.

Die Rolle der Wirtschaftsförderung ist auch bei InnoPartner die eines Brückenbauers, um die Verbindung der beiden Akteursgruppen Mittelstand und Start-ups herzustellen.

Die Vorgehensweise von InnoPartner stellt sich wie folgt dar:

- Phase 1: Bewusstseinsbildung: In Veranstaltungen und auf Social Media bekommen mittelständische Unternehmen „Lust auf

Start-ups". Zentrales Veranstaltungsformat sind zweimal im Jahr Netzwerktreffen. Werkzeuge der systemischen Organisationsentwicklung wie Fishbowl, Start-up-Rallye und Transform-Challenge bringen die teilnehmenden Unternehmensvertreter und Start-ups in eine aktive Rolle.

- Phase 2: Konzeption: Mit Unternehmen, deren Interesse an einer Start-up-Kooperation geweckt wurde, arbeiten die InnoPartner dann in einem Kurzworkshop eine konkrete, zentrale Problemstellung heraus.
- Phase 3: Scouting: Die InnoPartner suchen nach passenden Start-ups, die das Anforderungsprofil erfüllen. Bundes- und weltweit werden Datenbanken, Inkubatoren, Gründerzentren und Wirtschaftsförderungen zurate gezogen. Aus einer Long List wird eine Short List entwickelt und schließlich das optimale Start-up-Team ausgewählt.
- Phase 4: Initiierung: Das ausgewählte Start-up wird mit dem fallbringenden Unternehmen „verheiratet". Hierfür reicht es nicht, einfach die Kontaktdaten zu vermitteln. Die WFG moderiert das initiale Treffen, in dem gemeinsame Projektziele und Meilensteine definiert werden.
- Phase 5: Umsetzung: Das Projekt startet. Die beiden Tandempartner sind „autonom". Die Wirtschaftsförderung misst lediglich den Fortschritt und kommuniziert Erfolge nach außen.

Mehr Infos: www.innopartner-kraichgau.de

Sprungbrett Ausbildung – alles für den Fachkräftenachwuchs

„Sprungbrett Ausbildung" ist eine Initiative, mit der die WFG dem Fachkräftemangel in der Region aktiv entgegenwirkt. Ziele sind

- jungen Menschen die optimale Berufsorientierung zu bieten und
- Betriebe bei der Gewinnung von Auszubildenden und Studierenden bestmöglich zu unterstützen.

In einer Zeit, in der viele Unternehmen händeringend nach qualifizierten Fachkräften suchen, bietet dieses Projekt eine wertvolle Plattform und konkrete Angebote, um die Verbindung zwischen Unternehmen und potenziellen Auszubildenden herzustellen. Wichtige Stakeholder und Multiplikatoren sind neben Jugendlichen und Unternehmen auch Schulen, Lehrkräfte, Eltern, Jugendzentren,

Amtsblätter, Kammern, Innungen und die Arbeitsagentur. Sie alle haben an der Entstehung von „Sprungbrett Ausbildung" mitgewirkt und identifizieren sich entsprechend stark mit der regionalen Initiative. So gelingt es, dass seit 2016 alle relevanten Akteure bei der Sicherung des Fachkräftenachwuchses an einem Strang ziehen.

Flaggschiffevents sind zwei Ausbildungsmessen im Jahr mit rund 4.000 Besuchern. Darüber hinaus organisiert die WFG Azubi-Speeddatings, digitale Elternabende und Online-Praktikumsbörsen.

Ebenso wird jährlich der New:Mobility Award ausgeschrieben. An diesem Wettbewerb können Schülerinnen und Schüler aller Schularten ab der 7. Klasse kostenfrei teilnehmen. Sie entwickeln in kleinen Teams Mobilitätslösungen, die technologischen Fortschritt mit Klimaschutz und gesellschaftlicher Relevanz verbinden. Begleitet werden sie dabei von je einem Patenunternehmen aus der Region: Es stellt seine Lehrwerkstatt, Material und Azubis zur Verfügung, die beim Bau eines Prototyps unterstützen. Die Sieger inklusive Unternehmen werden bei der Prämierungsveranstaltung öffentlichkeitswirksam in Szene gesetzt.

Auch hier zeigt die Erfahrung: Ohne Zutun der Wirtschaftsförderung finden solch notwendige Verbindungen nicht statt oder werden nicht dauerhaft gelebt. Formal geschlossene Kooperationen von Schulen und Unternehmen gab es zwar schon zuvor, bei genauem Hinsehen ist aber ein Großteil davon nicht mit Aktivitäten und persönlichem Austausch hinterlegt. Daher nehmen Schulen und Lehrkräfte den Impuls der WFG und die damit verbundene Möglichkeit dankbar an, mit „echten" Betrieben aus der Umgebung in Kontakt zu kommen und die Zusammenarbeit dank der professionellen, strukturierten Form in den Lehrplan zu integrieren.

Z-Lab – Talentschmiede für übermorgen

Die WFG und ihre Partnerorganisationen der Region legen einen besonderen Fokus auf MINT-Qualifikationen. Unternehmen und technische Hochschulen bemängeln seit vielen Jahren, dass im Schulsystem diese Fächer nicht ausreichend behandelt werden. Schulabgängern, Studienanfängern und Berufseinsteigern fehlen wichtige Kompetenzen und meist auch das Interesse. Unternehmen tun sich folglich immer schwerer, Stellen in gewerblich-technischen Berufen zu besetzen.

Seit 2016 organisiert die WFG Jugendtechnikkurse, bei denen Schülerinnen und Schüler in Betriebe gehen und dort ein technisches Projekt realisieren. Dies geht weit über das Betriebspraktikum im Rahmen der üblichen Berufsorientierung hinaus und beinhaltet eine Zusammenarbeit mit den Azubis des jeweiligen Betriebs und eine didaktische Vor- und Nachbereitung.

Ein zweiter Baustein kam mit Fischertechnik hinzu. In den Jahren 2019 und 2020 stattete das HubWerk01 mit finanzieller Unterstützung von WFG und Karlsruher Technik Initiative (Technika) Schulen in der Region mit Fischertechnik-Sets aus. Lokale Arbeitgeber wurden als Sponsoren akquiriert, Lehrkräfte und technikaffine Eltern leiten seither Fischertechnik-AGs, in denen getüftelt und für Wettbewerbe trainiert wird.

Der Big Point gelang jedoch erst mit der Ansiedlung des Z-LAB. Dabei handelt es sich um ein vom Land Baden-Württemberg anerkanntes außerschulisches Forschungszentrum, das Kinder und Jugendliche für MINT-Fächer sowie Bildung für nachhaltige Entwicklung begeistert. Z-LAB steht für Zukunftslabor und wird von der Auerbach Stiftung getragen. Über 10.000 Kinder und Jugendliche nehmen jedes Jahr die Angebote des Z-LAB wahr. Dank der privaten Stiftung fallen aktuell für Schulen, Teilnehmende und Kommunen keine Kosten an. Sitz ist das HubWerk01 in Bruchsal. Hierdurch entsteht ein zusätzlicher reger Austausch zwischen Schülerinnen und Schülern, Start-ups und den Unternehmen im Hubwerk01.

Mit Angeboten wie Drone Soccer und dem „Begeisterbus“ – einem mobilen Klassenzimmer – bringt das Z-Lab praxisorientierten Unterricht in die Schulen, in die Bibliotheken und auf die Marktplätze der Region. Der MINT-Unterricht der Lehrkräfte wird so wirkungsvoll ergänzt und vertieft. Offene Tüftlertreffs finden an festen Wochentagen im HubWerk01 statt. Schülerinnen und Schüler dieses außerschulischen Lernorts lernen Technologie und naturwissenschaftliche Themenfelder im Wortsinn spielerisch.

Das Z-LAB fungiert als Talentschmiede für künftige Fachkräfte in den Betrieben. In der Region Bruchsal besteht somit ein lückenloses Angebot an MINT-Förderung entlang der „Wertschöpfungskette“, von der Grundschule bis zum Karrierestart.

Die WFG arbeitet mit der Auerbach Stiftung Hand in Hand. Wichtige Langfristziele sind die Einrichtung eines MINT-Clustermanagements, das alle MINT-Angebote der Region vernetzt und das von der öffentlichen Hand und Unternehmen getragen wird.

12.5 Wirtschaftsförderung der Zukunft: Vision und Herausforderungen

Künftige Herausforderungen für die Wirtschaftsförderung

„Wird Baden-Württemberg das Ruhrgebiet des 20. Jahrhunderts?" Diese Frage stellten führende Wirtschaftsgeografen bereits in den 1990er-Jahren mit Blick auf die vermeintliche Abhängigkeit des Bundeslandes vom Fahrzeugbau. Heute, ein Vierteljahrhundert später, scheint diese Frage aktueller denn je. Die Industriegeschichte lehrt: Keine Branche ist unabkömmlich, keine unersetzbar. Spätestens als Technologien, Arbeitsplätze und Wettbewerbsfähigkeit nur noch mit Lobbyismus und staatlichen Eingriffen wie dem Kohlepfennig zu erhalten waren, war das Ende nicht mehr weit. Ein Festhalten an Altbekanntem wird in der Phase des strukturellen Niedergangs tradierter Industriezweige und deren Bedeutung für das Gesamtsystem oft überschätzt – und es wird dabei gleichzeitig übersehen, dass sich neue Wachstumsfelder als Kompensatoren auftun. Die Wirtschaftsförderung muss beides im Blick haben – und diesen permanenten Wandel ohne „blinden Fleck" beobachten und mit geeigneten Impulsen und Interventionen aktiv gestalten.

Wirtschaftsstandorte können sich resilient aufstellen und einseitige Abhängigkeiten vermeiden. Die Branchenmonokulturen des 20. Jahrhunderts haben ausgedient. Diversifizierung bietet die größte Resilienz und Zukunftsfähigkeit von Städten und Regionen.

Was braucht es konkret dafür? Zunächst die gelebte Erkenntnis der Handelnden in Verwaltung und Politik, dass der Mittelstand als Rückgrat vieler Wirtschaftsstandorte in besonderer Weise im Fokus stehen muss. Er sieht sich mit zunehmend komplexen Anforderungen konfrontiert, die von den großen gesellschaftlichen und technologischen Umwälzungen unserer Zeit geprägt sind. Megatrends wie Digitalisierung und KI, Klimawandel, Urbanisierung, Gendershift und demografischer Wandel stellen Unternehmen vor immense Aufgaben. Die eigenen Ressourcen und Skills reichen im Mittelstand oft nicht mehr aus, um Schritt zu halten:

- Digitalisierung und Automatisierung: Die Einführung neuer Technologien und die Integration digitaler Geschäftsmodelle sind für viele mittelständische Unternehmen essenziell und chancenreich, aber auch herausfordernd.

- Fachkräftemangel und demografische Veränderungen: Der Rückgang der Zahl erwerbsfähiger Menschen und die Abwanderung in urbane Zentren erfordern disruptive Ansätze zur Fachkräftesicherung und -gewinnung.
- Nachhaltigkeit und Ressourcenschonung: Nachhaltige Produktionsweisen und regionale Wirtschaftskreisläufe sind gefragt, um langfristig wettbewerbsfähig zu bleiben.
- Mobilität und Erreichbarkeit: Dicht besiedelte Städte und unterversorgte ländliche Räume müssen Lösungen entwickeln, um Menschen und Güter klimafreundlich zu bewegen und die Erreichbarkeit aller Substandorte zu sichern.
- Smart Region: Diejenigen Regionen werden erfolgreich sein, die eine vernetzte digitale Welt im regionalen Maßstab schaffen, die auch für Menschen und Unternehmen attraktiv ist und Hürden wie Bürokratie abbaut.

Städte und Gemeinden spielen auch in Zukunft eine zentrale Rolle im Standortökosystem. Sie sind Träger, Auftraggeber und gleichzeitig Umsetzungspartner für Wirtschaftsförderungsprojekte. Und sie stehen selbst vor einem tiefgreifenden Transformationsprozess. Klimaschutz, Digitalisierung, Sicherheit, Integration und Fachkräftemangel betreffen die Rathäuser selbst, als Arbeitergeber und öffentliche Unternehmen. Wie die Unternehmen der Privatwirtschaft müssen auch Städte und Gemeinden Verwaltungsstrukturen und Arbeitsweisen fortlaufend an neue Herausforderungen anpassen und die Grundlage für Wachstum schaffen. Dies erfordert ein anderes Mindset im Rathaus, gerade auch in Bezug auf den Umgang mit den Unternehmen als Kunden.

Disruptives Denken und die Bereitschaft der Wirtschaftsförderung, etablierte Muster jeden Tag aufs Neue aufzubrechen, sind notwendig, um die wirtschaftliche Entwicklung einer Region nachhaltig zu gestalten und innovative Ansätze erfolgreich umzusetzen.

Wirtschaftsförderung neu gedacht: Regionaler Transformation Accelerator

Als Big Picture für die Zukunft der Wirtschaftsförderung hat die WFG Region Bruchsal gemeinsam mit regionalen Partnern einen

Regional Transformation Accelerator (RTA), zu Deutsch: einen Regionalen Transformationsbeschleuniger, entworfen. Dieser stellt die regionale Wirtschaftsförderung in den Mittelpunkt der Regionalentwicklung. Er gestaltet die Veränderung aktiv, nimmt unablässig Impulse und Megatrends von außen auf, arbeitet diese in sehr kurzer Zeit in den regionalen Kontext ein und setzt dann entsprechende Impulse für das „Gesamtsystem Wirtschaftsregion". Der RTA hält seine Stadt bzw. Region dauerhaft und nachhaltig fit für die Zukunft und ermöglicht es, schneller als andere Standorte auf Veränderungen zu reagieren.

Abbildung 27: Regional Transformation Accelerator (schematische Darstellung) (Quelle: Regionale Wirtschaftsförderung Bruchsal GmbH)

Als Gestalter wird die regionale Wirtschaftsförderung unterstützend tätig und tritt aktiv als Mitspieler bei unterschiedlichen Themenfeldern auf, die für die Entwicklung einer Wirtschaftsregion relevant sind. Dazu gehört die sektorenübergreifende Zusammenarbeit zwischen Verwaltung, Unternehmen sowie Bildungs- und

Kultureinrichtungen, um sowohl wirtschaftliche als auch gesellschaftliche Ziele zu erreichen.

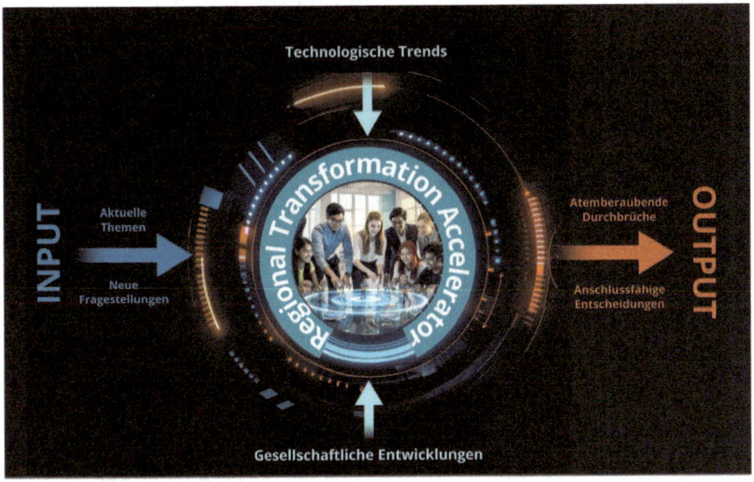

Abbildung 28: Regional Transformation Accelerator: Wirtschaftsförderung als Beschleuniger von Standortinnovationen (Quelle: Regionale Wirtschaftsförderung Bruchsal GmbH)

Gute Gründe für die Einrichtung eines Regional Transformation Accelerators (RTA)

- Neue Anforderungen und Grenzen des Mittelstands: Unternehmen kämpfen mit technologischen Umbrüchen und der Geschwindigkeit, in der sich diese vollziehen. Vielen mittelständischen Betrieben fehlen die Ressourcen, um neue Technologien wie KI, datengetriebene Geschäftsmodelle oder Automatisierung schnell genug zu integrieren. Plattformen und Netzwerke eines RTA erleichtern ihnen den Zugang zu diesen Technologien und begleiten sie in der Umsetzung.
- Transformation als Gemeinschaftsaufgabe: Die wirtschaftliche Transformation kann nicht isoliert von einzelnen Akteuren gelingen. Der RTA verbindet Unternehmen, Bildungseinrichtungen, Kommunen und weitere gesellschaftliche Gruppen und ermöglicht durch die Einbeziehung unterschiedlicher Perspektiven bessere Entscheidungen.

- Resilienz als Grundlage für die Zukunft: Eine zentrale Aufgabe der regionalen Wirtschaftsförderung ist es, die Resilienz der Wirtschaft zu erhöhen. Unternehmen müssen auch in tiefgreifenden Veränderungsprozessen – sei es durch technologische, gesellschaftliche oder politische Umbrüche und Krisen – handlungsfähig bleiben. Der RTA schafft die dafür notwendigen Rahmenbedingungen durch Vernetzung und Austausch, Förderung zukunftsorientierter Geschäftsmodelle und die Stärkung lokaler und regionaler Strukturen.

- Neue Unternehmen als Motoren für Innovation und Wachstum: Eine gesunde Wirtschaftsstruktur lebt auch davon, dass regelmäßig neue Unternehmen am Standort entstehen oder sich von außen ansiedeln. Start-ups bringen frische Ideen, Innovationen und unternehmerisches Potenzial mit, das auch alteingesessene Unternehmen bereichern kann, wenn die Region dafür eine geeignete Plattform in Form eines RTA für Austausch und Transfer zur Verfügung stellt.

Erfolgsfaktoren für die Wirtschaftsförderung der Zukunft

Zukunftsfähige Wirtschaftsregionen benötigen Menschen, die in der Lage sind, Transformationsprozesse aktiv zu gestalten. Die Wirtschaftsförderung muss in Bildung und Weiterbildung in Schlüsselbereichen wie Digitalisierung, Nachhaltigkeit und Innovationsmanagement investieren – und auch beim Recruiting ganz neue Wege gehen. Die Gestalter in den Wirtschaftsförderungen der 2030er-Jahre werden keine Verwaltungsfachleute sein, sondern Transformation Pioneers: Sie können nicht anhand ihrer Fachkenntnisse, sondern müssen nach Mindset, Netzwerk- und Digital Skills ausgewählt werden. Zusätzlich ist der konsequente Einbezug junger Menschen in einem RTA entscheidend: Die Perspektiven und Ideen der nächsten Generationen sind nicht nur wertvoll, sondern unerlässlich, um Transformationen erfolgreich umzusetzen. Kinder, Schülerinnen und Schüler, Auszubildende und Studierende, Young Professionals – sie alle können mobilisiert und motiviert werden. Die WFG Region Bruchsal tut dies z. B. in TomorrowCamps-Workshops, Wettbewerbjurys, Reverse-Pitches, Hackathons u. v. m.

Abbildung 29: Tomorrow Camp: Zukunftsmodellierung mit agilen Methoden wie Lego Serious Play (Quelle: WFG)

Auch KI zählt zu den wichtigsten Erfolgsfaktoren eines RTA. KI bietet enormes Potenzial, Prozesse effizienter zu gestalten, Daten gezielt zu nutzen und innovative Geschäftsmodelle zu entwickeln. Die Wirtschaftsförderung muss für den Aufbau eines RTA selbst KI einsetzen und Unternehmen und Verwaltungen dabei helfen, die Weiterentwicklung ihrer KI-Anwendungen zu beschleunigen.

Agilität im Denken und Handeln: In einer sich ständig wandelnden Welt ist Agilität essenziell. Agile Tools versetzen die Wirtschaftsförderung und ihre Partner in einem RTA in die Lage, flexibel zu agieren, Entscheidungen schnell zu treffen, jederzeit aber wieder zu hinterfragen und Maßnahmen dynamisch anzupassen.

Die Wirtschaftsförderung muss vor allem aber Methoden der systemischen Organisationsentwicklung anwenden. So lassen sich Wechselwirkungen erkennen und Lösungen anschlussfähig machen. Purpose-driven Organizations sind nachweislich erfolgreicher als Mitbewerber, denen ein großes Leitbild fehlt. Das gilt künftig auch für Wirtschaftsregionen.

Systemische Organisationsentwicklung als Hebel der Wirtschaftsförderung

Ein zentraler Aspekt für die erfolgreiche Umsetzung der regionalen Wirtschaftsförderung als RTA ist der systemische Ansatz. Dieser basiert darauf, den Standort als komplexes Ökosystem zu verstehen (Stichwort: *„die Region als nichttriviales System"*). Die Wirtschaftsförderung ist ein wichtiger Teil der Umwelt und steht mit dem System Standort ebenso in vielfältiger Interaktion wie die weiteren Teile Unternehmen, Verwaltung, Bürgerschaft etc.

Entscheidend für den Erfolg eines Standorts ist bereits heute die Frage, wie schnell er sich auf neue Gegebenheiten – Chancen wie Risiken – einlassen und die richtigen Entscheidungen treffen kann. Dieses Prozessieren von Inputs, Möglichkeiten und letztendlich abgeleiteten Interventionen und Maßnahmen ist alles andere als trivial. Denn im Gegensatz zu Maschinen, die die Systemtheorie als trivial einstuft, ist der Standort ein soziales Gefüge und somit nichttrivial: Ein bestimmter Input von außen erzeugt nicht immer und schon gar nicht wiederholbar einen vorhersagbaren Output.

Das regionale Management muss mit Megatrends und sozioökonomischen Herausforderungen umgehen. Die besondere Komplexität dieser Aufgabe besteht darin, dass die Wirtschaftsförderung zwar als eigenständige Organisation, aber nicht wie ein einzelnes Unternehmen agieren kann. „Fremde" Organisationen und unterschiedlichste Stakeholder mit ihren jeweiligen Perspektiven, Erwartungen und Zielen müssen einbezogen werden. Dies stellt aber weniger eine Last dar, sondern eine große Chance. Vorausgesetzt, das Miteinander, die regionale Zusammenarbeit ist so aufgesetzt, dass alle Akteure am Standort an einem Strang ziehen oder, wie der Systemiker sagt, einen gemeinsamen Purpose haben. Ein RTA funktioniert durch das intelligente und zielgerichtete Zusammenspiel aller Akteure und Subsysteme – Wirtschaft, Bildung, Kultur, Gesundheitswesen, Vereine, Freizeit und Verwaltung – dann kann nachhaltige Transformation gelingen.

Systemischer Ansatz in der Wirtschaftsförderung

Eine Wirtschaftsregion ist mehr als die Summe ihrer Unternehmen. Sie wird geprägt von der Lebensqualität, den sozialen Strukturen und den Angeboten, die den Menschen vor Ort zur Verfügung stehen. Bildungseinrichtungen, kulturelle Angebote, ein funktionierendes Gesundheitssystem und attraktive Freizeitmöglichkeiten sind ebenso entscheidend für die Attraktivität einer Region wie wirtschaftliche Faktoren. Die WFG Region Bruchsal sieht ihre Aufgabe in diesem Ökosystem darin, die Verbindungen und Wechselwirkungen zwischen den einzelnen Subsystemen zu fördern und den Gesamtprozess quasi als „Process Owner" zu begleiten. Die WFG bringt in den RTA die ganzheitliche Perspektive ein, stellt ausreichend Raum für Reflexion und Anpassung zur Verfügung und fördert den Dialog und die Partizipation der verschiedenen Stakeholder.

Schlussbetrachtung: Wirtschaftsförderung der Zukunft – Transformation gestalten

Die Vision der regionalen Wirtschaftsförderung als Regional Transformation Accelerator beschreibt eine zentrale Rolle in der Gestaltung von Transformationen und der Schaffung resilienter, innovativer und nachhaltiger Wirtschaftsregionen. Dieser Ansatz ist besonders für Flächenbundesländer wie Baden-Württemberg von Bedeutung, in denen sowohl urbane Zentren als auch ländliche Räume durch die Wirtschaftsförderung gleichermaßen unterstützt werden müssen. Die viel beschriebenen sozioökonomischen Umbrüche unserer Zeit – aber auch die Umbrüche künftiger Zeiten – können mit einem systemischen Ansatz der Regionalentwicklung aufgegriffen und in Chancen umgewandelt werden.

Während urbane Wirtschaftsförderungen oft auf hochdynamische Ökosysteme mit dicht vernetzten Akteuren zugreifen können, müssen ländliche Wirtschaftsförderungen stärkere Impulse setzen, um Netzwerke aufzubauen und Kooperationen zu fördern. Hier fehlt oft die kritische Masse, um dauerhaft und wirtschaftlich tragfähig Innovationen zu verankern. Regionen wie Bruchsal, die im „Bermudadreieck" zwischen den Metropolregionen liegen, zeigen jedoch, wie suburbane und ländliche Wirtschaftsförderungen als Katalysator für Innovationen wirken können.

Projekte wie das Hubwerk01 oder ZEO Carsharing in Bruchsal bündeln schlummernde regionale Potenziale und erreichen überregionale Strahlkraft. Der Fokus auf systemisches Denken und innovative Ansätze macht Bruchsal zu einem Modell für Wirtschaftsförderung im ländlichen Raum.

Die regionale Wirtschaftsförderung der Zukunft ist mehr als ein Dienstleister – sie ist Gestalter und „Process Owner", der mit Weitsicht, Agilität und einer klaren Vision die Transformation von Regionen vorantreibt. Ein Regional Transformation Accelerator stellt ein Konzept der regionalen Zusammenarbeit dar, das es erlaubt, mit der Komplexität der Organisationen und Megatrends best- und schnellstmöglich umzugehen und „gute" Entscheidungen für den Standort zu treffen.

Die dahinterstehende Vision ist nicht nur ein Leitbild, sondern eine notwendige Antwort auf die komplexen Herausforderungen unserer Zeit. Mit den angestoßenen bzw. umgesetzten Projekten, den Erfolgsfaktoren und einem systemischen Ansatz zeigt die WFG Region Bruchsal, wie diese Vision schrittweise in die Realität umgesetzt werden kann – ein Modell, das auch für andere Regionen wegweisend sein kann.

Strategie. Wandel. Wirkung. – Interne Steuerung und Weiterentwicklung bei KölnBusiness

13. Strategie. Wandel. Wirkung. – Interne Steuerung und Weiterentwicklung bei KölnBusiness

Dr. Manfred Janssen und Markus Mill, KölnBusiness Wirtschaftsförderungs-GmbH

13

Dieses Kapitel untersucht die Chancen der strategischen Weiterentwicklung der kommunalen Wirtschaftsförderung und die Bedeutung von Organisationsstrukturen sowie die Steuerungsmethoden dafür. Vor dem Hintergrund tiefgreifender globaler Herausforderungen wie Klimawandel, Digitalisierung und demografischem Wandel wird deutlich, dass kommunale Wirtschaftsförderungen vor der Aufgabe stehen, sich sowohl an kurzfristige Schocks als auch an langfristige Transformationen anzupassen. Es wird dargelegt, wie moderne Wirtschaftsförderungen ihre Rolle als aktive Gestalter in einem dynamischen und zunehmend komplexen Umfeld wahrnehmen können.

Die Anpassungsfähigkeit an schockartige Veränderungen wie die Covid-19-Pandemie hat gezeigt, dass Wirtschaftsförderungen oftmals ad hoc reagieren müssen, häufig mit begrenzten Mitteln. Dabei mussten Aufgaben übernommen werden, die vorher nicht zum etablierten Aufgabenspektrum zählten. Ein Praxisbeispiel dafür ist z. B. die schnelle Einrichtung von Hotlines für verunsicherte Unternehmen. Dies verdeutlicht, dass Anpassungsfähigkeit keine Option mehr ist, sondern eine grundlegende Voraussetzung, um wirtschaftliche Strukturen vor Ort nachhaltig abzusichern.

Der Schwerpunkt des Kapitels liegt auf der Fähigkeit, strategisch zu planen, interne Strukturen anzupassen und Führungskulturen zu entwickeln, die sowohl Krisen durch kurzfristige Reaktionen und strukturellen Wandel durch langfristige Strategien bewältigen können. Klimawandel, demografischer Wandel und Digitalisierung sind die zentralen Determinanten, die diesen Strukturwandel treiben und von Wirtschaftsförderungen proaktives Handeln verlangen. Hier treten Wirtschaftsförderungen zunehmend als Architekten des Wandels auf, indem sie strategische Antizipation und innovative Ansätze verfolgen.

Darüber hinaus wird der Einfluss von Managementmethoden und Frameworks auf die Leistungsfähigkeit von Wirtschaftsförderungen erläutert. Kooperationen spielen zunehmend auch eine zentrale Rolle, denn die Herausforderungen, vor denen Kommunen stehen, können nur im Schulterschluss mit verschiedenen Akteuren bewältigt werden. Durch die Bündelung von Ressourcen, Wissen und Netzwerken können signifikante Effekte erzielt werden, die die Resilienz und Innovationskraft der lokalen Wirtschaft nachhaltig stärken.

Im Kern geht es um die Frage, wie Wirtschaftsförderungen durch innovative und kooperative Ansätze zur nachhaltigen Entwicklung und Resilienz ihrer Kommunen und Regionen beitragen können. Dabei müssen sie die Balance zwischen den dynamischen Anforderungen der Unternehmen und den oft formalen Strukturen der Verwaltung finden, um glaubwürdige Partner in der lokalen und regionalen Entwicklung zu sein. Dies erfordert nicht nur flexible, sondern auch zukunftsorientierte Strukturen innerhalb der Wirtschaftsförderung, die im Folgenden näher betrachtet werden.

13.1 Organisationsentwicklung: Wandel als Normalität

In einer komplexen und dynamischen Umwelt werden flexible Organisationsstrukturen immer wichtiger. Veränderungsprozesse bedürfen eines strukturierten Managements, insbesondere durch eine gezielte Stakeholderkommunikation, Mitarbeiterbeteiligung und eine kontinuierliche strategische Begleitung.

Ein Praxisbeispiel hierfür ist die Schaffung des neuen Teams Einzelhandel und Gastronomie bei der KölnBusiness Wirtschaftsförderung. Diese Branchen waren zuvor keine Zielgruppe des Amts für Wirtschaftsförderung und auch bei der Gründung der neuen GmbH nicht als solche vorgesehen. Während der Covid-19-Pandemie wurden diese beiden Wirtschaftsbereiche jedoch besonders schwer getroffen, was eine gezielte und strukturierte Förderung erforderlich machte.

Daraufhin wurde ein interdisziplinäres Team zusammengestellt, das sich dieser Herausforderung annahm und wichtige Maßnahmen in diesem Bereich umsetzte. Das Team arbeitete mit der agilen Methode OKR, auf die später noch näher eingegangen wird, und erzielte iterativ Erfolge. Aufgrund der positiven Ergebnisse und dem langfristigen Bedarf eines solchen Kompetenzteams wurde entschieden, das Team Einzelhandel als festen Bestandteil der Organisation zu etablieren und weiter auszubauen.

Die Etablierung einer Kultur des kontinuierlichen Lernens ist dabei entscheidend. Wirtschaftsförderungen sollten systematische Mechanismen i. S. d. Changemanagements entwickeln, die es ihnen ermöglichen, kurzfristige Herausforderungen zu bewältigen und gleichzeitig langfristige Trends strategisch zu antizipieren. Eine strukturierte Vorgehensweise zur Identifizierung, Bewertung und Steuerung von Risiken stärkt so die Resilienz der Organisation. Z. B. diskutiert das Führungsteam der KölnBusiness in regelmäßigen Abständen unterschiedliche Szenarien. Solche „Frühwarnsysteme" sind sinnvoll, um frühzeitig auf aufkommende Herausforderungen reagieren zu können.

Diese Aspekte sind entscheidend, um den Wandel erfolgreich zu gestalten und die Akzeptanz in der Organisation zu erhöhen. Die richtige Balance zwischen operativer Flexibilität und strategischer Weitsicht schafft Resilienz. Diese umfasst nicht nur die Widerstandsfähigkeit gegenüber Krisen, sondern auch die Fähigkeit, schnell und flexibel auf Veränderungen zu reagieren. Krisenbewältigungsstrategien sowie regelmäßige Überprüfungen der strategischen Ausrichtung und der Maßnahmen sind hierfür essenziell. Besonders in Krisenzeiten sollten Wirtschaftsförderungen ihre Handlungsfähigkeit unter Druck bewahren und gleichzeitig langfristige Ziele verfolgen können.

Der Einsatz agiler Managementmethoden, auf die später näher eingegangen wird, bietet klare Orientierung und zugleich die notwendige Flexibilität, um auf unvorhersehbare Entwicklungen in iterativen Zyklen reagieren zu können. Szenario-Workshops und wissenschaftlich begleitete Standortanalysen unterstützen die strategische Antizipation und helfen, präventive Maßnahmen zu ergreifen, die die regionale Wirtschaftskraft langfristig stärken.

Neben der strukturellen Anpassung sind optimierte interne Prozesse notwendig, um die betriebliche Effizienz zu steigern, Kosten zu reduzieren und die Qualität der Dienstleistungen zu erhöhen. Die Digitalisierung bietet hier nach wie vor enormes Potenzial, um Abläufe zu verbessern und Ressourcen effizienter zu nutzen. Seit der Gründung im Jahr 2019 arbeitet KölnBusiness überwiegend papierlos und nutzt cloudbasierte Lösungen – so ermöglichen digitale Signaturen z. B., dass Führungskräfte jederzeit und überall entscheidungsfähig sind, und Mitarbeitende erhalten schneller die erforderlichen Befugnisse.

Soziale Innovationen stärken die eigene Resilienz

Eine zukunftsorientierte Wirtschaftsförderung sollte nicht nur auf strukturelle, sondern auch auf soziale Innovationen setzen, um langfristig handlungsfähig und resilient zu bleiben. Organisatorische Innovationen zielen darauf ab, bestehende Prozesse, Arbeitsabläufe und Entscheidungsstrukturen grundlegend zu überdenken und anzupassen, insbesondere in Zeiten von Krisen und unvorhersehbaren Herausforderungen. Soziale Innovationen hingegen fokussieren sich auf die Menschen innerhalb der Organisation und ihr Verhalten. Hier geht es darum, Arbeitszufriedenheit zu steigern, Arbeitsplatzsicherheit zu gewährleisten und eine innovationsfreundliche Unternehmenskultur zu schaffen, die aktiv zum Erfolg der Organisation beiträgt. Bei KölnBusiness finden regelmäßige Workshops mit dem gesamten Team statt, um gemeinsam grundlegende Themen zu diskutieren, wie etwa die Vor- und Nachteile der Nutzung von KI in der Wirtschaftsförderung. Zudem werden alle Mitarbeitenden zur Teilnahme an Mitarbeiterbefragungen von *Great Place to Work* ermutigt – anhand der Ergebnisse dieser Befragungen wurden bei KölnBusiness bereits mehrfach Maßnahmen zur Steigerung der Arbeitszufriedenheit und Effizienz umgesetzt.

Beide Innovationsformen spielen eine entscheidende Rolle, um Flexibilität und Resilienz zu gewährleisten. Eine solche Innovationsstrategie erfordert eine engere Vernetzung zwischen Führung und Mitarbeitenden, unterstützt durch eine offene Fehler- und Feedbackkultur. Nur wenn es gelingt, Innovationskraft und soziale Verantwortung zu verbinden, können Krisen als Chancen genutzt werden, um sich langfristig zu transformieren.

Führungsverständnis: vom Verwalter zum Gestalter

Traditionell reagierten Wirtschaftsförderungen eher auf externe Anforderungen, doch heute übernehmen sie verstärkt eine gestaltende Rolle im Strukturwandel. Führungskräfte agieren als Gestalter, die langfristige Strategien entwickeln, Krisenfestigkeit mit Innovationskraft verbinden und ihre Organisation zukunftsfähig aufstellen. Die Fähigkeit, Veränderungen aktiv zu gestalten, liegt in der Verantwortung der Führungsebene. Sie besitzt die notwendige Reichweite und Autorität, um Veränderungen zu initiieren und ihnen Legitimität zu verleihen.

Eine der größten Herausforderungen insbesondere in größeren Wirtschaftsförderungen ist es, ein heterogenes Team auf gemeinsame Ziele auszurichten und eine konsistente Kommunikation zu gewährleisten. Führungskräfte stehen vor der Herausforderung, eine Balance zwischen operativer Flexibilität und strategischer Weitsicht zu finden. Unterschiedliche Führungsstile und Prioritäten können zudem zu Spannungen führen, die durch emotionale Intelligenz und empathische Kommunikation entschärft werden können. Eine kooperative und integrative Führung ist dabei unerlässlich, um verschiedene Stakeholder – von politischen Entscheidungsträgern bis zur Belegschaft – einzubinden und zu koordinieren und vielfältige Interessen auszutarieren.

Ohne das Team geht nichts: Unsicherheiten strategisch meistern

Führungskräfte sind vor die Herausforderung gestellt, mit Unsicherheiten und Mehrdeutigkeiten umzugehen. Die sog. Ambiguitätstoleranz beschreibt die Fähigkeit, in komplexen, unsicheren Situationen weiterhin strategisch zu handeln und Innovationsprozesse voranzutreiben. Diese Kompetenz ist insbesondere in dynamischen Umfeldern gefordert, in denen Entscheidungen oft getroffen werden müssen, obwohl nicht alle Informationen verfügbar sind.

Ein zentraler Aspekt dieser Entwicklung ist der Aufbau eigenverantwortlicher, interdisziplinärer Teams, die ihre Aufgaben und Projekte selbstständig bewältigen. Ein starkes Team, das sich mit den Zielen der Organisation identifiziert und Verantwortung übernimmt, ist entscheidend für den Erfolg der Wirtschaftsförderung in einem modernen Umfeld.

Diese Veränderung geht einher mit einem Wandel der Unternehmenskultur hin zu einer stärkeren Innovationsorientierung. Führungskräfte sollten den Mut haben, Risiken einzugehen und ihre Mitarbeitenden zu ermutigen, neue Ideen zu entwickeln, auszuprobieren und dabei Fehler zu machen. Starre Hierarchien sollten daher zugunsten flexibler, netzwerkorientierter Strukturen aufgebrochen werden. Flache Hierarchien bieten im Vergleich zahlreiche Vorteile:

- schnellere Entscheidungsprozesse
- Förderung der Eigenverantwortung und Autonomie der Mitarbeitenden

- Verbesserung des Austauschs zwischen Mitarbeitenden, Teams und Abteilungen durch direkte und offene Kommunikation
- Abbau bürokratischer Hürden und schnellere Anpassungsfähigkeit an veränderte Rahmenbedingungen
- Stärkung von Bottom-up-Initiativen und Innovationskraft
- Förderung der bereichsübergreifenden Zusammenarbeit und Vermeidung von Silodenken
- Reduzierung der Verwaltungskosten

Bei rund 80 Mitarbeitenden verfügt KölnBusiness neben der Geschäftsführung nur über eine zusätzliche Führungsebene – die Geschäftsbereichsleitung. Die 15 Teams, die in vier Geschäftsbereichen organisiert sind, arbeiten weitgehend selbstständig und eng vernetzt miteinander. Bei Bedarf werden interdisziplinäre Projekt- oder OKR-Teams gebildet, um kurzfristige Projekte umzusetzen oder strategische Ziele zu erreichen. Diese Teams werden durch eine oder mehrere Führungskräfte unterstützt, die nur dann eingebunden werden, wenn ihr Beitrag erforderlich ist.

Die Einführung flacher Hierarchien birgt auch Herausforderungen. Führungskräfte betreuen häufig mehr Mitarbeitende, was es schwieriger macht, den Überblick über alle Projekte zu behalten. Es ist wichtig, dass Verantwortung delegiert wird und Führungskräfte nicht in ein Mikromanagement gedrängt werden. Der Fokus sollte auf aktuellen Prioritäten liegen, während der Anspruch, alle Projekte im Detail zu überblicken, kontraproduktiv ist.

Herausforderungen flacher Hierarchien:

- Mikromanagement vermeiden: Führungskräfte sollten Verantwortung abgeben und auf Eigenverantwortung der Mitarbeitenden setzen.
- Freiraum für Eigenverantwortung schaffen: Direkte Kommunikation darf nicht in Anweisungen umschlagen, da dies die Eigeninitiative der Mitarbeitenden untergräbt.

Bei der Einführung flacher Hierarchien und der Delegation von Verantwortung ist es sinnvoll, klare Entscheidungsprozesse und transparente Verantwortlichkeiten sicherzustellen, sodass trotz flacher Hierarchien die Übersicht und Kontrolle nicht verloren geht.

Transparenz in der Entscheidungsfindung kann helfen, Konflikte zu vermeiden und das Vertrauen in das Führungsteam zu stärken.

Strategisches Führungsverständnis und Kulturwandel

Veränderungen erfordern das volle Engagement der Führungsebene. Ein gemeinsames strategisches Verständnis im Führungsteam ist unabdingbar, um nachhaltige Erfolge zu erzielen. Spannungen im Führungsteam – oft verursacht durch unterschiedliche Prioritäten und Führungsstile – können Veränderungsprozesse behindern. Workshops oder ein- bis zweitägige Retreats, die gemeinsame langfristige Visionen und Ziele adressieren, helfen, Missverständnisse zu minimieren und die Zusammenarbeit zu stärken.

Häufige Herausforderungen bei der Abstimmung im Führungskreis:

- Ressourcenengpässe: Führungskräfte beteiligen sich nicht an strategischen Prozessen aufgrund der vollen Auslastung in ihrem Bereich.
- Prioritätenkonflikte: Strategische Ziele werden hinterfragt, weil das Tagesgeschäft im Vordergrund steht.
- Veränderungsmüdigkeit: Mitarbeitende und Führungskräfte sind nach intensiven Veränderungsphasen skeptisch gegenüber weiteren Neuerungen.

Um diese Herausforderungen zu überwinden, ist ein gemeinsames strategisches Verständnis im Führungsteam unabdingbar. Nur wenn das Team gemeinsam beschließt und die beschlossene Vorgehensweise aktiv unterstützt, können nachhaltige Erfolge erzielt werden.

Eine offene Feedbackkultur ist entscheidend, um Spannungen frühzeitig zu erkennen und konstruktiv zu lösen. Regelmäßige Feedbackrunden und transparente Kommunikation stärken das Vertrauen im Führungsteam und verbessern die Zusammenarbeit. Ohne eine solche Kultur schwelen Konflikte oft unter der Oberfläche und können die Umsetzung strategischer Ziele gefährden. Im Bedarfsfall können auch externe Berater oder Mediatoren in tiefgehenden Konfliktsituationen neutrale Perspektiven bieten und Lösungsansätze entwickeln. Die Führungskräfte der KölnBusiness haben gemeinsam ein Führungsverständnis entwickelt, das als grundsätzliches Leitbild und zur Reflexion des eigenen Handelns dient.

Praxisbeispiel: Führungsverständnis der KölnBusiness

Unser Führungsverständnis:

1. **Wir sind ambitioniert und handeln strategisch**

   Gemeinsam setzen wir uns ambitionierte und sinnstiftende Ziele, um im Wettbewerb voranzugehen. Wir arbeiten ergebnisorientiert und setzen Entscheidungen, Vorgaben und Regeln gemeinsam konsequent um.

2. **Wir sind vielfältig und vielseitig**

   Unterschiedliche Talente und Persönlichkeiten machen uns stark und einzigartig. Wir respektieren die individuellen Perspektiven und Kompetenzen. Sie ermöglichen uns einen 360 Grad-Blick, den wir nutzen, um das bestmögliche Ergebnis für unsere Kund*innen und das Team zu erzielen.

3. **Wir sind veränderungsfähig und resilient**

   Als Führungsteam fördern wir innovative Gedanken und Offenheit für Neues. Auf neue Anforderungen reagieren wir stets mit Veränderungsbereitschaft & Flexibilität. Gemeinsam gestalten wir Veränderungsprozesse stringent, partizipativ, transparent. Damit erhöhen wir die Resilienz der gesamten Organisation.

4. **Wir fördern Eigeninitiative und Entwicklung**

   Wir schaffen einen verbindlichen und sicheren Rahmen, in dem alle gleichberechtigt, mutig, mit hoher Eigeninitiative arbeiten können und Fehler als Lernchancen verstanden werden. Sich verändernde Strukturen und Aufgabenbereiche begreifen wir als natürlichen Bestandteil eines dynamischen Umfelds und als Chance für persönliche Weiterentwicklung.

5. **Wir stehen für das gesamte Team ein**

   Unsere Ziele erreichen wir, indem wir als ein Team agieren. Wir übernehmen Verantwortung für den eigenen Bereich und gleichzeitig für KölnBusiness als Ganzes unabhängig von Zuständigkeiten und Kompetenzen.

6. **Wir kommunizieren bewusst**

   Wir fördern Motivation und ein konstruktives Miteinander durch bewusste wertschätzende Kommunikation. Wir wählen dabei unsere Worte mit Bedacht und berücksichtigen die Perspektive der Empfänger*innen.

7. **Wir stärken Vertrauen**

   Im Führungsteam begegnen wir uns auf Augenhöhe, ehrlich, aufmerksam und zugewandt. Konflikte oder Unstimmigkeiten sprechen wir zeitnah und respektvoll an. Gleichermaßen sind wir offen für konstruktives Feedback und reflektieren dieses ohne Rechtfertigungsdruck.

8. **Wir leben Geschlossenheit**

   Wir leben Fairness und Geschlossenheit im Führungsteam. Wir sind uns unserer Wirkung und Vorbildfunktion bewusst und vertreten getroffene Entscheidungen authentisch und gemeinsam nach innen und nach außen.

Innovationskultur und Fehlerkultur

Ein Wandel hin zu einer innovationsfreundlichen Unternehmenskultur prägt das Mindset der Mitarbeitenden. Es geht nicht vorrangig um die präzise Umsetzung von Anweisungen, sondern um eigenverantwortliches Handeln und die Bereitschaft, Risiken einzugehen. Fehler werden nicht als Rückschläge, sondern als Chancen zur Weiterentwicklung betrachtet.

Eine transparente Fehlerkultur, die von der Führungsebene vorgelebt wird, ist zentral für den Erfolg dieses kulturellen Wandels. Führungskräfte sollten klare Leitlinien und Ressourcen zur Verfügung stellen, um Eigenverantwortung zu fördern. Eine lebendige Feedbackkultur, die Mitarbeitende und Führungskräfte zu direkter und offener Kommunikation ermutigt, kann durch gezielte Moderationstechniken und den Einsatz agiler Methoden unterstützt werden. Bei KölnBusiness beginnen z. B. alle Projekte mit einem Kick-off-Workshop, der das Projektteam erstmals zusammenbringt und über das bevorstehende Projekt informiert. Dabei werden bereits zu Projektbeginn mögliche Risiken angesprochen und erstes Feedback eingeholt. Ein zentraler Bestandteil agiler Methoden sind sog. Reviews oder Retrospektiven – spezielle Meetings, die ausschließlich der Reflexion der Ergebnisse und der Zusammenarbeit dienen. Hierdurch werden Lernen und Feedback systematisch gefördert, geübt und als feste Bestandteile der Unternehmenskultur verankert.

13.2 Strategieentwicklung und Zielsetzung: Erfolgsfaktoren und Weichenstellung für nachhaltige Wirkung

Die strategische Zielsetzung der kommunalen Wirtschaftsförderung erfordert einen proaktiven Ansatz, der langfristige Trends antizipiert, aber auch flexibel auf kurzfristige Veränderungen reagiert. Moderne Wirtschaftsförderung bedeutet, die Rahmenbedingungen für nachhaltige wirtschaftliche Entwicklung aktiv zu gestalten und den Strukturwandel zu fördern.

Um Wachstum, Innovation und Standortattraktivität langfristig zu sichern, ist eine fundierte strategische Ausrichtung unerlässlich.

Zu oft agieren Wirtschaftsförderungen eher taktisch als strategisch, obwohl Strategie und Taktik eng miteinander verknüpft sind. Dabei ist es wichtig, den Unterschied zwischen diesen beiden Konzepten zu verstehen. Der zentrale Unterschied liegt in der Zeitperspektive und der Art der Zielverfolgung: Strategie befasst sich mit langfristigen Zielen („Was?" und „Warum?"), während Taktik sich auf kurzfristige operative Maßnahmen konzentriert („Wie?"). Ohne eine klar definierte Strategie riskieren taktische Maßnahmen, unkoordiniert oder ineffektiv zu sein. Umgekehrt bleibt eine Strategie ohne entsprechende Umsetzung nur eine Theorie.

Die strategische Ebene legt übergeordnete Ziele fest und definiert die langfristige Positionierung der Organisation in einem dynamischen Umfeld. Strategien sind langfristig, auf das Gesamtbild ausgerichtet und leiten sich von Vision, Mission und Selbstverständnis der Organisation ab.

Wichtige Merkmale der strategischen Ebene:

- Langfristigkeit: Strategien haben meist einen Zeithorizont von mehreren Jahren.
- Fokus auf das große Ganze: Strategische Maßnahmen definieren die Positionierung der Organisation und geben vor, wie sie sich in einem dynamischen Umfeld behaupten möchte.

- Bezug auf das übergeordnete Ziel: Eine Strategie richtet sich auf die Erreichung der Mission oder Vision einer Organisation.
- rahmengebend: Die Strategie legt fest, welche Branchen, Technologien oder Stakeholder berücksichtigt werden sollen.

Ein Beispiel wäre die Entscheidung einer Wirtschaftsförderung, in den nächsten fünf Jahren das Innovationsklima in einem bestimmten Technologiebereich zu verbessern, indem Innovationsnetzwerke und Förderprogramme etabliert werden.

Taktische Maßnahmen dagegen setzen diese strategischen Überlegungen in konkrete Schritte um. Sie sind kurzfristiger Natur, operativ und flexibel anpassbar, je nach Veränderung der Rahmenbedingungen.

Wichtige Merkmale taktischer Maßnahmen:

- kurzfristig: Taktische Maßnahmen haben oft einen Zeithorizont von Tagen oder Wochen.
- Fokus auf Detailausführung: Hier geht es um die spezifischen Schritte, die notwendig sind, um eine Aufgabe oder Maßnahme umzusetzen.
- operative Ebene: Taktik beschäftigt sich mit der konkreten Durchführung von Projekten und dem Lösen von Aufgaben.
- reaktiv und anpassbar: Taktische Maßnahmen können flexibel angepasst werden, je nachdem, wie sich die Situation auf operativer Ebene entwickelt.

Ein Beispiel für eine taktische Maßnahme wäre: Um das Innovationsklima zu verbessern, organisiert eine Wirtschaftsförderung eine Netzwerkveranstaltung für das Innovationsökosystem.

Zielsetzung und Alignment

Ein klar strukturiertes Zielsystem gibt der gesamten Organisation Orientierung und stellt sicher, dass sich alle Aktivitäten auf die langfristige Entwicklung des Standorts konzentrieren.

Ein effektives Zielsystem fördert die bereichsübergreifende Zusammenarbeit, indem alle Aktivitäten transparent auf gemeinsame strategische Ziele abgestimmt werden. Eine Kaskadierung der Ziele auf allen Ebenen stellt sicher, dass Führungskräfte und Mitarbeitende auf dieselben übergeordneten Ziele hinarbeiten.

Auch taktische Entscheidungen des Führungsteams sowie die Projekt- und Wirtschaftsplanung sollten im bestmöglichen Einklang mit diesen langfristigen Zielen stehen. Konflikte mit Blick auf die Prioritätensetzung können vermieden werden, wenn klar ist, welchen Prinzipien die Priorisierung unterliegt. Durch dieses Alignment werden Entscheidungsprozesse gestrafft, und die Organisation bleibt selbst in schwierigen Zeiten auf Kurs.

Praxisbeispiel: Prinzipien der Priorisierung der KölnBusiness

Die Priorisierung von Zielen und Projekten erfolgt in der KölnBusiness anhand folgender Reihenfolge:

Priorität 1. Ordnung: Umsetzung von Beschlüssen weisungsbefugter Gremien (Aufsichtsrat und Gesellschafterversammlung) und politischer Beschlüsse (Rat der Stadt Köln) [EXTERN DETERMINIERT]

Hinweis: Hierunter fallen auch die Aufsichtsratsziele.

Priorität 2. Ordnung: strategische Ziele und Jahres- und Quartalsziele [HANDLUNGSLEITEND]

Priorität 3. Ordnung: weitere Aktivitäten und Projekte, die prinzipiell auf die strategischen Ziele einzahlen, aber keinem Jahres- oder Quartalsziel zugeordnet sind

Diese Reihenfolge legt fest, mit welcher Priorität Ressourcen für Ziele und Projekte festgelegt werden. Auch der kurzfristige Zugriff auf Ressourcen erfolgt anhand dieser Reihenfolge.

In der modernen Wirtschaftsförderung steht nicht nur das Erreichen kurzfristiger Ziele im Vordergrund, sondern vor allem die nachhaltige Wirkung von Maßnahmen. Outcome-orientiertes Handeln bedeutet, über reine Outputmessungen hinauszugehen und die langfristigen Effekte von Projekten und Initiativen auf den

Wirtschaftsstandort zu bewerten. Das Ziel ist es, die Frage zu beantworten: Was verändert sich durch unsere Maßnahmen nachhaltig für die Region und die Akteure?

13

Während Outputs sich auf unmittelbare Ergebnisse beziehen (z. B. die Anzahl neuer Ansiedlungen oder durchgeführter Veranstaltungen), fokussiert sich die Outcome-Orientierung auf die weitergehenden Effekte, die diese Outputs erzielen. Ein typisches Beispiel für einen Output wäre eine durchgeführte Netzwerkveranstaltung, während der Outcome darin bestehen könnte, dass durch dieses Netzwerk langfristige Innovationspartnerschaften entstehen oder die Wettbewerbsfähigkeit der lokalen Unternehmen verbessert wird.

Output	**Outcome**
= Ergebnis einer Aktivität, eines Projekts	**= gezielte Veränderung bei der Zielgruppe**
– Produkt, Dienstleistung, greifbares Ergebnis – Resultat konkreter Aktivitäten, Maßnahmen, Projekten und Initiativen – konkreter Einsatz von Ressourcen/Input erforderlich, um Output zu erzielen – Output kann sich ändern, wenn der anvisierte Outcome nicht erreicht wird. – Ein Output zeigt nur, dass etwas getan wurde, aber nicht, ob damit auch ein Nutzen erbracht werden konnte. (Output bedeutet nicht zwangsläufig Erfolg.) – Output allein führt nur in wenigen Fällen zu sinnstiftendem Arbeiten.	– Wirkung, die mit einem Produkt, einer Dienstleistung, einem Ergebnis erzielt wird – tatsächlicher Mehrwert, den ein Produkt etc. für die Zielgruppe stiftet und deren Handeln oder Verhalten positiv beeinflusst – Outcome oder Wirkung führt langfristig zu Impact. Schleichender Übergang: Der gewünschte Outcome bleibt bestehen, bis er erreicht wurde bzw. den gewünschten Impact erzielt hat. – Outcome ist die Basis eigener Wirksamkeit und steigert die Motivation.

Schritte zur Verankerung der Outcome-Orientierung:

1. Definition klarer, messbarer Outcomes: Der erste Schritt ist die klare Definition der gewünschten Ergebnisse in Form von Zielen. Was soll sich durch die Maßnahmen konkret verändern? Diese Ziele sollten SMART formuliert sein (spezifisch, messbar, attraktiv, realistisch, terminiert), um sicherzustellen, dass der Erfolg überprüfbar ist.

2. Entwicklung von Key Performance Indicators (KPIs): Um den Erfolg der Maßnahmen zu messen, sollten KPIs entwickelt werden, die sowohl quantitative als auch qualitative Ergebnisse abbilden.

3. regelmäßige Evaluation und Anpassung: Outcome-Orientierung erfordert eine kontinuierliche Überprüfung und Anpassung. Quartalsweise und jährliche Evaluationen helfen dabei, den Fortschritt der Maßnahmen zu verfolgen und ggf. nachzusteuern. Hierbei können Feedbackschleifen (z. B. durch Umfragen bei Unternehmen oder Stakeholdern) wertvolle Hinweise zur Optimierung geben.

4. datengestützte Entscheidungsfindung: Die Einführung von Business Intelligence Tools ermöglicht es, Daten aus verschiedenen Bereichen der Wirtschaftsförderung zu sammeln und auszuwerten. Dashboards, die KPIs in Echtzeit abbilden, helfen dabei, fundierte Entscheidungen zu treffen. Hier können Daten aus unterschiedlichen Quellen (z. B. CRM-Daten, Standortanalysen, Unternehmensbefragungen) miteinander verknüpft werden, um die langfristigen Effekte der Maßnahmen sichtbar zu machen.

5. langfristige Wirkung (Impact) im Fokus: Neben dem kurzfristigen Outcome ist der langfristige Impact entscheidend. Während ein Outcome die unmittelbaren Effekte beschreibt, geht der Impact weiter und fragt: Wie trägt diese Maßnahme zur Transformation der lokalen Wirtschaft bei? Beispiel: Die Outcome-Orientierung könnte den Erfolg einer Innovationsförderung daran messen, wie viele Start-ups gegründet werden. Der Impact wäre jedoch die langfristige Etablierung eines Innovationsclusters, das zur Wissenswirtschaft beiträgt und nachhaltig Arbeitsplätze schafft.

Trotz ihrer Vorteile ist die Outcome-Orientierung anspruchsvoll. Herausforderungen bestehen insbesondere darin, den langfristigen Effekt von Maßnahmen verlässlich zu messen, da viele Effekte erst nach Jahren sichtbar werden. Zudem können äußere Faktoren, wie z. B. Marktveränderungen oder politische Entscheidungen, die erzielten Outcomes beeinflussen. Wirtschaftsförderungen sollten daher flexibel bleiben und regelmäßig überprüfen, ob die gesetzten KPIs und Outcomes weiterhin realistisch sind oder angepasst werden müssen.

Die Outcome-Orientierung stellt sicher, dass Wirtschaftsförderungen nicht nur kurzfristig Erfolge vorweisen, sondern langfristig zur positiven Entwicklung ihrer Region beitragen. Sie zwingt die Organisation, ihre Maßnahmen stets auf die nachhaltige Wirkung zu prüfen, und ermöglicht es, den Erfolg anhand klarer, messbarer Kriterien zu bewerten. Durch die Nutzung von datengestützten Tools und einer kontinuierlichen Evaluation können Wirtschaftsförderungen ihre strategischen Ziele langfristig und wirkungsvoll umsetzen.

KölnBusiness hat die Outcome-Orientierung auf verschiedenen Ebenen strukturell verankert. Bereits in der vorläufigen Projektplanung im Rahmen der Wirtschaftsplanung für das kommende Jahr werden pro Projekt konkrete Outcome-Ziele dokumentiert. Die endgültigen Projektaufträge enthalten ein detailliertes Outcome-Ziel, das gemeinsam mit der jeweiligen Führungskraft abgestimmt wurde. Auch die strategischen Jahresziele, auf die noch genauer eingegangen wird, der KölnBusiness sind von Beginn an konsequent auf Outcomes ausgerichtet.

Während Outcomes die unmittelbaren Effekte einer Maßnahme beschreiben, geht die Impactorientierung weiter: Sie konzentriert sich auf den tiefgreifenden, langfristigen Einfluss der Effekte aller Maßnahmen auf den Wirtschaftsstandort. Durch Impactorientierung wird versucht, effektive Ergebnisse zur Transformation der Wirtschaft beizusteuern. Ein Outcome könnte z. B. die Gründung neuer Start-ups sein, der Impact jedoch wäre die langfristige Etablierung eines Innovationsclusters, der nachhaltig Arbeitsplätze schafft und zur Wissenswirtschaft beiträgt.

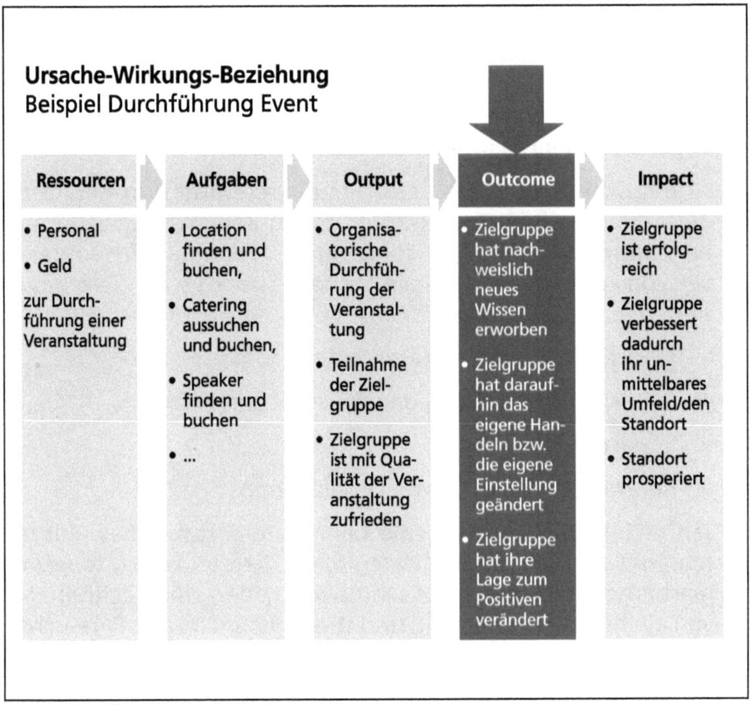

Abbildung 30: Von Outcome zu Impact (Quelle: WFG)

Zielsystem

Die Kaskadierung von Impact- und Outcome-Orientierung in einem Zielsystem schafft eine solide Basis.

Durch regelmäßige Evaluierung und Anpassung der Maßnahmen kann sichergestellt werden, dass die angestrebten Ergebnisse kontinuierlich überprüft und auf veränderte Rahmenbedingungen flexibel angepasst werden.

Die Kaskadierung der Ziele erfolgt idealerweise durch eine Strategiepyramide. Diese beginnt mit einer klar formulierten Vision, die den langfristigen, impactorientierten Orientierungspunkt der gesamten Organisation bildet.

Die Vision beschreibt, wohin sich die Organisation entwickeln will, während die Mission beschreibt, durch welche Schwerpunkte und mit welchem Selbstverständnis diese Ziele erreicht werden sollen.

Ebenen der Zielkaskadierung:

1. Vision und Mission: Die Vision bildet in einem „Action Title“ den motivierenden Destinationspunkt, während die Mission in wenigen Sätzen die Wege und Mittel beschreibt, mit denen die Organisation ihre langfristigen Ziele erreicht.
2. strategische Ziele: Diese betreffen die relevantesten Herausforderungen, die die Organisation in den kommenden Jahren zu bewältigen hat. Weniger ist hier mehr, wenn möglich sollte ein Set von max. fünf Zielen ausreichen. Strategische Ziele haben folgende Eigenschaften:
   - langfristiger, unbefristeter Zeithorizont
   - Beitrag zur Erreichung der Mission oder Vision
   - Impactorientierung
   - Relevanz für die gesamte Organisation
3. Jahresziele: Sie sind auf eine begrenzte Anzahl (max. 10) beschränkt und setzen die strategischen Ziele in konkrete, terminierbare Schritte um. Diese Jahresziele haben einen Zeithorizont von ein bis zwei Jahren und sind strategisch relevant. Eigenschaften von Jahreszielen:
   - strategische Relevanz: Jahresziele tragen konkret zur Erreichung der strategischen Ziele bei und bringen die Organisation ihrer Vision näher.
   - Prioritätensetzung: Sie setzen klare Prioritäten für das Jahr.
   - Erfolgspotenzial: Sie beantworten die Frage: „Woran erkennt die Organisation, dass sie am Ende des Jahres erfolgreich war?“ Der Erfolg wird an der größtmöglichen Wirkung (Outcome) gemessen.
   - faktischer Erfolg: Ziele müssen belegbar und faktenbasiert sein.
   - Orientierung: Jahresziele setzen klare Prioritäten und motivieren.
   - Differenzierung: Jahresziele tragen zur Differenzierung gegenüber anderen Wirtschaftsförderungen bei.
   - Machbarkeit: Sie müssen realistisch und ressourcenschonend umsetzbar sein.

- Selbstbestimmung: Jahresziele sind selbstbestimmte Ziele und nicht von anderen Akteuren abhängig.

4. Quartalsziele: Quartalsziele sind ideal, um die Umsetzung der Jahresziele in Dreimonatsschritten zu verfolgen. Sie erlauben eine kontinuierliche Überwachung des Fortschritts und stellen sicher, dass die Organisation auf Kurs bleibt. Ihre Eigenschaften umfassen:

   - Erfolgspotenzial: „Woran erkennt die Organisation am Ende des Quartals, dass sie dem Jahresziel einen Schritt nähergekommen ist?" Der Erfolg wird an dem größtmöglichen Ergebnis gemessen.
   - SMART formuliert (spezifisch, messbar, attraktiv, realistisch und terminiert)
   - Orientierung: Quartalsziele definieren, welche Maßnahmen und Aktivitäten für die Zielerreichung erforderlich sind.
   - Methodenvielfalt: Sie können im Tagesgeschäft, in klassischen oder agilen Frameworks und etablierten Arbeitsgruppen und Key User Gruppen umgesetzt werden.

Abbildung 31: Strategiepyramide der KölnBusiness

Hinweis: Die Dachstrategie umfasst bei der KölnBusiness derzeit fünf strategische Ziele.

Kultur der Selbstverantwortung und Kommunikation

Ein starkes Zielsystem ist nicht nur für die strategische Ausrichtung der Organisation wichtig, sondern auch für die Motivation und das Engagement der Mitarbeitenden. Eine transparente Fehlerkultur und die Möglichkeit, Risiken einzugehen, spielen dabei eine entscheidende Rolle. Sie fördern die Eigenverantwortung der Mitarbeitenden und schaffen ein Umfeld, in dem sich alle sicher fühlen, aktiv an der Erreichung der gemeinsamen Ziele mitzuwirken.

Klare Kommunikationskanäle und regelmäßiges Feedback sind essenziell, um sicherzustellen, dass alle Mitarbeitenden auf ein gemeinsames Ziel hinarbeiten. Eine effektive interne Kommunikation fördert Transparenz und Vertrauen. Dies ist besonders in Zeiten des Wandels wichtig, wenn die Organisation sich an neue Herausforderungen anpassen muss. Regelmäßige Updates und Feedbackmechanismen helfen, Missverständnisse zu vermeiden und das Alignment der Teams zu stärken. Mitarbeitende sollten verstehen können, wohin sich die Organisation entwickelt, um den Sinn ihrer täglichen Aufgaben zu erkennen und sich aktiv einzubringen. Dies stärkt nicht nur das Engagement, sondern auch die Motivation, da der eigene Beitrag sichtbar und wertgeschätzt wird.

Die KölnBusiness hat verschiedene Formate entwickelt, um das gesamte Team je nach Fortschritt der strategischen Planung und Umsetzung regelmäßig einzubinden. Zu Beginn der strategischen Planungsphase findet das jährliche „Einbinden der Teams" statt, bei dem sich die Geschäftsführung und Führungskräfte mit den einzelnen Teams über aktuelle und zukünftige Herausforderungen austauschen. Die bereits erwähnten „team.works"-Meetings, die jährlich abgehalten werden, bieten eine Plattform für den grundlegenden Austausch zu wichtigen Themen. In den quartalsweisen „Strategieupdates" informiert das Führungsteam über den Stand der Strategieumsetzung und -planung, während in den monatlichen „Teamupdates" über operative und organisatorische Belange informiert wird.

Interdisziplinäre Zusammenarbeit ist ein weiterer wichtiger Aspekt moderner Wirtschaftsförderung. Teamübergreifende Zielsetzung fördert die Kooperation zwischen verschiedenen Abteilungen und schafft Synergien, die zu innovativen Lösungen und höherer Effektivität führen. Dabei sollten die Teams stets auf die übergeordneten strategischen Ziele ausgerichtet sein, um sicherzustellen, dass ihre

Arbeit einen nachhaltigen Beitrag zur Gesamtstrategie der Organisation leistet.

Ein formales Zielsystem ist nicht immer zwingend erforderlich. In vielen Gebietskörperschaften wird nach wie vor auf die Zielvorgaben externer Stakeholder, wie Aufsichtsräte oder politische Entscheidungsträger, vertraut. Diese Herangehensweise birgt jedoch das Risiko, dass Wirtschaftsförderungen zunehmend von externen Vorgaben abhängig werden und ihre strategische Kompetenz untergraben wird. Langfristig kann dies dazu führen, dass die Organisation ihre Fähigkeit verliert, proaktiv und eigenständig wirksame Maßnahmen zu ergreifen. Ohne ein solides internes Zielsystem besteht die Gefahr, dass die Organisation im operativen Tagesgeschäft versinkt, überlastet von politischen Anträgen und ineffizient im Ressourceneinsatz – was sich negativ auf die langfristige Entwicklung des Standorts auswirken kann.

13.3 Managementmethoden: Steuerung und Effizienz

Der Einsatz von Managementmethoden und Frameworks ist entscheidend für die strategische Steuerung und Umsetzung von outcome-orientierten Zielen in der Wirtschaftsförderung – im Kern geht es schließlich nicht darum, dass z. B. Projekte erledigt werden, sondern darum, dass diese auch auf die übergeordneten strategischen Ziele einzahlen. Methoden und Frameworks helfen, die komplexen und vielfältigen Aufgaben systematisch zu planen, umzusetzen und zu überwachen. Sie bieten klare Strukturen und Leitlinien, um komplexe Aufgaben und Prozesse strategisch zu steuern und zu organisieren. Sie geben Mitarbeitenden und Führungskräften Orientierung und Hilfestellung, indem sie Prinzipien, Methoden und Prozesse vorgeben, die das Erreichen spezifischer Ziele unterstützen.

Frameworks, die für die Steuerung und Effizienzsteigerung in der Wirtschaftsförderung besonders empfehlenswert sind:

- strategische Steuerung: Frameworks wie Management by Objectives (MBO) und Objectives and Key Results (OKR) helfen, messbare Ziele zu setzen und deren Fortschritt zu überprüfen. Die Balanced Scorecard unterstützt das Messen von Unternehmensleistungen in verschiedenen Dimensionen.

- Projektmanagement: Klassische Frameworks wie der Standard des Project Management Institutes (PMI) und PRINCE2 bieten klare Strukturen für den gesamten Projektlebenszyklus. Agile Methoden wie SCRUM und KANBAN ermöglichen iterative, flexible Projektsteuerung.

Nahezu alle modernen Managementmethoden setzen auf das Prinzip der kontinuierlichen Verbesserung (Kaizen). Agile Methoden wie OKR und SCRUM ermöglichen zudem eine dynamische Anpassung von Zielen und Maßnahmen durch regelmäßige Sprints und Feedbackschleifen. Diese Struktur unterstützt dabei, die geplanten Outcomes kontinuierlich zu überprüfen und bei Bedarf anzupassen, sodass die Ziele stets auf die bestmögliche Wirkung hin ausgerichtet sind.

KölnBusiness nutzt die OKR-Methode, um strategische Ziele schnell in die Umsetzung zu bringen und Ergebnisse und Erkenntnisse zu generieren. Bei der Entwicklung der übergeordneten strategischen Ziele (Dachstrategie) werden die grundlegenden Prinzipien der Balanced Scorecard berücksichtigt. Im Rahmen der *Great Place to Work*-Befragung identifizierte KölnBusiness zudem den Bedarf an einem internen Projektmanagementstandard. Daraufhin entwickelte ein OKR-Team einen maßgeschneiderten Standard, der sich an den Kernprinzipien des PMI orientiert. Der Standard ist weniger dokumentationsintensiv und fördert neben klassischen Ansätzen auch den Einsatz agiler Methoden und Vorgehensweisen.

Die Vorteile von Frameworks liegen auf der Hand:

- Struktur und Klarheit: Frameworks schaffen eine systematische Vorgehensweise, die es allen Beteiligten ermöglicht zu wissen, was wann zu tun ist. Durch die klare Festlegung von Zielen, Verantwortlichkeiten und Abläufen wird das Risiko von Missverständnissen und ineffizientem Handeln minimiert.
- Effizienzsteigerung: Die strukturierte Planung und Umsetzung von Projekten und Prozessen ermöglicht eine optimale Nutzung von Ressourcen – sei es personell, finanziell oder zeitlich. Sie helfen, Verschwendung zu reduzieren, und gewährleisten, dass Prozesse reibungslos ablaufen.
- kontinuierliche Verbesserung: Durch die regelmäßige Messung von Ergebnissen und die Optimierung von Prozessen ermöglichen Frameworks eine kontinuierliche Verbesserung (Kaizen).

Dies ist besonders wichtig in einer Umgebung mit knappen Budgets, da sie sicherstellen, dass trotz limitierter Ressourcen eine hohe Servicequalität, Innovationskraft und Maßnahmenvielfalt gewährleistet wird.

- Anpassungsfähigkeit: Insbesondere agile Frameworks bieten eine solide Grundlage, um auf sich ändernde Anforderungen und Rahmenbedingungen besser reagieren zu können. Wirtschaftsförderungen können sich durch den Einsatz solcher Methoden schneller an neue politische Vorgaben oder wirtschaftliche Entwicklungen anpassen.
- Risikominderung: Die festgelegten Strukturen helfen dabei, Risiken frühzeitig zu identifizieren und ihnen durch präventive Maßnahmen zu begegnen. Dies führt zu einer höheren Sicherheit bei der Umsetzung von Projekten und strategischen Initiativen. Projektbezogene Frameworks wie PMI/PRINCE2 bieten strukturierte Ansätze, um potenzielle Risiken frühzeitig zu erkennen und entsprechende Gegenmaßnahmen zu ergreifen.
- interne Zusammenarbeit: Ein wichtiger Vorteil des Einsatzes von Managementmethoden ist die verbesserte Zusammenarbeit innerhalb der Organisation. Frameworks schaffen Transparenz bei Aufgaben und Verantwortlichkeiten, fördern eine klare Kommunikation und stärken das Engagement der Mitarbeitenden, da ihre Rollen und Beiträge zum Gesamterfolg deutlich definiert sind.

Während Frameworks viele Vorteile bieten, ist es wichtig, bestimmte Aspekte zu beachten, um ihre Anwendung optimal zu gestalten und potenzielle Herausforderungen zu vermeiden:

1. Formalismus und Bürokratie vermeiden: Frameworks sollten flexibel eingesetzt werden, um den Arbeitsalltag zu strukturieren, aber nicht zu streng, formalistisch und bürokratisch werden. Zu viele formale Anforderungen können die Flexibilität der Organisation einschränken und die Mitarbeitenden demotivieren.
2. Flexibilität bewahren: Insbesondere in dynamischen Umfeldern ist es wichtig, Frameworks nicht starr anzuwenden. Klassische Methoden sollten z. B. durch agile Elemente ergänzt werden, um auf Veränderungen schneller reagieren zu können. Ein hybrider Einsatz von Frameworks – also dem wahlweisen Einsatz von traditionellen und agilen Methoden – kann dazu beitragen, eine

klare Struktur zu haben und im Bedarfsfall schnell anpassungsfähig zu bleiben.

3. Bewusster Ressourceneinsatz: Der Einsatz von Frameworks erfordert Schulung und Implementierung, was insbesondere in kleineren Organisationen zu Beginn wertvolle Ressourcen beanspruchen kann. Daher sollte der Einführungsprozess sorgfältig geplant werden, um sicherzustellen, dass der Nutzen die Rüstkosten übersteigt. Investitionen in Schulungen und Software sollten zielgerichtet erfolgen, um die Effizienz zu maximieren. Die Ausbildung von Inhouse Consultants (z. B. Projektmanager nach Standard X oder OKR Master) kann eine sinnvolle Kompetenzerweiterung darstellen und zur Mitarbeiterbindung genutzt werden. Der Einsatz externer Berater kann schließlich zu zusätzlichen finanziellen Belastungen führen.
4. Für Akzeptanz sorgen: Veränderungen durch neue Methoden können zu Widerständen innerhalb der Organisation führen. Um dies zu vermeiden, sollte eine aktive Einbindung der Mitarbeitenden erfolgen und auf ihre Bedürfnisse eingegangen werden.
5. Frameworks sind kein Selbstzweck: Frameworks sollten stets als Werkzeuge zur Zielerreichung verstanden werden und nicht als Selbstzweck. Organisationen sollten die Flexibilität bewahren, die Methode an den jeweiligen Kontext und die spezifischen Bedürfnisse anzupassen.
6. Unternehmenskultur berücksichtigen: Nicht alle Managementmethoden und Frameworks sind für jede Organisation gleichermaßen geeignet. Auch die Integration von Managementmethoden in die Unternehmenskultur ist entscheidend für ihren Erfolg. Eine Methode, die nicht zu den Werten und Arbeitsweisen des Unternehmens passt, kann mehr Verwirrung stiften als Nutzen bringen, z. B. sollten agile Methoden i. V. m. einem agilen Mindset bei den Anwendern stehen.

Durch die Beachtung dieser Regeln können die Vorteile von Frameworks voll ausgeschöpft und gleichzeitig mögliche Risiken minimiert werden.

Der Erfolg liegt in einer flexiblen, kontextsensitiven Anwendung, die den spezifischen Anforderungen der Organisation gerecht wird. Wie erwähnt, hat KölnBusiness einen eigenen Projektmanagementstandard für den internen Gebrauch entwickelt. Dieser orientiert sich zwar im Wesentlichen am PMI-Standard, wurde jedoch an die spezifischen Anforderungen von KölnBusiness angepasst. Dadurch ist er in allen Geschäftsbereichen anwendbar und gewährleistet die Handhabbarkeit sowie Berücksichtigung der Vielfalt der Projekte.

Erfolgsmessung und datenbasierte Entscheidungsfindung

Das Arbeiten in outcome-orientierten Zielsystemen und den dazugehörigen Frameworks setzt eine differenzierte und mehrdimensionale Erfolgsmessung voraus, die über die bloße Erfassung unmittelbarer Ergebnisse hinausgeht. Dabei sollte nicht nur der Output, sondern auch der langfristige Impact erfasst werden.

Die Implementierung von Business Intelligence (BI) Dashboards ermöglicht eine visuelle und datengetriebene Aufbereitung der Fortschritte, sodass Führungskräfte frühzeitig auf Abweichungen reagieren können. Diese Dashboards aggregieren KPIs sowie qualitative und quantitative Erfolgskennzahlen, die in einem interdisziplinären Kontext erfasst werden – von strategischen Zielen bis hin zu operativen Projekten. Durch diese integrierte Sichtweise erhalten Führungskräfte einen ganzheitlichen Überblick über die erreichten Outcomes, wodurch gezielte Entscheidungen und Evaluierungen unterstützt werden. Dies hilft dabei, Maßnahmen kontinuierlich zu optimieren und dynamisch an veränderte Rahmenbedingungen anzupassen.

Die Verknüpfung von Datenquellen aus unterschiedlichen Bereichen wie CRM, Standortdaten oder Zufriedenheitsbefragungen eröffnet neue Perspektiven für die Bewertung von Maßnahmen. Mithilfe von KI-gestützter Datenanalyse lassen sich komplexe Zusammenhänge besser verstehen, Muster erkennen und zukunftsgerichtete Trends ableiten. Diese Analysen ermöglichen eine proaktive, datenbasierte Entscheidungsfindung (Decision Intelligence), die es der Wirtschaftsförderung erlaubt, schneller und präziser auf Veränderungen zu reagieren.

Die KölnBusiness wird diesen Ansatz nutzen, indem sie den Bereich Datenanalyse und Datenarchitektur weiter professionalisiert. Dabei wird auch die Anwendung von KI systematisch geprüft, um Prozesse und Services fortlaufend zu optimieren. Generative KI wird z. B. in Kommunikations- und Marketingmaßnahmen eingesetzt. In Pilotprojekten werden zusätzlich KI-gestützte Lösungen erarbeitet, um verschiedene Arbeitsbereiche effizienter zu gestalten und Services zu optimieren. Die Weiterentwicklung dieser Kernkompetenz ist ein entscheidender Schritt, um die Wirtschaftsförderung zukunftssicher aufzustellen und innovative Maßnahmen zur Förderung der lokalen Wirtschaft zu entwickeln.

Der Einsatz von KI transformiert die Rolle der Datenanalyse in der Wirtschaftsförderung grundlegend. KI-gestützte Anwendungen können nicht nur historische Daten auswerten, sondern auch vorausschauende Analysen (Predictive Analytics) liefern. So lassen sich nicht nur bestehende Muster identifizieren, sondern auch zukünftige Entwicklungen antizipieren. Dies verbessert die Strategieentwicklung und erhöht die Flexibilität der Organisation, da Entscheidungen auf der Grundlage fundierter Prognosen getroffen werden können. Durch die Kombination von Standort- und Wirtschaftsindikatoren können z. B. Erkenntnisse über Investitionspotenziale, mögliche Engpässe und aufkommende Wachstumssektoren gewonnen werden. Dies schafft eine wertvolle Entscheidungsgrundlage für die Priorisierung und die Zuweisung von Ressourcen.

Ein strukturierter Einsatz von Datenanalyse und Business Intelligence erlaubt es, datengetriebene Entscheidungsprozesse auf allen Ebenen der Organisation zu etablieren. Durch die Integration interner und externer Datenquellen können Wirtschaftsförderungen Chancen und Risiken frühzeitig identifizieren und dadurch effizienter auf die Bedürfnisse der Stakeholder eingehen. Eine besondere Stärke liegt in der verbesserten Personalisierung von Maßnahmen sowie der Optimierung der Ressourcennutzung, da datenbasierte Einblicke präzisere und gezieltere Maßnahmen für Stakeholder und Kunden ermöglichen.

In Zukunft wird die Fähigkeit, große Datenmengen systematisch zu erfassen und in einem strategischen Kontext auszuwerten, ein entscheidender Faktor für Wirtschaftsförderungen sein. Business-Intelligence-gestützte Auswertungen ermöglichen es, Echtzeitdaten zur Evaluierung der Programme zu nutzen, kontinuierlich Prozessverbesserungen anzustoßen und langfristig nachhaltige Entscheidungen zu treffen. Diese datengetriebenen Ansätze fördern nicht nur Innovationen, sondern tragen auch zur Kostenreduktion und Effizienzsteigerung bei, da Ressourcen zielgerichteter eingesetzt werden können.

Managementmethoden, Frameworks und datenbasierte Entscheidungsfindung sind für die strategische Steuerung unverzichtbar, um

Struktur, Effizienz und Anpassungsfähigkeit in einer Organisation zu fördern. Sie bieten klare Prozesse, unterstützen die Zusammenarbeit und tragen zur kontinuierlichen Verbesserung bei. Eine flexible, kontextbezogene Anwendung der Methoden, die gut in die Unternehmenskultur integriert ist, stellt sicher, dass Organisationen die Vorteile von Managementmethoden voll ausschöpfen können.

13.4 Stakeholdermanagement: Synergien zwischen Strategie und Kommunikation

In der modernen kommunalen Wirtschaftsförderung ist es unerlässlich, die Synergien zwischen strategischer Planung und Kommunikation effektiv zu nutzen. Kommunikation ist nicht nur ein begleitendes Element, sondern ein essenzieller Treiber für die erfolgreiche Umsetzung strategischer Ziele. Insbesondere die zielgruppenorientierte Kommunikation gegenüber verschiedenen Stakeholdergruppen – intern wie extern – spielt eine Schlüsselrolle.

Moderne strategische Planung ist nicht länger ein abgeschlossener Prozess, der vom Führungsteam (oder gar ausschließlich von der Leitung oder Geschäftsführung) hinter verschlossenen Türen durchgeführt wird. Sie ist vielmehr ein dynamischer, iterativer Prozess, der eng mit der internen Kommunikation verknüpft ist. Hier ergeben sich mehrere Ansatzpunkte für Synergien:

1. Stakeholder-Engagement und Ownership in der Strategieentwicklung: Eine transparente Kommunikation mit relevanten Stakeholdern fördert die Akzeptanz und das Verständnis für strategische Ziele. Dies umfasst die eigenen Mitarbeitenden als auch Kooperationspartner. Durch frühzeitige Einbindung dieser Stakeholder können wertvolle Impulse für die strategische Ausrichtung gewonnen werden, und es entsteht eine kollektive Verantwortung (Ownership) für die Umsetzung der Strategie.

2. Feedback als strategischer Input: Eine erfolgreiche Kommunikation ermöglicht die kontinuierliche Rückkopplung von Stakeholdern. Dieses Feedback kann genutzt werden, um die Strategie flexibel anzupassen und auf Veränderungen im Umfeld zu reagieren. So wird eine dynamische und anpassungsfähige Strategie ermöglicht, die nicht nur auf langfristigen Annahmen basiert, sondern auch kurzfristige Entwicklungen berücksichtigt.

3. Schaffung eines gemeinsamen Zielbilds: Durch eine gezielte, abgestimmte Kommunikation können unterschiedliche Interessen und Perspektiven miteinander in Einklang gebracht werden. Eine klare und kohärente Kommunikationsstrategie hilft dabei, eine gemeinsame Vision zu schaffen, die als Leitbild für die Strategieumsetzung dient.

Neben den internen Stakeholdern sollten auch externe Stakeholder über die Strategie der Organisation informiert und ggf. in deren Umsetzung einbezogen werden. Eine klare, breit angelegte Kommunikation von Erfolgsgeschichten sowie Lösungsansätzen und -angeboten schafft Vertrauen und Legitimität.

Dies ermöglicht es der Wirtschaftsförderung, langfristig souveräne Entscheidungen zu treffen und ihren Handlungsspielraum gegenüber externer Einflussnahme zu erweitern.

Möglichkeiten der Stakeholder-Einbindung:

- Persönliche Gespräche schaffen Vertrauen.
- Events und Messen bieten Gelegenheiten zur Präsentation.
- Social Media und Standortmarketing verstärken die öffentliche Wahrnehmung.
- Webseiten dienen als digitale Visitenkarte und Informationsplattform.
- Berichte bieten die Gelegenheit, über strategische Ziele zu informieren.
- Preisverleihungen unterstreichen Erfolge und Legitimität.

KölnBusiness bindet Gremien wie den Aufsichtsrat, den Beirat sowie politische Ausschüsse aktiv in die strategische Planung ein. Dies umfasst nicht nur die regelmäßige Berichterstattung über Ziele, deren Erreichung und Leistungskennzahlen, sondern auch den gezielten Austausch zu aktuellen Herausforderungen und Chancen. Die Gremien und Ausschüsse fungieren dabei als Sounding-Board der KölnBusiness.

Eine professionelle Stakeholderkommunikation stärkt die Position der Wirtschaftsförderung im kommunalen Ökosystem und hilft, ihre Expertise wirksam einzubringen. Im kommunalen Kontext gibt es aber besondere Herausforderungen, die bei der Schaffung von

Synergien zwischen Strategie und Kommunikation beachtet werden sollten:

1. Politische Rahmenbedingungen: Kommunalpolitische Entscheidungen sind oft von kurzfristigen oder ideellen Zielen und Wählerinteressen geprägt. Dies kann der langfristigen strategischen Ausrichtung der Wirtschaftsförderung entgegenstehen. Eine zu starke Anpassung der Kommunikation an kurzfristige politische Ziele kann zu einem Verlust der strategischen Konsistenz führen. Hier gilt es, einen Balanceakt zu vollziehen, bei dem Wirtschaftsförderungen die politische Realität anerkennen, ohne dabei die langfristige strategische Ausrichtung aus den Augen zu verlieren.
2. Verwaltungsstrukturen und -prozesse: Kommunale Verwaltungen sind oft durch starre Prozesse und Hierarchien geprägt, die einer flexiblen Strategieumsetzung entgegenstehen können. Gleichzeitig sind Verwaltungen, einzelne Referate oder Ämter wichtige Partner in der Umsetzung der strategischen Ziele einer Wirtschaftsförderung. Es ist daher entscheidend, die Kommunikation gegenüber der Verwaltung so zu gestalten, dass sie sowohl auf strategische Umsetzung abzielt als auch die administrativen Notwendigkeiten und internen Abläufe der Verwaltung berücksichtigt.
3. Vielfalt der Interessen: In einer Kommune gibt es eine Vielzahl an Interessengruppen, die oft divergierende Erwartungen und Ziele haben. Die Kunst besteht darin, durch gezielte Kommunikation einen Konsens zu schaffen, der die strategischen Ziele der Wirtschaftsförderung unterstützt. Dies erfordert nicht nur Transparenz und Offenheit, sondern auch die Fähigkeit, Konflikte konstruktiv zu managen und unterschiedliche Stakeholder zusammenzubringen.

Eine geschickte Kommunikation kann zudem strategische Freiheitsgrade erweitern, indem sie neue Handlungsspielräume schafft und bestehende Hindernisse abbaut:

1. Stärkung der Position gegenüber der Politik: Durch eine gezielte externe Kommunikation, die die Bedeutung wirtschaftsfördernder Maßnahmen für die Entwicklung der Stadt hervorhebt, können strategische Freiheitsgrade erweitert werden. Eine Wirtschaftsförderung, die sich als unverzichtbarer Partner für die kommunalpolitische Entwicklung positioniert, kann auf diese

Weise politischen Rückhalt für ihre strategischen Vorhaben gewinnen.

2. Vermittlung strategischer Notwendigkeiten: Oftmals scheitern strategische Vorhaben nicht an fehlender fachlicher Expertise, sondern an mangelndem Verständnis oder Akzeptanz seitens der Stakeholder. Eine gut durchdachte Kommunikationsstrategie kann hier Abhilfe schaffen, indem sie die Bedeutung und Dringlichkeit bestimmter strategischer Initiativen verständlich vermittelt und so Widerstände minimiert.

3. Förderung von Innovationsbereitschaft: Eine aktive Kommunikation kann die Offenheit für neue strategische Ansätze fördern, wodurch der Handlungsspielraum der Organisation vergrößert wird.

Wie kann eine Wirtschaftsförderung dies erreichen? Impulsgebende Kommunikation kann helfen, die kommunalen Entscheidungsprozesse positiv zu beeinflussen:

1. Sensibilisierung für wirtschaftliche Trends und Themen: Eine proaktive Kommunikation, die Trends und Entwicklungen der Wirtschaft aufzeigt, kann die Kommunalpolitik und Verwaltung dabei unterstützen, langfristige strategische Entscheidungen zu treffen, die im Einklang mit globalen und regionalen Entwicklungen stehen.
2. Etablierung von Best Practices: Der Austausch mit anderen Städten und Wirtschaftsförderungen sowie der Einsatz von Benchmarkingstudien in der Kommunikation können dazu beitragen, bewährte Ansätze gegenüber der Kommunalpolitik zu implementieren. So lassen sich Impulse für die Modernisierung und Optimierung kommunaler Prozesse setzen.
3. Förderung von Kooperationen: Wirtschaftsförderungen können als Brückenbauer fungieren, indem sie durch kommunikative Maßnahmen Kooperationen zwischen der kommunalen Verwaltung, der lokalen Wirtschaft und externen Partnern fördern. Dies kann zu einem besseren Verständnis der jeweiligen Rollen und zu einer effizienteren Umsetzung strategischer Vorhaben führen.

Um diese Aufgaben erfolgreich zu bewältigen, bedarf es einer strategischen Koordination aktiver und reaktiver Medienarbeit sowie der Erstellung redaktioneller Inhalte für die eigenen Kommunikationskanäle. KölnBusiness arbeitet mit einer eigenen Content-Creation, die mit Inhalten die strategischen Vorhaben und Erfolge der Organisation hervorhebt und relevante Standortentwicklungen in den Blickpunkt der Öffentlichkeit rückt. Insbesondere in einem Umfeld, in dem Medien und Stakeholder kritisch auf die Kommunalpolitik und Verwaltung blicken, ist es entscheidend, eigene Inhalte zu schaffen, die die Organisation gegenüber lokalen Akteuren und Stakeholdern positionieren und Wirtschaftsthemen gezielt in den Fokus rücken.

Wichtig ist dabei: Kommunikation und Inhalte müssen authentisch sein, um langfristig erfolgreich zu sein – gerade im kommunalen Kontext. Kommunikation kann zwar nur das vermitteln, was tatsächlich erreicht wurde, doch sie kann die Wahrnehmung der Akteure entscheidend beeinflussen, getreu dem Motto: „Tue Gutes und rede darüber."

Eine klare strategische Ausrichtung, unterstützt durch ein funktionierendes Zielsystem und eine proaktive Kommunikationsstrategie, ist für moderne Wirtschaftsförderungen essenziell. So lassen sich langfristige wirtschaftliche Erfolge erzielen, der Strukturwandel aktiv gestalten und die Attraktivität des Standorts nachhaltig steigern.

Trotz der zahlreichen Möglichkeiten, die Kommunikation bietet, gibt es klare Grenzen, die beachtet werden sollten:

1. Akzeptanz der politischen Realität: Wirtschaftsförderungen sollten ihre Rolle innerhalb der kommunalen Strukturen akzeptieren. Nicht alle strategischen Ziele lassen sich durch Kommunikation beeinflussen, insbesondere dann, wenn sie im Widerspruch zu politischen Mehrheiten oder öffentlichen Interessen stehen.

2. Wahrung der Neutralität: In der Kommunikation mit Stakeholdern und der Politik sollte die Wirtschaftsförderung stets ihre Neutralität bewahren. Sie sollte sich nicht zu stark in politische Debatten involvieren, sondern als unabhängiger Akteur mit entsprechender Expertise wahrgenommen werden, der im Interesse der gesamten Stadt und des Gemeinwohls agiert.

3. Überforderung durch Kommunikation: Zu viel Kommunikation kann kontraproduktiv sein, insbesondere, wenn sie nicht zielgerichtet ist. Es ist wichtig, den richtigen Ton und die richtige Frequenz zu finden, um die Glaubwürdigkeit und Effektivität der Wirtschaftsförderung zu bewahren.

13 Synergien zwischen strategischer Planung und Kommunikation sind in der kommunalen Wirtschaftsförderung unerlässlich, um nachhaltigen Erfolg zu gewährleisten. Eine gezielte und strategisch ausgerichtete Kommunikation kann nicht nur das Verständnis und die Akzeptanz strategischer Ziele fördern, sondern auch strategische Freiheitsgrade erweitern und Impulse in die Kommunalpolitik und Verwaltung setzen.

Integration von Kooperationen und Stakeholdermanagement in die strategische Planung

Wirtschaftsförderungen operieren zunehmend in einem komplexen, vernetzten Ökosystem, in dem verschiedene Interessen und Akteursgruppen – von der Politik über die Verwaltung bis hin zur Privatwirtschaft – aufeinander abgestimmt werden müssen. Kooperationen und Netzwerke sind dabei nicht nur ein Weg zur Effizienzsteigerung, sondern auch ein Mittel, um die eigene Gestaltungsfähigkeit zu erweitern.

Kooperationen stellen einen wichtigen Hebel für die strategische Zielerreichung dar. Wirtschaftsförderungen sind zunehmend auf die Zusammenarbeit mit lokalen, regionalen und überregionalen Partnern angewiesen, um die Herausforderungen der Zukunft zu bewältigen. Dies erfordert, dass Kooperationen nicht nur als Mittel zur Ressourcenteilung verstanden werden, sondern als integraler Bestandteil der strategischen Planung.

Eine erfolgreiche Kooperation basiert auf Vertrauen und einer klaren Rollenverteilung. Kommunale Wirtschaftsförderungen sollten ihre Position im Netzwerk klar definieren und sich als verlässlicher und gleichwertiger Partner positionieren. Dies stärkt nicht nur die eigene Handlungsfähigkeit, sondern erhöht auch die Akzeptanz und die Wirkung der gemeinsam entwickelten Initiativen.

Ein wesentlicher Vorteil von Kooperationen liegt in der Bündelung von Ressourcen und Kompetenzen. Besonders in Zeiten begrenzter finanzieller Mittel gewinnen Synergieeffekte an Bedeutung. Wirtschaftsförderungen sollten ihre Rolle innerhalb des regionalen Netzwerks klar definieren und sich als Koordinator und Vermittler zwischen verschiedenen Interessen positionieren. Dies erfordert jedoch nicht nur organisatorisches Geschick, sondern auch ein hohes Maß an Vertrauen und Glaubwürdigkeit im Umgang mit den Partnern.

13.5 Zusammenfassung

Die modernen Herausforderungen und Chancen verlangen von kommunalen Wirtschaftsförderungen eine grundlegende Neuausrichtung ihrer Organisationsentwicklung, ihres Führungsverständnisses und ihrer strategischen Zielsetzung. Diese Neuausrichtung basiert auf Flexibilität, Innovation und Kooperation. Die Fähigkeit, proaktiv auf langfristige Trends zu reagieren, gleichzeitig Krisen zu bewältigen und als aktiver Gestalter des Strukturwandels aufzutreten, wird den Erfolg und die Zukunftsfähigkeit kommunaler Wirtschaftsförderungen entscheidend prägen.

Zusammenfassend lässt sich festhalten, dass moderne Wirtschaftsförderungen ihre internen Strukturen und Strategien grundlegend anpassen sollten, um auf die zunehmende Komplexität der externen Einflüsse angemessen zu reagieren. Die beschriebenen Managementmethoden und strategischen Ansätze zeigen Wege auf, wie Wirtschaftsförderungen in der Lage sein können, nicht nur kurzfristige Herausforderungen zu meistern, sondern langfristig zur Gestaltung des wirtschaftlichen Strukturwandels beizutragen.

Insbesondere die Integration agiler Managementmethoden und die aktive Einbindung von Stakeholdern sind zentrale Elemente für die erfolgreiche Weiterentwicklung kommunaler Wirtschaftsförderungen. Der Einsatz von Data Analytics ist für Wirtschaftsförderungen ein wichtiges Zukunftsthema. Durch datenbasierte Entscheidungsprozesse können präzisere und schnellere wirtschaftliche Prognosen getroffen sowie gezieltere Förderprogramme entwickelt werden. Es wird deutlich, dass nur durch eine strategische Ausrichtung, die sowohl kurzfristige Anpassungen als auch langfristige Visionen umfasst, die Zukunftsfähigkeit dieser Institutionen gesichert werden kann.

Mit dieser Ausrichtung auf Innovation, Kooperation und strategische Planung können kommunale Wirtschaftsförderungen ihren Einfluss auf die wirtschaftliche Entwicklung ihrer Regionen nachhaltig stärken und gleichzeitig als resiliente, flexible Akteure in einem dynamischen Umfeld agieren.

Zusammen stärker – Synergien als Erfolgsfaktor für Organisationen: Das Beispiel der Wolfsburg Wirtschaft und Marketing GmbH

14. Zusammen stärker – Synergien als Erfolgsfaktor für Organisationen: Das Beispiel der Wolfsburg Wirtschaft und Marketing GmbH

Jens Hofschröer und Verena Scholz, Wolfsburg Wirtschaft und Marketing GmbH

Die Stadt Wolfsburg ist eine der bedeutendsten deutschen Stadtgründungen des 20. Jahrhunderts und eine der jüngsten Stadtgründungen Europas. Mit der Entwicklung des Volkswagen Konzerns zum größten Automobilproduzenten in Europa entwickelte sich auch die Stadt, die erst seit 1945 den Namen „Wolfsburg" trägt. Im Jahr 1948 zählte sie gerade einmal 22.000 Einwohnerinnen und Einwohner. Im Jahr 2025 leben in Wolfsburg rund 128.000 Einwohnerinnen und Einwohner auf 204 km^2, und die Stadt bietet mitten im Herzen Deutschlands ein vielfältiges Angebot an innovativen Projekten, Kultur und Natur, besonderen Erlebnissen und Netzwerken.

Mit ihren kommunalen Unternehmen führt die Stadt Wolfsburg verschiedene Aufgaben und Leistungen im Bereich der Daseinsvorsorge aus und trägt hierdurch zur stetigen Entwicklung der Lebensqualität der Bürgerinnen und Bürger bei. Eines dieser Unternehmen ist die Wolfsburg Wirtschaft und Marketing GmbH (WMG). Die WMG bündelt die Aufgaben Wirtschaftsförderung, Citymanagement, Tourismus und Stadtmarketing „unter einem Dach" und fungiert dabei im Verbund der kommunalen Unternehmen als wichtiger Partner. Die Gesellschaft fördert das Stadtbewusstsein, das Image und den Strukturwandel in der Wirtschaftsregion Wolfsburg. Sie bindet durch geeignete Maßnahmen im Bereich des Stadtmarketings, durch Beratung und Information und durch Aktionen und Initiativen in öffentlich-privater Zusammenarbeit alle Akteure ein, die am Stadtleben beteiligt sind und dadurch nach innen wie nach außen zur Profilierung der Stadt beitragen.

Die Ziele der Gesellschaft richten sich an drei strategischen Grundpfeilern aus: Willkommen. Erleben. Investieren. Das übergeordnete Ziel ist die ganzheitliche Steigerung der Attraktivität Wolfsburgs als Wirtschafts-, Lebens- und Reisestandort. Darunter fallen z. B.:

1. Einbindung der Wolfsburger Wirtschaft in gemeinschaftlich getragene Aktivitäten und Initiativen
2. Enge Kooperation und Aufgabenerfüllung bei der Förderung und Entwicklung von Tourismus und Gastronomie, von Handel

und Dienstleistung, von Handwerk und Industrie sowie sonstiger Unternehmungen in der Wirtschaftsregion Wolfsburg

3. Entwicklung und Durchführung des Zentrenmanagements und Marktwesens am Standort Wolfsburg
4. Entwicklung und Betreiben des Stadtmarketings
5. Entwicklung und Durchführung von touristischen Maßnahmen sowie des Messe- und Kongresswesens am Standort Wolfsburg

Hinter dem breiten Aufgabenspektrum der Gesellschaft steht ein präziser Unternehmensauftrag. Strukturell und fachlich teilt sich die WMG in die vier Aufgabenbereiche Wirtschaftsförderung, Citymanagement, Marketing und Tourismus, die sich wiederum in fachliche Teildisziplinen aufgliedern und, stets im engen Austausch stehend, ein gemeinsames Ziel für Wolfsburg verfolgen.

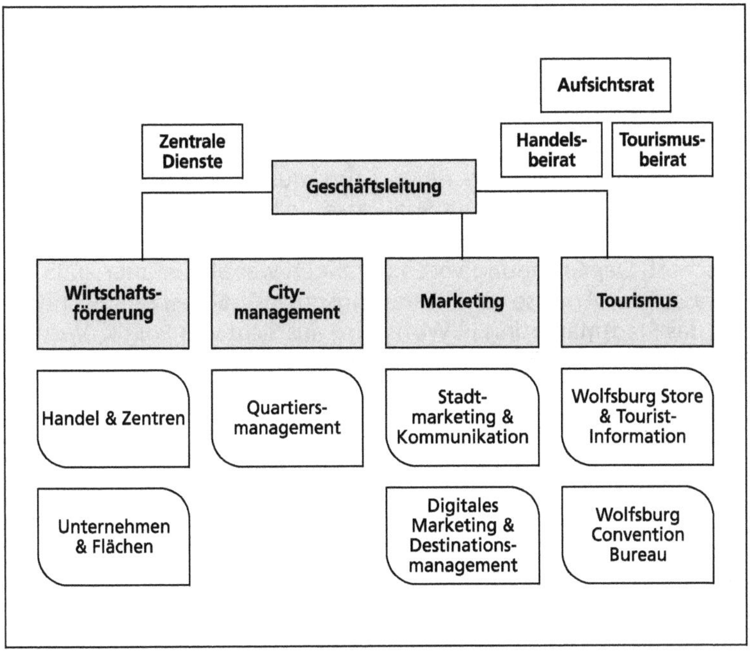

Abbildung 32: Organigramm der Wolfsburg Wirtschaft und Marketing GmbH (Quelle: WMG Wolfsburg)

Innerhalb dieser internen Struktur wird über eine flache Hierarchie eine ausgeprägte bereichsübergreifende Zusammenarbeit gelebt. Damit werden wirkungsvolle Synergien gehoben, um proaktiv und effizient die Stadtentwicklung zu fördern. Gestärkt durch ein Netzwerk an lokalen und regionalen Partnern werden Projekte in und für Wolfsburg verwirklicht, wichtige Impulse für den Standort gesetzt und die Stadt fortlaufend mitgestaltet.

14.1 Gründung, Organisationsstruktur und Zielsetzung

Die WMG ist ein Unternehmen, an dem die Stadt Wolfsburg eine Beteiligung von 80 Prozent hält. Weitere Gesellschafter sind mit einem Anteil von je 10 Prozent die Sparkasse Celle-Gifhorn-Wolfsburg sowie der City-Marketing und Tourismus e. V. (CMT), ein Unternehmensnetzwerk aus den Bereichen Handel, Tourismus und Wirtschaft mit rund 100 Mitgliedsunternehmen. Diese drei Gesellschafter gründeten die Gesellschaft am 21. November 2005. Sowohl die Stadt Wolfsburg als auch der CMT e. V. brachten wesentliche Teile ihres operativen Geschäfts (Gesellschaft für Wirtschafts- und Beschäftigungsförderung mbH, Tourismus und Citymanagement) in die Gesellschaft ein. Die Sparkasse Celle-Gifhorn-Wolfsburg ist ein wichtiger Unterstützer und vielfacher Projektpartner der Gesellschaft. Der Gründung vorangegangen war ab Sommer 2003 ein umfassender Analyse- und Beratungsprozess. Seinerzeit zeichnete sich das Stadtmarketing in Wolfsburg aus Sicht von Politik, Verwaltung und Wirtschaft durch eine Vielzahl und Vielfalt an Beteiligten sowie Mängel in der Kooperation und Koordination aus. Um das Stadtmarketing kümmerten sich damals die Kommunikation der Stadt Wolfsburg, der CMT e. V., die Städtische Gesellschaft für Wirtschafts- und Beschäftigungsförderung mbH, die Wolfsburg AG sowie weitere Geschäftsbereiche der Stadtverwaltung. Die Aufgaben der städtischen Einheiten überschnitten sich teils stark und waren wenig effizient ausgerichtet.

Mit der Bündelung der Kompetenzen und Gründung einer neuen Gesellschaft sollten Synergien und Effizienzsteigerungen entstehen. Ziel war es, dass die WMG die stadtweite Markenführung übernimmt und zum Dach für das Stadtmarketing wird, d. h., sie vertritt Wolfsburg als Produkt. Sie soll, neben den Big Playern, wie z. B. Autostadt, VfL Wolfsburg usw., selbst zum Big Player werden, der die anderen Big Player sukzessive in gemeinsame Marketingaktionen einbindet. Im Gründungsjahr bildeten die damalige Stadtbaurätin der Stadt Wolfsburg, Monika Thomas und Jörg Gillenberg die Geschäftsführung. Mit den Ressorts Stadtmarketing, Tourismus/ Veranstaltungen, Zentrenmanagement und Wirtschaftsförderung wurden die fachlichen Aufgaben von einer Ressortleitung verantwortet.

Auch im Jahr 2025 bildet die Zielsetzung aus der Gründungszeit unverändert die Maxime der Gesellschaft ab. Infolgedessen sind heute beispielgebende Kooperationen ein wesentlicher Erfolgsgarant für die Umsetzung vielfältiger Projekte. Die WMG agiert heute innerhalb eines dynamischen Netzwerks und in partnerschaftlicher Zusammenarbeit mit privatwirtschaftlichen und öffentlichen Unternehmen vor Ort.

Ein erfolgreiches Agieren erfordert grundsätzlich ein gutes Zusammenspiel zwischen der Gesellschafterin Stadt Wolfsburg, den Mitgesellschaftern, dem Aufsichtsrat und der Geschäftsführung. Die beteiligten Akteure haben jeweils für sich genommen eine wichtige Funktion. Die Stadt Wolfsburg definiert die Aufgaben und formuliert die damit verbundenen Ziele. Der Geschäftsführung obliegt es, das Unternehmen in eigener Verantwortung so zu führen, dass die Ziele der Stadt erreicht werden. Die Geschäftsführung wird dabei vom Aufsichtsrat überwacht.

Für die Steuerung und Kontrolle, aber auch inhaltliche und fachliche Begleitung sind mit dem Aufsichtsrat und dem Wirtschaftsausschuss zwei formale Instrumente bei der WMG vorhanden. Der Aufsichtsrat übernimmt hierbei die Steuerungs- und Kontrollfunktion für die gesamte Gesellschaft. Daneben ist insbesondere der Wirtschaftsausschuss ein wichtiges formales Instrument für die Wirtschaftsförderung. Dieser politisch besetzte Ausschuss berät über die Vergabe von städtischen Gewerbeflächen mit einem Verkaufswert bis zu 1 Mio. Euro und spricht eine Empfehlung an die Gremien der Stadt Wolfsburg aus.

Neben diesen eingeübten Instrumenten besteht eine enge und vertrauensvolle Vernetzung nicht nur mit den drei Gesellschaftern, sondern auch mit weiteren Akteuren, Institutionen, Verbänden und Kompetenzzentren am Standort, in der Region und darüber hinaus.

Für die bereichsübergreifende Kooperation und interdisziplinäre Zusammenarbeit bedient die WMG weiterhin drei informelle Instrumente. Die aufgabenübergreifende Kooperation mit der Stadtverwaltung ist von maßgeblicher Bedeutung, um Projekten zu einem erfolgreichen Gelingen zu verhelfen. Hierbei ist vor allem der regelmäßige Austausch mit den städtischen Geschäftsbereichen Stadtplanung, Grundstücks- und Gebäudemanagement, Straßenbau, Smart City und IT Services und dem Referat strategische Stadtentwicklung grundlegend. Als Instrument sichert die „WMG-Wirtschaftsroutine" eine regelmäßige und zielgerichtete Zusammenarbeit auf der operativen Ebene ab. Für die Aufgabenbereiche Citymanagement und Tourismus sind der Handelsbeirat und Tourismusbeirat wirkungsvolle Instrumente, die lokale Unternehmen aus Handel und Hotellerie, den CMT e. V., die IHK sowie den Einzelhandelsverband und DEHOGA miteinander koordinieren. Beide Gremien dienen dazu, die Strategien, Positionen und Projekte aus den jeweiligen wirtschaftlichen Schwerpunktfeldern Handel und Tourismus zu entwickeln. Der Vorsitz der Beiräte obliegt jeweils dem fachlich geschäftsführenden Vorstand des CMT e. V., der wiederum im Aufsichtsrat der WMG vertreten ist.

Wolfsburger Modell stärkt interne Synergien

Damals wie auch heute erfolgt die Organisation von Stadtmarketing, Citymanagement, Tourismus und Wirtschaftsförderung in vielen Kommunen in Deutschland über verschiedene, oftmals eigenständige Organisationseinheiten und -strukturen. Die Bündelung der Kompetenzen analog zum „Wolfsburger Modell" ist zwar vielerorts in der Diskussion, eine erfolgreiche Umsetzung bundesweit jedoch noch nicht häufig gelungen, obgleich dieser Schulterschluss nicht nur kurze Wege garantiert, sondern auch wirkungsvolle Synergien und agiles Arbeiten zwischen der Wirtschaftsförderung zu den Bereichen Citymanagement, Marketing und Tourismus ermöglicht (vgl. 8.1).

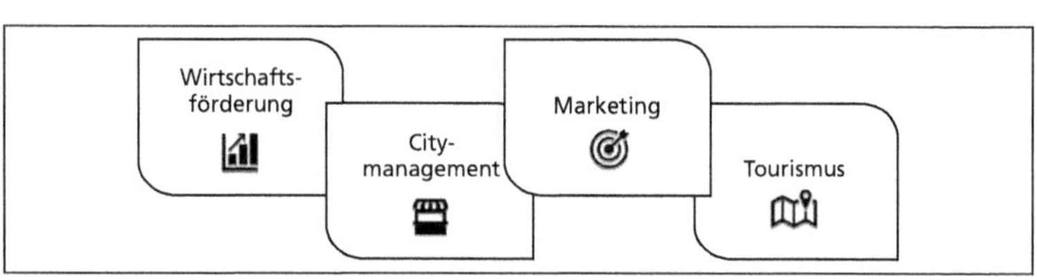

Abbildung 33: „Wolfsburger Modell" der vier Aufgabenbereiche der WMG (Quelle: WMG Wolfsburg)

Seit Gründung der Gesellschaft bestand die Geschäftsführung i. d. R. immer aus zwei Personen, die sich jeweils die Aufgaben geteilt und das Unternehmen gemeinsam geführt haben.

Mit der Wahl des damaligen nebenamtlichen Geschäftsführers und Ersten Stadtrates Dennis Weilmann zum Oberbürgermeister der Stadt Wolfsburg im Oktober 2021 wechselte Dennis Weilmann in den Aufsichtsrat der Gesellschaft. Die alleinige Geschäftsführung der Gesellschaft übernahm der hauptamtliche Geschäftsführer Jens Hofschröer.

Für die erfolgreiche Fortsetzung des begonnenen Transformationsprozesses für den Wirtschaftsstandort Wolfsburg und die Stadtverwaltung beschloss der Rat der Stadt Wolfsburg im Dezember 2021, dass die Themen digitale Entwicklung und Wirtschaft weiterhin in einem Dezernat auf Vorstandsebene gebündelt vorangetrieben werden sollen, woraufhin eine Ausschreibung erfolgte. Im Rahmen des Auswahlverfahrens konnte sich der WMG-Geschäftsführer Jens Hofschröer durchsetzen und wurde im Februar 2023 zum Stadtrat für Wirtschaft und Digitales der Stadt Wolfsburg ernannt. Die Fortsetzung der Geschäftsführung der WMG wurde in der Begründung der Beschlussfassung des Rates der Stadt Wolfsburg ebenfalls benannt und wie folgt beschrieben: „Diese Personalentscheidung wird sich finanzwirtschaftlich positiv auswirken, da Herr Jens Hofschröer die Geschäftsführung der WMG weiterhin, gemeinsam mit einer/m vom Aufsichtsrat der WMG noch aus dem bestehenden Personalstamm zu ernennenden Prokuristin/en, nebenamtlich fortführen wird."

Mit der Ernennung wird die Geschäftsführung seither nebenamtlich vom Wirtschaftsdezernenten der Stadt Wolfsburg in Doppelfunktion übernommen. Damit einhergingen auch eine Neuausrichtung und Erweiterung der Geschäftsleitung. Der Fachverantwortlichen für Personal, Melanie Köcher, und der Fachverantwortlichen für Finanzen, Swantje Schröder, wurden vom Aufsichtsrat der WMG jeweils eine Gesamtprokura für das Unternehmen und damit die Berechtigung erteilt, die WMG gemeinsam mit einem Geschäftsführer oder weiteren Prokuristen zu vertreten.

Sowohl mit der Wahl von Dennis Weilmann zum Oberbürgermeister als auch mit dem Amtsantritt des WMG-Geschäftsführers Jens Hofschröer als Dezernent für Wirtschaft und Digitales der Stadt Wolfsburg erfolgte eine noch stärkere Vernetzung mit der Stadtverwaltung. Die Intensivierung der Zusammenarbeit mit der Stadtverwaltung ist entscheidend, um die Transformation und Weiterentwicklung des Wirtschaftsstandorts Wolfsburg bestmöglich zu unterstützen.

Im Dezernat Wirtschaft und Digitales sind die Geschäftsbereiche Zentrales Organisationsmanagement, Smart City & IT-Services sowie Grundstücks- und Gebäudemanagement organisiert. Aus der Doppelfunktion resultieren sowohl direkte Wege als auch ein bestmögliches Zusammenwirken von Wirtschaftsförderung und dem Wirtschaftsdezernat mit den Schwerpunkten Smart City und Flächenentwicklung. Eine kontinuierliche Weiterentwicklung und Initiierung von neuen Projekten wird durch die Eigenständigkeit der WMG und diesen besonderen Schulterschluss mit der Stadtverwaltung sichergestellt. Ein gegenseitiges vertrauensvolles Zusammenwirken mit den Kolleginnen und Kollegen, Wirtschaftsakteuren und Partnern sowie den politischen Vertreterinnen und Vertretern fasst das Engagement für die Zukunft von Wolfsburg zusammen.

Unterstützt wird die Strategie der Vernetzung und Kooperation durch den Umzug der WMG-Geschäftsstelle innerhalb der Innenstadt. Neben der besseren Sichtbarkeit und Erreichbarkeit im Herzen der Innenstadt ergeben sich für die Gesellschaft attraktive Möglichkeiten zur Umsetzung der eigenen „New-Work-Strategie“ und zugleich auch stärkere Synergiemöglichkeiten mit Partnern und direkten Nachbarn, wie z. B. der IHK Lüneburg-Wolfsburg.

14.2 Wirtschaftsförderung

Wolfsburg ist ein wirtschaftsstarker und dynamischer Standort mit einer Vielzahl an Unternehmen. Die Wirtschaftsförderung der WMG vermittelt die Interessen der Wirtschaft an Politik und Verwaltung. Sie agiert je nach Situation als Lotse, Moderator, Koordinator oder auch als Krisenmanager. Als wichtiges Bindeglied zwischen öffentlicher Hand und Wirtschaft sorgt die Wirtschaftsförderung für Kooperationen sowie die Entwicklung und Umsetzung gemeinsamer Projekte. Die Entwicklung und Stärkung des Einzelhandels, die Vermarktung von städtischen Gewerbeflächen sowie die Förderung der wirtschaftsnahen Infrastruktur sind vorrangige Aufgaben mit klaren Zielen.

Die Wirtschaftsförderung orientiert sich mit ihren jeweiligen Projekten und Maßnahmen an vier strategisch übergeordneten Unternehmenszielen:

- Bestandssicherung und Ansiedlung
- Flächenentwicklung und Infrastruktur
- Stadtteile und Versorgungsstrukturen
- Oberzentrum Wolfsburg

Die Wirtschaftsförderung versteht sich als stets ansprechbarer Partner für Handel, Handwerk, Einzelhandel, Gewerbe sowie Industrie- und Dienstleistungsbetriebe.

Die Wirtschaftsförderung der WMG gliedert sich in die Fachaufgaben „Unternehmen und Flächen“ und „Handel und Zentren“. Mit dieser Aufteilung wird eine qualitätvolle und interdisziplinäre Betreuung und Beratung der unternehmerischen Belange von heimischen Unternehmen, ansiedlungsinteressierten Unternehmen, Investoren und Projektentwicklern zielgerichtet und branchenfokussiert ermöglicht. Exemplarisch wird im Folgenden näher auf das Aufgabenfeld „Handel und Zentren“ eingegangen.

Das zentrale Ziel der Fachaufgabe „Handel und Zentren“ ist es, die Wolfsburger Zentren zukunftsfähig zu entwickeln und insbesondere die Kaufkraftbindung sowohl in der Innenstadt als auch in den Stadt- und Ortsteilzentren zu stärken.

Der Handelsstandort Wolfsburg ist infolge der Stadthistorie nicht als klassischer Handelsstandort nach dem Leitbild der „europäischen Stadt“ entwickelt worden. Infolgedessen hat sich das Hauptzentrum entlang der Porschestraße auf einer Länge von mehr als einem Kilometer individuell entwickelt. Dieser individuellen Entwicklung angepasst, fungiert die Wirtschaftsförderung als Bindeglied zwischen Handelsunternehmen, Eigentümern gewerblich genutzter Immobilien und Stadtverwaltung, um nachhaltige und zukunftsfähige Einzelhandelsstrukturen im gesamten Stadtgebiet zu etablieren. Sie stärkt somit die Einzelhandelsstrukturen sowohl in der Innenstadt als auch in den Stadtteilen und Nahversorgungszentren. Zur Wahrnehmung dieser Aufgabe ist die WMG vom Rat der Stadt Wolfsburg mit der Umsetzung des Entwicklungskonzepts Innenstadt beauftragt. Die Innenstadt verfügt hierbei als Hauptzentrum über eine gesamtstädtische und regionale Einzelhandels- und Dienstleistungsfunktion. Im Rahmen dieser Aufgabe übernimmt die WMG auch die strategische und konzeptionelle Begleitung der Entwicklung der Stadtteil- und Nahversorgungszentren im gesamten Stadtgebiet, vor allem für die Bereiche Handel, Dienstleistung, Gewerbe und Gastronomie.

Ergänzend dazu besteht ein fortwährender Austausch mit den ansässigen Hochschulen, wie der Ostfalia Hochschule für angewandte Wissenschaften und der Programmierschule 42Wolfsburg. Zusätzlich initiiert und engagiert sich das Team der Wirtschaftsförderung landesweit in verschiedenen Netzwerken und auf Events, um das Netzwerk zu stärken und die Diversität am Standort zu erhalten. Der fachliche Austausch wird dabei seitens der Wirtschaftskommunikation in der Funktion als Botschafter der Stadt kommunikativ herausgestellt. Dies erfolgt in interner Synergie zu den Bereichen Marketing, Tourismus und Citymanagement. Eine kontinuierliche und nachhaltige Stärkung des Potenzials der Stadt ist das Ziel.

14.3 Marketing

Als Heimat eines Weltkonzerns steht Wolfsburg, gerade in der aktuellen Krise der Automobilindustrie, stets im Blickpunkt globalen Interesses. Demnach gilt es, Wolfsburg nicht nur als starken Wirtschaftsstandort zu positionieren, sondern auch als Marke zu etablieren. Mit einem ganzheitlichen Marketing und durch gezielte, aufeinander abgestimmte Maßnahmen wird das Image der Stadt gefördert. Gemeinsam mit starken Partnern aus Politik, Verwaltung, Handel, Unternehmen und Kultur strebt die WMG an, die Stadt als attraktiven Standort für Wirtschaft und Tourismus zu positionieren.

Dabei sind kontinuierliches Erfassen, Messen und Controlling wichtige Bausteine für strategisches Handeln. Entsprechend des „Wolfsburger Modells“ werden bereichsübergreifend und in Zusammenarbeit mit externen Partnern neue Projekte umgesetzt. Auf Grundlage der ganzheitlichen Markenstrategie werden Inhalte, Aktionen, Kampagnen und Angebote realisiert und kommuniziert. Die Kommunikation muss sich in der heutigen Zeit stetig dem sich wandelnden Informations- und Kommunikationsverhalten in der Gesellschaft anpassen und entsprechend den Kommunikationsmix erweitern bzw. neu ausrichten. Das Portfolio umfasst dabei sowohl Print- als auch Onlineprodukte, die zwischen den individuellen Bedürfnissen der entsprechenden Zielgruppen differenzieren und die jeweiligen Inhalte hoch- und mehrwertig priorisieren.

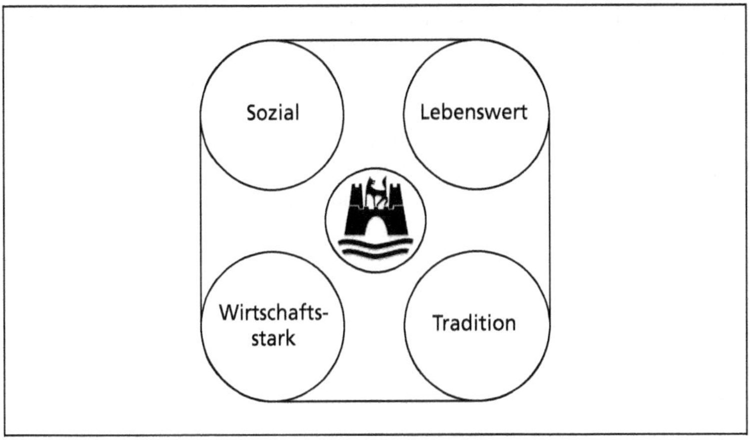

Abbildung 34: Der Markenkern für Wolfsburg als Ergebnis der Imageanalyse 2022 (Quelle: WMG Wolfsburg)

Ankerpunkte der Transferleistung im Bereich Kommunikation stellen die Markenkernwerte Wolfsburgs dar. Basierend auf den Ergebnissen einer Onlinebefragung, wurde ein Markenkern statuiert, der die Stärken und Potenziale der Stadt darstellt und eine Orientierung für Projekte und Maßnahmen bietet.

Die Markenpositionierung bildet die strategische Grundlage der Kommunikation, um die Marke Wolfsburg gesamtheitlich zu definieren, zu positionieren und das Stadtimage zu stärken. Der Markenkern leitet fundiert ab, dass Wolfsburg authentisch für die vier Werte steht. Sie werden um Markeneigenschaften ergänzt, die die Kernwerte näher definieren. Wolfsburg steht demnach u. a. für die Themen Wirtschaftskraft und Innovation. Über alle Zielgruppen hinweg wird Wolfsburg als moderner, zukunftsorientierter und starker Wirtschaftsstandort mit einer positiven Lebensqualität wahrgenommen.

Die Markenanker auf der dritten Ebene wiederum benennen taktile Eigenschaften der einzelnen Dimensionen. Der Wirtschaftsstandort wird demnach durch die Anker „attraktiver Innovationsstandort" und „führender Automotivestandort" wahrnehmbar. Gleichzeitig wurden Markenpotenziale und Handlungsempfehlungen aus den Ergebnissen identifiziert, die Wolfsburg als Destination derzeit (noch) nicht erfüllen kann. Die Zielsetzung sieht vor, diese Potenziale langfristig zu Markenankern umzuwandeln.

Die Resultate der Imageanalyse fließen nun fortlaufend über die WMG in die Entwicklung des Standorts ein, indem ein stetiger Abgleich mit dem Markenkern bei der Umsetzung von Maßnahmen, Projekten und Kampagnen erfolgt. Das zielgerichtete Markenleitbild dient dabei als strategisch und nachhaltig entwickelte Plattform, die das Image und die Besonderheit dieser jungen, weltoffenen Stadt transportiert. Folglich bilden die strategischen, kreativen und markenorientierten Kommunikationsmaßnahmen der WMG einen notwendigen Prozess, um die Markenkernwerte Wolfsburgs zu transferieren.

Dabei werden zwei Handlungsfelder fokussiert: Mithilfe der Kommunikation nach außen werden die wirtschaftlichen, gesellschaftlichen und kulturellen Vorzüge Wolfsburgs regional und überregional präsentiert. Im Vergleich dazu richtet sich die innere Kommunikation an die Wolfsburger Bürgerinnen und Bürger sowie die lokalen Akteure, bindet diese aktiv und transparent in den Kommunikationsprozess ein und fördert gesamtheitlich den Dialog.

Das Aufgabenfeld Media Relations vereint im Aufgabenfeld Kommunikation Medienanfragen und Presseinformationen der vier Bereiche Wirtschaftsförderung, Marketing, Tourismus und Citymanagement. Über die Kommunikationskanäle, Medienverteiler und -datenbanken sowie das Corporate Publishing hinweg werden so facettenreiche Impressionen des Standorts geteilt. Im Corporate Publishing umfasst das Repertoire aufbereitete Print- und Onlinemedien, wie z. B. das Bürgermagazin „Dein Wolfsburg“, das Wirtschaftsmagazin „Wolfsburg+“ oder die Standortbroschüre. Darüber hinaus werden Kommunikationsmaßnahmen in Zusammenarbeit mit den Fachhochschulen, Ausbildungsorten und dem Forschungscampus für Studierende umgesetzt. Eine entsprechende Informationsbroschüre heißt die Zielgruppe am Standort willkommen, bietet weiterführende Informationen rund um die Stadt und hält Hilfestellungen für den Start in Wolfsburg bereit.

Im Rahmen des digitalen Marketings wird Investoren, Partnern, (Neu-)Bürgerinnen und Bürgern, Touristinnen und Touristen und allen an Wolfsburg Interessierten eine Plattform geboten, um sich tagesaktuell und punktgenau über die Aktivitäten am Standort informieren zu können. Das Erlebnisportal www.wolfsburg-erleben.de ist dabei die primäre Anlaufstelle für aktuelle Informationen rund um die Vielfalt der Freizeitangebote in Wolfsburg. Das Portal bündelt kompakt die Services und offeriert, Wolfsburg in all seiner Vielfalt zu erleben. Bereits bei der Entwicklung des Portals stellte die Integration in die kommunale Digitalstrategie im Rahmen von Smart City eine wichtige Voraussetzung dar, um über weitere Kommunikationskanäle, wie z. B. die Wolfsburg App, Zugang bieten zu können. Ein wichtiger Bestandteil des Portals und der Wolfsburg App ist der digitale Veranstaltungskalender, durch den Partner, Institutionen und Vereine über die Möglichkeit verfügen, eigene Veranstaltungen einzupflegen. Er ermöglicht den bestmöglichen Überblick über die Termine und Events in der Stadt. Eine weitere strategische Umsetzung umfasst das Content Marketing über die Social-Media-Kanäle, die die Inhalte des Erlebnisportals und aktuelle Geschehnisse der Stadt zielgruppenspezifisch ausspielen. In Zusammenarbeit mit Partnern und in Form eines entsprechenden Community-Managements wird somit eine Interaktionsplattform für die Nutzerinnen und Nutzer geboten. In dieser Form wird die Vielfalt Wolfsburgs redaktionell aufgearbeitet, digital zugänglich gemacht und der Standort letztendlich als starke Marke crossmedial erlebbar. In ihrer Funktion tragen die einzelnen Maßnahmen zu einer multimedialen Außendarstellung bei, die das Image der Stadt parallel stärken und fördern.

Das Aufgabenfeld Destinationsmanagement im Bereich des Marketings schließt eine Klammer zwischen allen touristischen Organisationseinheiten der WMG. Die Weiterentwicklung der gesamten Destination sowie die Positionierung dieser im Wettbewerb zu anderen Destinationen auf Grundlage der Freizeit- und Erlebnismarke „Wolfsburg erleben" steht hierbei im Fokus. Ein abgestimmter Marketingmix dient dazu, Wolfsburg als attraktives Tourismusziel zu positionieren. In Zusammenarbeit mit Partnern wird so die Vielfalt der touristischen Angebote vermarktet. Dies erfolgt in Form von Publikationen, die das Angebot der Stadt bündeln und visualisieren, Messeauftritten, die die Stadt im Bundesgebiet repräsentieren, oder als Bindeglied zwischen strategischen Partnern im Rahmen einer Marketingkooperation. Demnach wird das Ziel verfolgt, die Angebotsvielfalt der Destination überregional bekannt zu machen.

Die touristische Broschüre „Wolfsburg erleben" der WMG adressiert interessierte Bürgerinnen und Bürger sowie Gäste der Stadt aus dem In- und Ausland, um ihnen einen Überblick über die lokalen Freizeitangebote zu bieten. Mit der Gesamtstrategie, Wolfsburg als attraktive Marke zu positionieren, werden mit dieser Imagebroschüre Emotionen sowie Neugier geweckt. Gleichzeitig werden Inhalte mehrerer vorheriger Printprodukte i. S. d. Nachhaltigkeit in einer Version vereint, die ebenso über das digitale Erlebnisportal mehrsprachig zugänglich sind und wirkungsvolle Synergien bilden.

14.4 Citymanagement

Den dritten Bereich des „Wolfsburger Modells" bildet das Citymanagement. Mit der Zielsetzung, den Einzelhandelsstandort Innenstadt zu positionieren, fokussiert das Citymanagement proaktiv die nachhaltige Entwicklung und Attraktivierung der Innenstadt. Mit einer zukunftsorientierten und bedarfsgerechten Innenstadtattraktivierung soll langfristig das Wolfsburger Stadtzentrum wieder stärker belebt werden.

Um zusätzliche Besuchsanlässe zu schaffen sowie die Frequenzen und Verweildauer zu steigern, realisiert der Bereich Citymanagement ganzjährig verschiedene, für die Besucherinnen und Besucher stets kostenfreie Veranstaltungsformate in der Stadtmitte. Dazugehörig sind Eigenveranstaltungen in der Fußgängerzone, wie Aktionstage mit begleitenden verkaufsoffenen Sonntagen, Open-Air-Konzerte, familienfreundliche Angebote in der Ferienzeit sowie die Organisation des Wolfsburger Weihnachtsmarkts. Eine stetige Weiterentwicklung der Angebotsvielfalt und die damit einhergehende Steigerung der Attraktivität der Innenstadt ist dabei von zentraler Bedeutung. Darüber hinaus unterstützt das Citymanagement mit entsprechender Fachexpertise als Partner zahlreiche Events von externen Veranstaltern, städtischen Töchtern und Institutionen. Dieses Vorgehen verspricht eine Förderung und Stärkung der Kulturlandschaft sowie im Allgemeinen einen Zugewinn für die Aufenthaltsqualität in der Innenstadt.

Als Beispiel für Eigenveranstaltungen ist der 85. Stadtgeburtstag anzuführen, der mithilfe von Sponsoren und Partnern finanziert und in der gesamten Innenstadt realisiert wurde. Die Festmeile, die sich entlang der Wolfsburger Innenstadt erstreckte, zog Zehntausende Besucherinnen und Besucher aus Wolfsburg sowie der umliegenden Region in die Stadtmitte. Neben kostenfreien Mitmachaktionen, Informationsständen, gastronomischen Angeboten und einem abwechslungsreichen Bühnenprogramm war der eintrittsfreie Auftritt der Sportfreunde Stiller auf der Volksbank BRAWO-Bühne ein besonderes Highlight des Festwochenendes. Zusätzlich beteiligten sich verschiedenste Wolfsburger Institutionen mit eigenen Aktionen, die durch die Koordination des Citymanagements in das Programm zum 85. Stadtgeburtstag eingebunden wurden.

Des Weiteren bildet der Weihnachtsmarkt ein wichtiges Veranstaltungsformat des Citymanagements. Rund um die Veranstaltung organisiert die WMG seit vielen Jahren die Installation der Wolfsburger Winter- und Weihnachtsbeleuchtung, um die Aufenthaltsqualität in den Stadtteilzentren weiter zu steigern. Im Jahr 2023 setzte das Citymanagement die Anbringung im Stadtgebiet, ausgenommen zweier Stadtteile, erstmalig in Eigenleistung um. Durch die prozessuale Umstrukturierung konnte die Installation der Weihnachtsbeleuchtung erfolgreich durchgeführt und die Finanzierung zukunftsorientiert sichergestellt werden.

Neben den innenstadtseitigen Veranstaltungen besitzt der Allerpark als öffentlicher Themenpark rund um Natur, Sport, Freizeit und Kulinarik eine weitere bedeutende Strahlkraft für den Standort. Das Quartiersmanagement Allerpark ist dem Bereich Citymanagement zugeordnet und umfasst die Vermarktung des Areals sowie die Weiterentwicklung des Angebots in enger Abstimmung mit der Stadt und den Betreiberinnen und Betreibern. Im Rahmen dessen werden regelmäßig eigene Veranstaltungen wie das Open-Air-Kino umgesetzt.

Ein weiterer Schwerpunkt des Citymanagements liegt auf Services des Ladenflächenmanagements. Dabei wird in Zusammenarbeit mit dem Bereich Wirtschaftsförderung das Ziel verfolgt, eine Innenstadt mit einem ausgewogenen, zukunftsfähigen und erlebnisorientierten Branchenmix zu bieten. Bei diesem Prozess spielen städtebauliche Konzepte und Masterplanungen innerhalb der Innenstadt eine bedeutende Rolle. Die Services umfassen dabei die Vermarktung städtischer Gewerbeflächen, Unterstützung von standortinteressierten Flächensuchenden, Unterstützung von privaten Gewerbeflächenanbietern bei der Suche nach Nutzungen sowie die Begleitung von Projektentwicklungen. Zu diesem Zweck steht das Citymanagement in stetigem Austausch mit Handelsunternehmen, Immobilieneigentümerinnen und -eigentümern, städtischen Fachbereichen, Investoren, Projektentwicklern und standortinteressierten Unternehmen, um eine bestmögliche frequenzbringende Angebotsauswahl und -qualität in der Innenstadt zu entwickeln. So können Problemstellungen und Herausforderungen schnellstmöglich und effizient gemeinsam gelöst oder neue Impulse durch integrative Ansätze für die qualitative Weiterentwicklung des innerstädtischen Angebots gesetzt werden.

Auch wenn die bedarfsgerechte Vermittlung von Ladenflächen zu großen Teilen von privatwirtschaftlichen Akteuren abhängig ist, konnte das Citymanagement 2023 durch aktives Flächenmanagement und engen Austausch mit den Innenstadtakteuren den vermarktbaren Leerstand in der Wolfsburger Innenstadt weiterhin auf einem geringen Niveau halten. In diesem Zusammenhang sind die internen Synergien zwischen dem Team des Citymanagements und der Wirtschaftsförderung von großem Nutzen.

14.5 Tourismus

Infolge der sich nach der Coronapandemie weiterhin überlagernden Krisen und damit verbundener Auswirkungen auf die Tourismusbranche hat die WMG das Aufgabenfeld Tourismus neu strukturiert. Von gleichbleibend hoher Relevanz ist dabei die Unterstützung von Interessierten am Reiseziel Wolfsburg. Im Hinblick auf den Standort als Tagungs- und Kongressdestination haben sich die Anforderungen ebenso wie das Tagungsverhalten – nicht zuletzt durch die Coronapandemie – stark verändert. Mit dem Aufbau des Wolfsburg Convention Bureaus stärkt die WMG das Serviceangebot rund um den Tagungs- und Kongressstandort Wolfsburg sichtbar und stellt sich damit gleichzeitig im Bereich Tourismusförderung neu auf. Mit der Positionierung eines branchenerfahrenen Teams und dessen ausgewiesener Standortkompetenz agiert das Convention Bureau als kompetenter Ansprechpartner des Partnernetzwerks und Unterstützer für die Vorbereitung, Planung und Umsetzung von Tagungen, Kongressen und Events in Wolfsburg. Darüber hinaus wird das Serviceangebot um Eigenveranstaltungen erweitert, die in Kooperation mit starken Partnern ermöglicht werden und zusätzliche Austauschplattformen bieten. Mit stetiger Integration verschiedener Kommunikationskanäle in Form von Vertriebsnetzen, Social-Media-Kanälen und internen Synergien innerhalb des „Wolfsburger Modells" wird das Partnernetzwerk fortwährend in den Fokus gestellt. Exemplarisch für die Eigenveranstaltung ist die Entwicklung und Umsetzung der Netzwerkveranstaltung „Wolfsburg WOMEN connect" für rund 350 weibliche Führungskräfte und Entscheiderinnen verschiedener Branchen aus der Region. Das gebotene Umfeld hebt im Dialog wirkungsvolle Synergien und stärkt den Austausch zwischen Partnern, Unternehmen, Institutionen und dem Wolfsburg Convention Bureau.

Für den Erstkontakt von Ankommenden in der Stadt dient die Tourist-Information, integriert in den Wolfsburg Store, als zentrale Anlaufstelle für touristische Auskünfte über die Stadt. Direkt gegenüber vom Hauptbahnhof Wolfsburg gelegen, ist das Angebot für alle Zielgruppen sehr gut erreichbar. Der thematische Schwerpunkt umfasst im Bereich der Tourist-Information Sehenswürdigkeiten, touristische Attraktionen, Hotelzimmervermittlung, Restaurants oder Veranstaltungen der Stadt. Dabei bietet das Serviceangebot neben einer umfangreichen Reiseplanung den Verkauf von Tickets, Merchandise und Stadtsouvenirs sowie die Organisation von öffentlichen Stadtführungen und Erlebnistouren inklusive Gästeführerinnen und Gästeführern an.

14.6 Strategische Weiterentwicklung

Bezugnehmend auf die internen Strukturen des „Wolfsburger Modells" und die Fokusthemen der jeweiligen Bereiche, ist angesichts der gesamtwirtschaftlichen Entwicklung eine stetige Weiterentwicklung unabdingbar. Ein gemeinsames Verständnis der notwendigen Transformationsprozesse und Zukunftsvisionen Wolfsburgs ist wesentlich für eine erfolgreiche Umsetzung der anvisierten Ziele.

Eine entsprechende strategische Weiterentwicklung, wie die notwendige Steigerung der Attraktivität und gezielten Belebung der Innenstadt verlangt nach einer stetigen Initiierung von neuen Projekten. Die Förderung des Handels, die Stärkung der Kultur- und Freizeitangebote sowie die Verbesserung der Aufenthaltsqualität am Standort bilden zukunftsorientierte und nachhaltige Strategien, die das Entwicklungspotenzial innerhalb der Innenstadtentwicklung offenlegen. Auf Grundlage kontinuierlicher Abstimmungsprozesse innerhalb des „Wolfsburger Modells" können die Zukunftsstrategien in die Umsetzung gebracht und langfristige Erfolge erzielt werden. Infolgedessen bilden diese Perspektiven in Form des Entwicklungskonzepts Innenstadt das Fundament für die fortwährende proaktive Stadtentwicklung.

In diesem Kontext hat die WMG zusammen mit der Stadtverwaltung zum Jahresende 2024 eine Unternehmensbefragung durchgeführt. Die Ergebnisse geben Aufschluss über die Zufriedenheit der Un-

ternehmen mit dem Standort und ihre Entwicklungsperspektiven. Inhaltlich fokussierte sich die Befragung auf die Bewertung der Standortfaktoren, die Zukunftserwartungen sowie die Leistungen der WMG. Infolgedessen bilden die Antworten die Grundlage für weitere strategische Maßnahmen und Schwerpunktsetzungen der WMG zur Stärkung des Wirtschaftsstandorts Wolfsburg. Grundsätzlich bewerteten die Befragten den Wirtschaftsstandort Wolfsburg positiv: Zusammengenommen zeigten sich 61 Prozent mit
14 dem Standort „sehr zufrieden" oder „eher zufrieden". Konkret sind 16 Prozent „sehr zufrieden", 45 Prozent „eher zufrieden", 26 Prozent „teils/teils" und nur jeder Zehnte ist ausdrücklich „unzufrieden". Vor dem Hintergrund der wirtschaftlichen Verunsicherung fühlen sich 68 Prozent der Befragten mit Wolfsburg sehr verbunden und nehmen die Stadt mehrheitlich als wirtschaftsstark und weltoffen wahr. Somit konnte die Unternehmensbefragung auch die im Zuge der Imageanalyse der WMG erhobene Wolfsburger Markenidentität bestätigen.

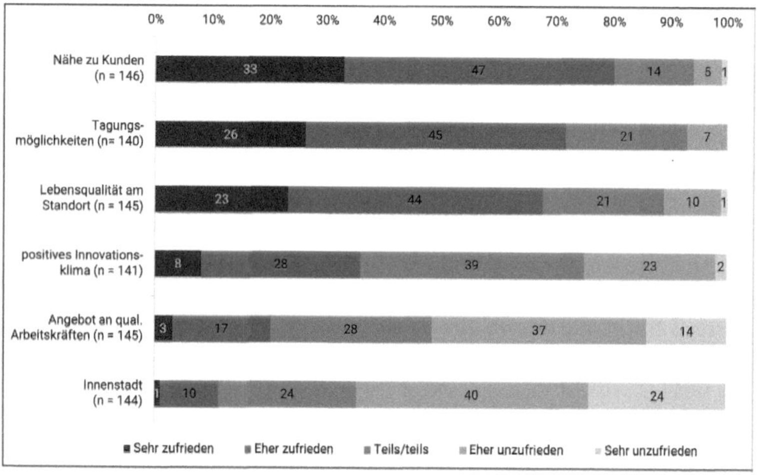

Abbildung 35: Bewertung der Standortfaktoren als Ergebnis der Unternehmensbefragung 2024 (Quelle: WMG Wolfsburg)

Klar positiv bewerten die Befragten die Nähe zu den jeweils eigenen Kunden, die Tagungsmöglichkeiten vor Ort sowie die Lebensqualität am Standort. Deutliche Kritikpunkte sind die Innenstadt, das begrenzte Angebot an qualifizierten Arbeitskräften sowie das

Innovationsklima. Letzteres erscheint im Hinblick auf den Befragungszeitraum wenig überraschend. Herausfordernd sehen die Unternehmer aktuell vor allem die Rahmenbedingungen bezüglich des Fachkräfteangebots und des Flächenmarkts. Denn der Fachkräftemangel zählt bei den Unternehmen zu einer der größten Herausforderungen in den nächsten fünf Jahren; bereits heute melden knapp 2/3 der Betriebe offene Stellen. Der erwarteten Standortentwicklung sehen die Befragten im Kontext der aktuellen Situation verhalten entgegen. Dennoch berichten 16 Prozent von der Planung einer Expansion am Standort – ein im kommunalen Benchmarking durchschnittlicher Wert. Bezüglich der Nachfrage verschiedener Flächentypen rechnen die Unternehmen tendenziell mit einem Rückgang des Bedarfs an Büroflächen. Dies deckt sich auch mit den Erkenntnissen aus dem jüngst aktualisierten Wolfsburger Büromarktbericht, der zeigt, dass Büroflächen in peripheren Lagen weniger gefragt sind und innerstädtische Lagen verstärkt fokussiert werden.

Aus den einzelnen Bewertungen lassen sich Potenziale und Maßnahmen zur weiteren Stärkung und Entwicklung des Standorts ableiten. Die Ergebnisse bestätigen bereits erkannte Potenziale, wie z. B. die Bedeutung der Förderung der Gründerszene.

Neben einer Bewertung des Standorts fokussierte sich die Unternehmensbefragung auch auf die konkreten Leistungen der WMG. Im Detail wird die Erreichbarkeit von Ansprechpersonen bei der WMG sowie deren Kompetenz von den Befragten gelobt. Ebenso auf einem hohen Niveau werden die Bereitstellung von Informationen und die Bearbeitungsgeschwindigkeit bewertet. Die Resultate belegen insgesamt zudem, dass für 94 Prozent der Befragten die WMG ein bekanntes Unternehmen darstellt und somit wie gewollt zum „Big Player“ geworden ist.

Vergleichsweise geringer fällt jedoch die Kenntnis des konkreten Leistungsangebots aus. Folglich besteht hier Potenzial, die Leistungen der einzelnen Bereiche Wirtschaftsförderung, Citymanagement, Marketing und Tourismus stärker zu kommunizieren. Die Ergebnisse der Unternehmensbefragung bieten eine gute Grundlage für die strategische Weiterentwicklung des „Wolfsburger Modells“ und der Gesellschaft.

Anhang

15. Transformation – auch in der Wirtschaftsförderung! Positionspapier des Deutschen Verbandes der Wirtschaftsförderungs- und Entwicklungsgesellschaften e. V. DVWE vom 13. September 2023

Die Transformation ist gegenwärtig ein häufig verwendeter Begriff in der wirtschafts- und gesellschaftspolitischen Diskussion, der nichts anderes zum Ausdruck bringen soll, als dass es notwendige Veränderung bzw. einen Wandel gibt. Dabei ist die Quelle oder das auslösende Momentum der Veränderung unerheblich. Strategisch wichtig ist eine proaktive Sichtweise innerhalb der eigenen Wirtschaftsförderungsorganisationen. Folgende Leitfragen sind hierbei in den Fokus zu nehmen:

- Gibt es auch (die) Transformation in der Wirtschaftsförderung?
- Bezieht sich eine mögliche Transformation der Branche Wirtschaftsförderung lediglich auf ihre Aufgabenschwerpunkte oder führt sie auch zu einem organisatorischen und strukturellen Wandel?
- Wie kann eine konkrete und konstruktive Aufgabenkritik intern und extern stattfinden?
- Verändert sich die Wahrnehmung der Wirtschaftsförderung durch die Transformation?

Zu diesen und weiteren Fragestellungen hat der Deutsche Verband der Wirtschaftsförderungs- und Entwicklungsgesellschaften e. V. (DVWE e. V.) in einem durch die Mitglieder getragenen Bottom-up-Prozess Positionen aus Sicht der Praxis erarbeitet, die zum Ziel haben, die Aufgaben und das Rollenverständnis der Wirtschaftsförderung in den Blick zu nehmen, um die Bedeutung der Wirtschaftsförderung für die Standortentwicklung besser wahrnehmen zu können. Einschränkend sei gleich zu Beginn darauf hingewiesen, dass eine einheitliche Wirtschaftsförderung „von der Stange" nicht existiert, was zur Folge hat, dass die verschiedenen Ansatzpunkte für eine Wirtschaftsförderung vor Ort aufgrund ihrer Struktur, Verortung oder Ausrichtung eine unterschiedlich starke Bedeutung haben können. Deshalb wird auch im Weiteren versucht, neutral vom Standort oder allgemein von Dienstleistungen zu sprechen, die es zu fördern gilt, losgelöst von der Ebene oder Dimension eines Standorts, beginnend bei einer kleinen Gemeinde über eine mittelgroße Stadt hin zu den Landkreisen, Regionen oder gar Metropolregionen.

Kontinuierlicher Aufgabenzuwachs

Wirtschaftsförderung hat eine lange Tradition. Das dabei vorhandene Grundverständnis, dass Wirtschaftsförderung im Einvernehmen mit den kommunalen Strukturen vor Ort dazu beitragen soll, beste Rahmenbedingungen zu schaffen, die es den Unternehmen ermöglichen, am Standort zu investieren, an die Zukunft angepasste Arbeitsplätze zu sichern und zu entwickeln und damit zur Prosperität eines Standorts führt, bleibt bestehen. Die Veränderung ist vielmehr in den Ausprägungen der Rahmenbedingungen und den damit verbundenen Erwartungshaltungen der Stakeholder an die Wirtschaftsförderung zu sehen. Dabei muss Wirtschaftsförderung aber auch aktuelle gesamtgesellschaftliche Entwicklungen beachten und jahrzehntealte Wachstumsdefinitionen neu verorten. Es geht nicht mehr (nur) um quantitatives unternehmerisches Wachstum oder die Schaffung neuer Arbeitsplätze. Vielmehr müssen aktuelle Veränderungstrends wie Klima- und Ressourcenschutz, soziale Nachhaltigkeit i. S. d. Teilhabe der Bevölkerung an der Wirtschafts- und Standortentwicklung sowie qualitative Aspekte und andere Dinge wesentlich stärker mitgedacht werden, auch wenn die kommunale oder regionale Wirtschaftsförderung keinen unmittelbaren oder bestenfalls nur einen geringen Einfluss auf z. B. globale Veränderungsprozesse nimmt.

Auffällig ist auch, dass trotz einer Transformation keine bis ganz wenige Themen- und Aufgabenbereiche komplett aus dem Portfolio verschwinden. Sie bleiben grundsätzlich Teil der Wirtschaftsförderung, die Transformation führt vielmehr innerhalb eines Themen- und Aufgabenbereichs zu Veränderungen – sei es in der Methodik der Prozesse oder auch im Hinblick auf die Bedeutung eines Bereichs in der täglichen Praxis. Zum Teil führt diese Tendenz am Ende zu einem sehr heterogenen Aufgabenspektrum, das sehr schnell die Fragen nach der Sinnhaftigkeit und der Effizienz mit sich bringt. Daher muss die Anpassung des bisherigen Portfolios unter Berücksichtigung eines stärkeren strategischen Ansatzes im Fokus der weiteren Ausführungen stehen.

Die beschriebene Aufgabenkontinuität ist auch der Grund dafür, dass die Bestandspflege der Unternehmen, trotz des dynamischen

Wandels, weiterhin die zentrale Aufgabe der Wirtschaftsförderung darstellt. Durch die Bestandspflege wird die Grundlage für die Standortsicherung, eine mögliche Standorterweiterung oder auch für den Austausch zwischen Unternehmen und der öffentlichen Seite gelegt. Damit einhergehen weitere klassische Aufgaben wie die für das Ansiedlungsmanagement bedeutsame Gewerbeflächenbereitstellung bzw. deren Vermarktung durch das Standortmarketing oder auch die Schaffung wirtschaftsnaher Infrastrukturen. Es ergibt sich somit eine zunehmend breite horizontale und vertikale Aufgabenpalette, die nur bedingt steuerbar ist.

15 **Komplexität nimmt zu**

Wie in anderen Branchen, so zeigt sich auch in der Wirtschaftsförderung, dass die Aufgaben ständig komplexer und herausfordernder werden, was nicht nur an der Globalisierung, der Fachkräfteproblematik, der Digitalisierung oder dem zunehmenden Wettbewerb liegt. Zurückzuführen ist diese Entwicklung vor allem darauf, dass Planungen und Entwicklungen zunehmend umfassender und ganzheitlicher betrachtet werden. Die Wirtschaftsförderung ist zum Teil intensiv in die Entwicklung großer Infrastrukturvorhaben eingebunden, was hohe qualitative Anforderungen an die interne Kompetenzentwicklung in diesem Bereich mit sich bringt. Dass die Standortentwicklung in ihrer Gänze betrachtet wird, ist dabei zu begrüßen, weil in der Vergangenheit oftmals eine eindimensionale Betrachtung überwogen hat und der eigentliche Mehrwert erst durch die Berücksichtigung der ökonomischen, ökologischen und sozialen Wechselwirkungen sichtbar wird. Hierdurch verschiebt sich aber auch die Positionierung der Wirtschaftsförderung – weg von der reinen Umsetzung hin zu einer stärkeren strategischen Ausrichtung und damit verbunden einer frühzeitigen und dauerhaften Einbindung in Entscheidungsprozesse. Damit übernimmt die Wirtschaftsförderung noch stärker als bisher Aufgaben der Koordination und der Prozesssteuerung.

In einer globalisierten Welt wirken sich naturgemäß auch übergeordnete Veränderungen wie Klima- und Ressourcenschutz, die Stabilität oder Unterbrechung von Lieferketten oder die Ab- oder Rückwanderung von Industrien und Gewerbe ganz unmittelbar auf lokale Standortentwicklungen aus und beeinflussen somit in Summe auch die Wettbewerbsfähigkeit des Standorts Deutschland. Vor diesem Hintergrund muss sich die kommunale und regionale Wirtschaftsförderung zunehmend auch den globalen Herausforderungen stellen, selbst wenn sie räumlich ganz andere Zuständigkeiten wahrnimmt.

Wirtschaftsförderung ist vielgestaltiger denn je

Unter der Zielsetzung der Standortentwicklung fallen der Wirtschaftsförderung unterschiedliche und sich permanent ergänzende Aufgaben- und Themenbereiche zu. So bringt sich die Wirtschaftsförderung z. B. in die Unterstützung von Existenzgründungen ein, berät Unternehmen oder auch die öffentliche Seite im Hinblick auf Fördermöglichkeiten im Rahmen von wirtschaftsnahen Infrastrukturentwicklungen, betreut Investoren vom Erstkontakt bis zur Einweihung und darüber hinaus oder ist die Stelle des Wissens- und Technologietransfers. Durch ein proaktives Wirken der Wirtschaftsförderung können Standorte gezielt gestaltet werden. Dabei ist z. B. die langfristige Stärkung regionaler Wirtschaftskreisläufe ebenso in den Blick zu nehmen wie etwa der Umgang mit Knappheiten wie sie bei Flächen, Mitarbeitenden, Rohstoffen o. a. herrschen. Diese Prozesse bottom-up zu gestalten, kann zu einer höheren Resilienz des Standorts führen.

Daraus ergibt sich ein stetiges und schnelleres Wachstum an Verantwortlichkeiten, während sich auf der anderen Seite die strukturellen Voraussetzungen sowohl in den personellen Verfügbarkeiten und Qualifikationen aber auch in den finanziellen Kapazitäten und Strukturen nur sehr schleppend verändern. Aber gerade auch die interne Innovationsfähigkeit der Wirtschaftsförderung wird zu einer institutionellen Schlüsselkompetenz. Die Sicherstellung einer angemessenen und verlässlichen Ressourcenausstattung, personell wie materiell, ist eine der wesentlichen Grundvoraussetzungen, um auch als Wirtschaftsförderungsorganisation diese Innovationsfähigkeit leisten zu können. Dabei wäre es zielführend, wenn von den Entscheidungsträgern, d. h. vor allem von den Gesellschaftern, die Wirtschaftsförderung als strategisches Investment angesehen wird, da sie aufgrund ihrer fiskalischen Stabilisierungsfunktion wertstiftend betrachtet werden kann.

Erwartungshaltung nimmt zu

Durch die zunehmende Komplexität und Vielschichtigkeit nimmt zunächst die Erwartungshaltung an die Wirtschafsförderung aus unterschiedlichen Richtungen quantitativ zu. Dies hängt damit zusammen, dass die Anzahl der Player in den Prozessen aufgrund der ganzheitlichen Betrachtung größer wird. Die Zusammenführung der standortbezogenen Wirtschaftslandschaft und anderer wirtschaftsrelevanter Akteure wie Hochschulen, Forschungseinrichtungen, Kammern, Wirtschaftsverbänden, Arbeitsagenturen usw. ist aber für die Qualität und die Tragfähigkeit der Lösungen wichtig. Oftmals wird der Wirtschaftsförderung zu Recht die koordinierende Funktion bei Fragen der Standortentwicklung überlassen oder zugewiesen, was sich aber auf der anderen Seite bei den vielfältigen Partikularinteressen, die zum Ausgleich gebracht werden sollten, als herausfordernd darstellen kann. Dem muss sich der Berufsstand offensiv stellen.

Oftmals sind die gesellschaftsrechtlichen Regelungen, die die Arbeit der Wirtschaftsförderung maßgeblich flankieren ein zusätzlicher "Hemmschuh". Die Zusammenführung der standortbezogenen Wirtschaftslandschaft und anderer wirtschaftsrelevanter Akteure ist wesentliche Aufgabe der Wirtschaftsförderung. Gerade vor dem Hintergrund, dass auch neue Stakeholder von der Wirtschaftsförderung angesprochen und bedient werden sollen, muss sie sich mit einem angemessenen Selbstbewusstsein wie ein Lobbyist für ihre eigene Klientel und die eigenen Interessen einsetzen. Aber auch qualitativ steigt die Erwartungshaltung – allein schon aufgrund der Dynamik in den Prozessen und der Vielfalt der Themen. Gerade Unternehmen erwarten agile und schnelle Reaktionen. Eine flexible Erreichbarkeit unter Inanspruchnahme onlinegestützter Kommunikationsmittel und noch mehr der Gedanke der „One-Stop-Agency" bei den Dienstleistungen der Wirtschaftsförderung wird in Zukunft von den unterschiedlichen Kundengruppen als notwendig erachtet werden, sodass eine Wirtschaftsförderung auch selbst immer mit an der Spitze einer Entwicklung stehen sollte um ihren innovativen Charakter als Mehrwert auch vorzuleben. Um qualitativ die Erwartungshaltung erfüllen zu können, braucht es eine professionelle Analyse von Trends aber auch die Durchführung kreativer Veranstaltungsformate. Es braucht somit ergänzend neue Instrumente, um die verschiedenen Stakeholder zu erreichen und um vor allem der Vernetzungsfunktion gerecht zu werden.

Eine besondere Rolle im standörtlichen Akteursgeflecht übernehmen seit jeher die Gesellschafter der jeweiligen Organisationen, denn sie bestimmen zum einen maßgeblich die Aufgaben und die

Rollen der Wirtschaftsförderorganisationen. Zum anderen ordnen z. B. Unternehmer oder andere Akteure die Wirtschaftsförderung den politischen Entscheidern zu, schieben sie also in ein spezielles Umfeld oder vorverurteilen sie sogar mitunter. Folglich beeinflussen Veränderungen der politisch motivierten Prioritätensetzung die Handlungsmöglichkeiten der Wirtschaftsförderung maßgeblich. Wirtschaftsförderung kann kommunal- und regionalpolitisch also schnell an Bedeutung verlieren, wenn andere politische Themen wichtiger geworden sind. Vollbeschäftigung und Demografie lassen das Ziel Arbeitsplatzschaffung möglicherweise nach hinten rücken, Flächenknappheit verringert den Verkaufsdruck von Gewerbeflächen, Funktionsverlust bzw. -wandel der Innenstädte formulieren neue Aufgabenfelder. Letztlich wirkt sich die Lage bei den Kommunalfinanzen stets unmittelbar auf die freiwillige Aufgabe der Wirtschaftsförderung aus und stellt sie nicht selten zur Disposition.

Um also nicht Spielball oder Getriebene der Politik zu werden, muss sich Wirtschaftsförderung stets bemühen, selbst Impulsgeber und Gestalter zu sein, Marken zu setzen und Profil zu entwickeln und sich als starken lokalen oder regionalen Partner unverzichtbar zu machen.

Rollen der Wirtschaftsförderung

Abgeleitet aus den Aufgaben schlüpft die Wirtschaftsförderung in eine Vielzahl an Rollen. Sie ist Steuerungsinstitution und Koordinator. Sie kann als Mittelstandslotse, Ansprechpartner und Ratgeber bezeichnet werden. Sie ist Vernetzer, Bindeglied, Vermittler und Vermarkter. Sie ist Gestalter, Impulsgeber und Trendsetter. Wirtschaftsförderung ist wie eine Lokomotive, die den „Karren" zieht und die Federführung und kurzfristig auftretende Aufgabenstellungen übernimmt. Und schließlich ist sie auch zunehmend als Projektentwickler und -manager. Die Rolle als Mediator, Krisenmanager (Troubleshooter) und Know-how-Manager übernimmt die Wirtschaftsförderung bedarfsorientiert. Wirtschaftsförderung muss auch als Außenvertreter und Standortmanager aufgefasst werden, da der Erfolg des Standorts beeinflusst werden kann. Durch einen proaktiven Wirtschaftsförderungsansatz muss auf weitere Themen eingewirkt werden, sodass auch die Rolle als Profilgestalter eingenommen werden kann. Diese Aufzählung drückt aus, dass die Branche Wirtschaftsförderung neben der Ebenen-Betrachtung auch im Rollenbild nicht einheitlich zu fassen ist.

Bei all diesen Rollen muss die Wirtschaftsförderung auch aufpassen, den eigenen Kompass und den Fokus nicht aus den Augen zu verlieren. Zwar ist jeder bestrebt sich unentbehrlich zu machen. Daraus jedoch eine Allzuständigkeit abzuleiten, trägt nicht zur Profilbildung und zur Stärkung der Wirtschaftsförderung bei. Die Wirtschaftsförderung muss vielmehr die eigene Rolle unter unternehmerischen und regionalen Gesichtspunkten sehen. Die Organisation an sich und die Verankerung als „Mittelpunkt im Netz" ist dabei in den Blick zu nehmen, denn die kooperative Zusammenarbeit ist und bleibt ein wichtiges Element der Wirtschaftsförderung.

Veränderungen bedürfen Diskussionen nach innen und außen. Wenn aber die Wirtschaftsförderung die Rolle als Standortgestalter der Zukunft ausfüllen soll, muss es dafür eine grundsätzliche Positionierung des Standorts geben, für die auch sachliche Auseinandersetzung mit den Gesellschaftern und politischen Entscheidungsträgern in Kauf genommen und von allen Beteiligten mit der Zielsetzung einer nachhaltigen Standortentwicklung geführt werden müssen. Wirtschaftsförderung und Gesellschafter müssen sich immer wieder gemeinsam auf den Weg machen, geeignete Leitbilder und Konzepte für die Regional-, Kreis- und Stadtentwicklung vorzuhalten und diese in regelmäßigen Abständen auch fortzuschreiben. Denn nicht nur die Regelungen des Gesellschaftsvertrags, sondern auch substanzielle Konzepte, wie z. B. Standort-, Regional- oder Kreisentwicklungskonzepte müssen Leitplanken für die Arbeit der Wirtschaftsförderung sein. In diesem Zusammenhang ist auch zu prüfen, ob die bestehenden Anteilseigner die allein richtigen Akteure sind, um die Herausforderungen der Zukunft vor dem Hintergrund der stärkeren strategischen und ganzheitlichen Ausrichtung angehen zu können.

Eine Herausforderung in diesem Zusammenhang ist die Zuordnung oder gar Abhängigkeit zu bzw. von den Gesellschaftern, sprich im Regelfall von der Politik. Diese erschwert mitunter eine neutrale Wahrnehmung oder Akzeptanz durch einzelne Akteursgruppen, weil die Wirtschaftsförderung zu sehr dem politischen Träger (Landräten, Bürgermeistern, usw.) zugeordnet wird. Deshalb muss Wirtschaftsförderung viel und fair mit unterschiedlichen Interessengruppen kommunizieren, sich dadurch ein eigenes Profil zulegen und akzeptanzfördernd agieren.

Strukturen und Finanzierung der Wirtschaftsförderung

Um mit den Unternehmen Entscheidungsfindungsprozesse für eine zukunftsgerichtete Standortentwicklung organisieren zu können braucht es unternehmerisches Denken und Verständnis in der Wirtschaftsförderung. Auch wenn Wirtschaftsförderung eine klassische Querschnittsaufgabe mit vielfältigen Verästelungen und Verbindungen in die jeweiligen Verwaltungsebenen hinein bleiben wird oder sogar noch zunehmend zu einer solchen werden wird, spricht vieles für privatrechtliche Strukturen, die auch eine entsprechende Experimentier- und Fehlerkultur enthält. Aufsichtsgremien und Beiräte spielen hierbei eine wichtige Rolle; auf der einen Seite in der Wahrnehmung ihrer gesetzlichen Aufsichtspflichten und auf der anderen Seite aber auch als Beratungsgremien im Kontext der Aufgabenbeschreibungen für die Wirtschaftsförderung. Die Wirtschaftsförderung ist einerseits eine freiwillige Aufgabe, andererseits ist sie aber auch Teil der Daseinsvorsorge, da sie elementar für die Standort- und Lebensqualität ist. Vor dem Hintergrund der wachsenden Komplexität und der Verwobenheit der Themen sind agile Arbeitsformen mit interdisziplinären Projektteams ein Schlüssel zum effizienten Ressourceneinsatz. Darüber hinaus ist ein vollständig digitalisiertes Produktportfolio ein „must-have", auch wenn nach wie vor der persönliche Kontakt eine wichtige Basis für die Zielerreichung darstellt. Die eigene Weiterentwicklungsfähigkeit und die dafür notwendige Offenheit müssen gewährleistet sein, da nur so die komplexeren Herausforderungen angegangen werden können.

Die Wirtschaftsförderung kann ihre zugewiesenen und entwickelten Aufgaben nur dann erfolgreich und zukunftsorientiert erledigen, wie ihr personelle und finanzielle Ressourcen für die tägliche Arbeit an die Hand gegeben werden. Hierbei gilt es zunächst den Fokus auf die Aufgaben zu legen und daraus ableitend sich mit den dazu passenden und notwendigen Ressourcen auseinanderzusetzen. Neben den generell zu erledigenden Aufgaben muss aber auch eine Flexibilität mit Blick auf kurzfristige neue Aufgabenstellungen (z. B. neue Förderprogramme) gewährleistet sein. Mehr der Gedanke eines für die Arbeit verfügbaren Budgets, denn der „geplante Verlustausgleich" sollte hier in der (politischen) Diskussion eine Rolle spielen. Aus den definierten Aufgaben heraus lassen sich messbare Zielerreichungskriterien in vielen Fällen ableiten und diese mit einem konkreten Ressourcenbedarf unterlegen. Gedanklich flankiert werden müssen diese Überlegungen aber immer auch vor dem Hintergrund komplexer Anforderungen aus dem Bereich des Beihilfe- und Steuerrechts, was eine zusätzliche Herausforderung in der strategischen Aufgabenplanung darstellt. Über ein solches Vorgehen wird Transparenz für alle Seiten erreicht und ein Management unterschiedlicher Erwartungshaltungen auf der Ebene der Gesellschafter möglich.

Wahrnehmung

Bei derartig komplexen Wirkungszusammenhängen ist die Kausalität mit Blick auf die Mehrwerte und Ergebniserzielung oftmals nicht eindeutig zu belegen. Zwar können Output orientierte Kennzahlen einen Orientierungsrahmen für die Leistungsfähigkeit und Wirkung der Aktivitäten und Maßnahmen der Wirtschaftsförderung schaffen, zur alleinigen Bewertung sind sie aber nicht geeignet. Jährliche Zielvereinbarungen, die einerseits in bestimmten Bereichen durch Kennzahlen unterlegt sind und andererseits die Gesamtheit der Aufgaben und Projekte beschreiben können hierbei ein sinnvolles Instrument zur qualitativen und quantitativen Erfolgsmessung sein. Deshalb muss es der Wirtschaftsförderung auch im Eigeninteresse um eine angemessene Wahrnehmung gehen. Den Stakeholdern und der Öffentlichkeit muss der Stellenwert der Wirtschaftsförderung im ganzen Geflecht bewusster werden. Dazu muss sich die Wirtschaftsförderung aber auch selbst ihrer Einwirkungsmöglichkeiten bewusst sein und diese auch fürs interne Marketing einsetzen. Eine transparente Darstellung der Aufgaben i. V. m. notwendigen Ressourcen und der Darstellung möglicher Erfolgsfaktoren der Wirtschaftsförderung muss hierbei der Anspruch einer jeden Organisation sein. Ein wirtschaftspolitisches Leitbild, dass durch die vernetzten Strukturen der Wirtschaftsförderung entwickelt werden kann, kann als Maßstab der Wirksamkeit eingesetzt werden – inklusive der Aufführung eindeutiger Positionsbestimmungen für den Standort. Dabei darf das Leitbild aber nicht statisch verstanden werden, sondern muss den dynamischen Prozessen gerecht werden.

Dr. Andreas Schumm, Michael Stolte, Barbara Eckes, Jochen Schröder und Rolf Kammann (alle DVWE e. V.)

15.1 DVWE – Positionspapier zur Verfügbarkeit und Entwicklung von Industrie- und Gewerbeflächen in Deutschland vom 9. November 2023

Vorbemerkungen

Der Deutsche Verband der Wirtschaftsförderungs- und Entwicklungsgesellschaften e. V. (DVWE) ist die starke Stimme kommunaler Wirtschaftsförderungseinrichtungen in Deutschland. U. a. führt der Verband in Veranstaltungen und thematischen Arbeitsgruppen Diskurse zu aktuellen Fragen der Wirtschaftsentwicklung und der Wirtschaftsförderung. In mehreren Sitzungen hat die DVWE-Arbeitsgruppe Flächenverfügbarkeit, -entwicklung und -vermarktung sich intensiv mit Fragen zur Industrie- und Gewerbeflächenentwicklung in Deutschland auseinandergesetzt und unter Einbeziehung zahlreicher Experten das nachfolgende Positionspapier erstellt.

Dieses wurde am 9. und 10. November 2023 auf dem Forum deutscher Wirtschaftsförderungen in Frankfurt am Main, an dem über 300 Vertreter kommunaler Wirtschaftsförderungen teilgenommen haben, vorgestellt und diskutiert. Es dient der Information und Sensibilisierung von Entscheidungsträgern und Fachleuten und richtet sich vorrangig an politische Entscheidungsträger, Fachministerien und -behörden, wissenschaftliche Einrichtungen und Institutionen, Unternehmen, Wirtschaftsförderungen und alle sonstigen mit der Thematik Gewerbeflächenentwicklung Interessierte auf Bundes-, Landes- und kommunaler Ebene.

Statusanalyse

Die Vorhaltung und Entwicklung von Industrie- und Gewerbeflächen ist kommunale Aufgabe im Rahmen des Selbstverwaltungsrechts der Städte und Gemeinden. Die Gewerbeflächenentwicklung ist gegenwärtig bestimmt von folgenden Faktoren:

– Die Knappheit von Industrie- und Gewerbeflächen ist ein inzwischen bundesweites Engpassproblem und schwächt den Wirtschaftsstandort Deutschland sowohl bei der Neuansiedlung von Unternehmen als auch in der Bestandsentwicklung für lokale Betriebe.

- Vielerorts gibt es kaum noch unbebaute, beplante oder erschlossene GI- und GE-Flächen (Greenfield). Auch in Bestandsgebieten (Brownfield) fehlen Angebots- oder Umnutzungsflächen für Betriebe.

- Die gemeindliche Flächenentwicklungs- und Flächenvorsorgepolitik wurde kommunalpolitisch lange vernachlässigt und benötigt (zu) lange Vorläufe.

- Die Planungs- und Entwicklungsprozesse und ebenso landesplanerische und baurechtliche Genehmigungsverfahren sind sowohl für die Kommunen selbst als auch für Investoren und Betriebe äußerst zeit- und kostenaufwändig.

- Neu anzusiedelnde, im Zuge einer Rückverlagerung aus dem Ausland zurückkehrende sowie erweiterungs- oder transformationswillige Bestandsunternehmen aus Industrie und Gewerbe finden zu wenig Alternativen für ihre standortbezogenen Entwicklungs- und Investitionspläne.

- Die steigende Bedeutung von Nachhaltigkeits- und Transformationsanforderungen wie z. B. Flächensparen, Ressourcenschutz, Klimaneutralität und Energieeffizienz sowie Belange des Denkmalschutzes und der Archäologie stellt neue Anforderungen an Flächenverbrauch und die Flächennutzung.

- Im kollektiven gesellschaftlichen Bewusstsein haben sich die Wahrnehmung und Bedeutungen von Wirtschaft und Wohlstand stark verändert. Die Sicherung und Schaffung von Arbeitsplätzen, die Entwicklung von Gewerbesteuereinnahmen und der Kaufkraft der lokalen Bevölkerung sowie zahlreiche Aspekte der Gemeinde-, Stadt- und Standortentwicklung werden heute anders bewertet als noch vor 20 Jahren. Wachstum und Wohlstand scheinen garantiert, ohne wahrzunehmen, dass der globale Wettbewerb dazu geführt hat, dass die Wirtschaftsstärke Deutschlands abgenommen hat und der Wohlstand gefährdet ist.

- Die Umnutzung aktueller und potenzieller GI/GE-Flächen zu Energiestandorten (vorrangig Wind, Photovoltaik) schränkt die Verfügbarkeit und das Angebot weiter ein.

- Auch bei Ausgleichsflächen herrscht ein Mangel an Möglichkeiten und Angeboten. Umwelt- und Naturschutzauflagen können im Rahmen der Baurechtschaffung und Erschließung oft nur schwer erfüllt werden.

- Wirtschaft, Industrie, Handwerk, Handel und Unternehmer sind nicht selten Visionäre und Vorreiter nachhaltiger Entwicklung und zum Teil weiter und schneller als Teile der Politik oder der Gesellschaft. Sie benötigen Unterstützung und Förderung bei Transformatoren und ressourcensparenden und -schonenden Prozessen.
- Die beschriebenen Rahmenbedingungen führen an vielen Standorten zu akutem Flächen- und Standortmangel und zu sinkender wirtschaftlicher Wettbewerbsfähigkeit und damit sowohl auf lokaler wie auch auf nationaler Ebene zu einer mangelhaften Zukunftsfähigkeit des Wirtschaftsstandorts Deutschland.

Ziele und Forderungen

Das übergeordnete Ziel einer zukünftigen Industrie- und Gewerbeflächenentwicklung aus Sicht der kommunalen Wirtschaftsförderung ist die Sicherung der Wettbewerbs- und Entwicklungsfähigkeit der Wirtschaft und des Standorts Deutschland durch eine langfristig abgesicherte, nachhaltige Flächenentwicklung und -nutzung. Dabei sollen folgende Prämissen beachtet und Rahmenbedingungen geschaffen werden.

1. Das Nachhaltigkeitsprimat in der Flächenentwicklung muss in vielfältiger Weise berücksichtigt und etabliert werden. Dies bedeutet, Flächen- und Ressourcenverbräuche zukünftig deutlich zu mindern und intensiven Ressourcenschutz zu betreiben. Flächenvorsorge und -entwicklung müssen in einen Einklang mit Nachhaltigkeits- und Transformationszielen gebracht werden. Klimaneutralität und Gemeinwohlinteressen sollen stärker berücksichtigt werden.
2. Grundsätzlich ist der Nutzung bestehender und beplanter Gewerbeflächen Vorrang vor Neuausweisungen einzuräumen. Durch z. B. Verdichtung, Umnutzungen oder Überplanung bestehender Standorte sollen die flächenbezogene Nutzungseffizienz gesteigert, bestehende GI/GE-Gebiete aufgewertet und ein sparsamer Umgang mit z. B. Boden, Energie und sonstigen Ressourcen befördert werden.

3. Der im internationalen Vergleich bereits gut entwickelte Flächen- und Ressourcenschutz in Deutschland soll auch weiterhin einen hohen Stellenwert behalten. Grüne, energieautarke und/oder mobilitätsoptimierte Gewerbegebiete sollen vorrangig entwickelt und befördert werden.

4. Bei der Flächen- und Grundstücksvergabe soll verstärkt eine Anwendung nachhaltiger Vergabekriterien und Scoringmodelle praktiziert werden. Viele Unternehmen betreiben bereits erheblichen Aufwand, um nachhaltiger zu produzieren, und leisten damit oftmals innovative Beiträge, um die Transformation der Wirtschaft voranzutreiben. Sie benötigen ihrerseits aber auch die Unterstützung, um sich entwickeln zu können.

5. Zusätzliche Flächenbedarfe müssen durch nachhaltig ausgewogene Entwicklungs- und Bereitstellungsstrategien abgesichert werden. Es wird es auch zukünftig an vielen Standorten einen Bedarf an neuen Flächen geben. Flächenentwicklung und Nachhaltigkeitsprinzipien schließen sich jedoch nicht aus, sondern müssen vereinbar gemacht werden.

6. Bund und Länder sollen für die zukünftige Gewerbeflächennutzung und -entwicklung geeignete Förder- und Unterstützungsprogramme auflegen, um die Kommunen bei der Optimierung bestehender und Bereitstellung neue Gewerbeflächen zu unterstützen. Die Städte und Gemeinden sind häufig nicht in der Lage, die Gewerbegebietsentwicklung vor Ort mit eigenen Mitteln zu bestreiten. Erschließungsförderungen müssen deshalb auch zukünftig bereitgestellt werden, nachhaltige Aspekte sollen dabei stärker akzentuiert werden.

7. Sowohl die Planungsprozesse der Standort- und Flächenentwicklung als auch (Bau-) Genehmigungsverfahren für Einzelvorhaben und Investitionen müssen entbürokratisiert, vereinfacht und beschleunigt werden. In Deutschland wird viel Zeit und Aufwand für Planungs- und Entwicklungsprozesse und Genehmigungsverfahren benötigt. Dadurch verliert der Standort an Ansiedlungsattraktivität, vor allem bei internationalen Investoren. Vielschichtige Verfahrensvorgaben und zum Teil ausufernde Durchführungsverordnungen führen zu sehr hohen Zeitaufwänden, Ausgleichs- und Ersatzmaßnahmen oder denkmalpflegerische Sicherungsmaßen verursachen unverhältnismäßig hohen Kosten.

8. Entscheidungsträger auf allen Ebenen müssen für die Bedeutung einer nachhaltigen und langfristigen Flächensicherung und -entwicklung sensibilisiert werden. Dies gilt zum einen für die Parlamentarier auf Gesetzgeberebene, aber ebenso für die kommunale Ebene der Stadt- und Gemeindevertreter, die in die Lage versetzt werden müssen, fundierte und rechtssichere Entscheidungen im Rahmen der kommunalen Selbstverwaltung zu treffen.
9. Im Rahmen eines verstärkten gesellschaftlichen Dialogs sollen Bürger und Betroffene verstärkt zur Bedeutung der Gewerbeflächenentwicklung informiert und eingebunden werden. Die Bürger- und Betroffenenbeteiligung soll diskursiv und transparent geführt werden. Sie darf aber nicht entwicklungshemmend oder lähmend wirken. In diesen Diskussions- und Beteiligungsprozessen soll das Gemeinwohlinteresses eine stärkere Beachtung finden.

Weitere Anregungen und Maßnahmenvorschläge

Der nachfolgende Katalog gibt Anregungen und benennt Handlungsmöglichkeiten, wie die vorgenannten Ziele erreicht werden können. Es handelt sich hierbei jedoch nicht um eine finale oder abschließende Auflistung. Vielmehr werden die Vorschläge als Impuls und Diskussionsinput verstanden und sind insofern als Appell an alle beteiligten Akteure in den Zielgruppen gem. Nr. I. zu verstehen. In zukünftige Entwicklungsentscheidungen, von der Gesetzgebungsebene bis zur kommunalen Flächenentwicklungsplanung, sollen die Anregungen aufgenommen und diskutiert werden.

- Erstellung mittel- und langfristiger Strategien und Konzepte für Flächenbedarfe und Flächennutzung für Industrie- und Gewerbeflächen, sowohl auf Bundesebene (vor allem über die Ressorts Wirtschaft & Raumordnung) als auch auf regionaler (Regionalpläne, Raumentwicklungspläne) und lokaler Ebene (F-Plan)
- Überprüfung aller bau-, planungs-, umwelt-, denkmal- und raumordnungsrechtlichen Gesetze und Landesvorschriften, um den Aufwand und die Dauer bei Verfahrensvorgängen deutlich zu verkürzen
- Entbürokratisierung und Beschleunigung von Planungs- und Baugenehmigungsverfahren auf landesrechtlicher und kommunaler Ebene zur Verfahrensbeschleunigung

- Entwicklung alternativer Modelle zur Umsetzung der Eingriffs-Ausgleichs-Regelung und zur ausreichenden Bereitstellung von Ausgleichsflächen
- Aufforderung an die Politik auf Landes- und kommunaler Ebene, der Standort- und Flächenentwicklung wieder mehr Bedeutung beizumessen
- Intensivierung der interkommunalen Zusammenarbeit bei der Flächenentwicklung und verstärkte Entwicklung interkommunaler und regionaler Gewerbeflächenstandorte
- Energieversorgungs- und Mobilitätskonzepte als Planungsbestandteile für die Umnutzung von Bestandsflächen und die Neuausweisung von GI/GE-Flächen mitentwickeln, um die Energiewende voranzutreiben
- Altstandorte (Brownfields) verdichten, sanieren und optimieren
- Neustandorte (Greenfields) vorrangig als grüne Gewerbegebiete entwickeln
- Förderpakete zur Sicherung der Gewerbeflächen schnüren unter besonderer Berücksichtigung der Förderung grüner GE-Gebiete und der Sanierung von Bestandsflächen
- Vorkaufsrechte für Kommunen stärken
- Erbpachtmodelle dort einsetzen, wo sie den Kommunen Entwicklungsmöglichkeiten bieten
- Lokale Vermarktungsstrategien vorausschauend entwickeln. Nicht den schnellen Verkauf, sondern die langfristige gemeindliche Entwicklung fokussieren (Partizipation der lokalen Bevölkerung durch z. B. Mitbestimmung, gute Arbeitsplätze, gemeindlicher Nutzen)
- In der Vermarktung und beim Flächenverkauf verstärkt Bauverpflichtungen an Käufer und Investoren festschreiben
- Bessere und frühere Einbeziehung der lokalen und regionalen Bevölkerung in Planungs- und Entwicklungsprozesse gewährleisten; formale Planungsbeteiligungen zeitlich verkürzen aber nicht einengen; neue frühzeitige und transparente Öffentlichkeitsbeteiligungsmodelle entwickeln.

Deutscher Verband der Wirtschaftsförderungs- und Entwicklungsgesellschaften e. V. (DVWE)

15.2 Verzeichnis der Autorinnen und Autoren (alphabetisch)

Susann Ehrlich (Dipl.-Geografin), Wirtschaftsförderung Landkreis Rostock GmbH

E-Mail: susann.ehrlich@lkros.de

Prokuristin

seit 2011 auch Sachbearbeiterin Regionalplanung im Amt für Kreisentwicklung Landkreis Rostock

„Kommunale/Regionale Wirtschaftsförderung bedeutet für mich …

… vorausschauend zu handeln und gemeinsam pragmatische Lösungen zu finden."

Christian Fink (Dipl.-Ing. oec.), Wirtschaftsförderung Landkreis Rostock GmbH/ Landkreis Rostock

E-Mail: christian.fink@lkros.de

Geschäftsführer

Amtsleiter Kreisentwicklung Landkreis Rostock

„Kommunale/Regionale Wirtschaftsförderung bedeutet für mich …

… Gestaltungsspielräume finden."

Dr. Marc Funk, WTM GmbH Waiblingen

E-Mail: marc.funk@waiblingen.de

Geschäftsführer

1999–2006 Geschäftsführer Stadtmarketing- und Wirtschaftsförderungs-GmbH Kehl; seit 2007 Geschäftsführer WTM GmbH Waiblingen; seit 2019 Geschäftsführer Packaging Valley e. V.; Dozent an den VWA Freiburg und Stuttgart; Lehraufträge an Uni Freiburg und DHBW Mannheim; lfd. diverse Publikationen in wissenschaftlichen Zeitschriften zum Thema „Wirtschaftsförderung und Regionalökonomie"

„Kommunale/Regionale Wirtschaftsförderung bedeutet für mich …

… das Management vielfältiger Schnittstellen zwischen Unternehmen und wirtschaftlichen Einrichtungen gegenüber der Politik und der Verwaltung."

15.2 Verzeichnis der Autorinnen und Autoren (alphabetisch)

Bernd Grundmann (Ing.),
Landkreis Rostock,
Amt für Kreisentwicklung

E-Mail: bernd.grundmann@lkros.de

Sachgebietsleiter Regional- und Bauleitplanung

Beratung der Städte und Gemeinden des Landkreises Rostock in planungsrechtlichen Fragen

„Kommunale/Regionale Wirtschaftsförderung bedeutet für mich ...

... erforderliche Maßnahmen zu ergreifen."

Thomas Hammann (Dipl.-VW FH),
Wirtschaftsförderungsgesellschaft Koblenz mbH

E-Mail: thammann@gmx.de

Bis 12/2024 Geschäftsführer, aktuell Berater

seit 1989 in Leitungsfunktionen kommunaler Wirtschaftsförderungseinrichtungen tätig; zuletzt bis 12/2024 Vorstandsvorsitzender des DVWE; mehrere Jahre Gastdozent DHBw (Kommunal- und Baurecht) und Prüfer an der HÖV, RLP

„Kommunale/Regionale Wirtschaftsförderung bedeutet für mich ...

... den gesellschaftlich und wirtschaftlich Aktiven vor Ort optimale Bedingungen zu bieten oder zu erstellen."

15.2 Verzeichnis der Autorinnen und Autoren (alphabetisch)

Jens Hofschröer,
Stadt Wolfsburg, Wolfsburg Wirtschaft und Marketing GmbH (WMG)

E-Mail: hofschroeer@wmg-wolfsburg.de

Stadtrat für Wirtschaft und Digitales bei der Stadt Wolfsburg, Geschäftsführer der Wolfsburg Wirtschaft und Marketing GmbH (WMG)

Geschäftsbereiche Grundstücks- und Gebäudemanagement, Smart City & IT-Services sowie Zentrales Organisationsmanagement; Wirtschaftsförderung, Stadtmarketing, Citymanagement, Tourismus; Vorstandsmitglied des Vereins 42Wolfsburg e. V.; Mitglied im Beirat des Open Hybrid LabFactory e. V.; Stellvertretender Vorsitzender TourismusRegion BraunschweigerLAND e. V.

„Kommunale/Regionale Wirtschaftsförderung bedeutet für mich ...

... optimale Rahmenbedingungen für Unternehmen zu schaffen, damit sie erfolgreich gründen, wachsen und attraktive Arbeitsplätze sichern können. Dabei verstehe ich mich als Brückenbauer zwischen Verwaltung, Wirtschaft und Gesellschaft, um Wertschöpfung und nachhaltige Entwicklung am Standort voranzutreiben."

Stefan Huber,
Regionale Wirtschaftsförderung Bruchsal GmbH

E-Mail: stefan.huber@wfg-bruchsal.de

Geschäftsführer

Systemischer Organisationsentwickler und TomorrowCoach; Gründer und Vorstand, HubWerk01 – Digital Hub Region Bruchsal e. V. (2018–2022); Referent für Wirtschaft und Infrastruktur, Verband Region Stuttgart (2012); Projektleiter Wirtschaftsförderung, Metropolregion Rhein-Neckar GmbH (2003–2012)

„Kommunale/Regionale Wirtschaftsförderung bedeutet für mich ...

... jeden Tag Neues erleben, inspirierende Menschen kennenlernen und Zukunft aktiv gestalten zu dürfen."

15

15.2 Verzeichnis der Autorinnen und Autoren (alphabetisch)

Dr.-Ing. Thomas Jablonski, Wirtschaftsförderungsgesellschaft für den Kreis Viersen mbH und Technologie- und Gründerzentrum Niederrhein GmbH

E-Mail: thomas.jablonski@wfg-kreis-viersen.de

Geschäftsführer in beiden Unternehmen

15

2000–2005 Geschäftsführer der T+I Technologie- und InnovationsConsult GmbH in Potsdam

2006–2010 Geschäftsführer der Wirtschafts- und Tourismusförderung Oberhavel GmbH

„Kommunale/Regionale Wirtschaftsförderung bedeutet für mich ...

... die Vermittlung wirtschaftlicher Anliegen in politische Gremien sowie die Übertragung wissenschaftlicher Impulse in KMU. Sie schafft durch verschiedene Veranstaltungsformate Plattformen für Netzwerke und gemeinsame Innovationsprojekte. Zentrale Bausteine sind finanzielle Fördermittel, die Vernetzung von Unternehmen und Hochschulen sowie Beratungsangebote für Gründer und Investoren. Wirtschaftsförderungen sollten Dienstleister und erster Ansprechpartner für die regionale Wirtschaft sein. Über ihre Netzwerke ermöglichen sie Zugang zu Hochschulen, Forschungseinrichtungen und Experten und bieten Unterstützung bei vielfältigen Fragestellungen."

Dr. Manfred Janssen, KölnBusiness Wirtschaftsförderungs-GmbH

E-Mail: manfred.janssen@ koeln.business.de

Geschäftsführer

Geschäftsführer EWG Entwicklungs- und Wirtschaftsförderungsgesellschaft für Rheine mbH; Geschäftsführer last mile logistik netzwerk GmbH; Senior Consultant Cell Consulting AG; Berater eurocon GmbH Außenwirtschaftsberatung

„Kommunale/Regionale Wirtschaftsförderung bedeutet für mich ...

... erster Ansprechpartner und Unterstützer für alle Belange der lokalen Wirtschaft zu sein."

15.2 Verzeichnis der Autorinnen und Autoren (alphabetisch)

Rolf Kammann (Dipl.-Ing.),
Deutscher Verband der Wirtschaftsförderungs- und Entwicklungsgesellschaften e. V. (DVWE)

E-Mail: rok@kontor-rk.de

Geschäftsstellenleiter

Dipl.-Ing. Stadt- und Regionalplanung mit über 30-jähriger Berufserfahrung als Unternehmer, Regionalplaner und Wirtschaftsförderer in Mecklenburg-Vorpommern und Sachsen – davon über 12 Jahre als Geschäftsführer einer regionalen Wirtschaftsförderungsgesellschaft – und auf Bundesebene. Seit 2021 Inhaber des Beratungskontors Rolf Kammann in Stralsund mit den Geschäftsbereichen Unternehmensberatung, Wirtschaftsförder-Consulting und Projektentwicklung und -management. Seit 2021 ebenso Leiter der DVWE-Geschäftsstelle.

„Kommunale/Regionale Wirtschaftsförderung bedeutet für mich …

… eine anspruchsvolle und verantwortungsvolle Lebensaufgabe, die Vielfalt, Kreativität und Gestaltungsmöglichkeiten von Standorten bzw. Deutschlands beinhaltet."

Markus Mill,
KölnBusiness Wirtschaftsförderungs-GmbH

E-Mail: markus.mill@koeln.business.de

Strategiemanager

„Kommunale/Regionale Wirtschaftsförderung bedeutet für mich …

… die wirtschaftliche Zukunftsfähigkeit des Standorts aktiv mitzugestalten. Moderne Wirtschaftsförderung schafft Rahmenbedingungen, in denen Unternehmen wachsen, Innovationen gedeihen und Talente sich entfalten können. Dabei agiert sie als Brückenbauerin zwischen Politik, Verwaltung, Wirtschaft und Zivilgesellschaft – lösungsorientiert, strategisch und partnerschaftlich. Ihr Ziel ist es, nachhaltige Wertschöpfung und Lebensqualität in Einklang zu bringen."

15

15.2 Verzeichnis der Autorinnen und Autoren (alphabetisch)

Armin Möller,
Wirtschaftsförderungsgesellschaft für den Kreis Viersen mbH

E-Mail: armin.moeller@wfg-kreis-viersen.de

Projektleiter Fördermittelberatung und Healthy Building Movement, delegiertes Vorstandsmitglied im Business Club Maas Rhein für die WFG

Davor Projektleiter beim Zweckverband euregio rhein-maas-nord, u. a. zuständig für Presse-/Öffentlichkeitsarbeit sowie für div. deutsch-niederländische Projekte. Beruflicher Einstieg als Redaktionsvolontär bei den „Wirtschafts-Nachrichten" (Stünings-Verlag), danach Autor und Redakteur für deutsche, niederländische und belgische Verlagstitel.

„Kommunale/Regionale Wirtschaftsförderung bedeutet für mich ...

... als Dienstleister Unternehmen zu unterstützen, um zu einer bestmöglichen wirtschaftlichen Entfaltung beizutragen. Wirtschaftsförderung agiert im öffentlichen Auftrag und kann aus Wettbewerbs- und Neutralitätsgründen kein Empfehlungsmarketing betreiben. Aufgabe der Wirtschaftsförderung ist es, Zufälle zu organisieren, sodass sich Partner finden können. Netzwerkarbeit, Kenntnis von Region und Mentalität sowie die Nähe zu den Unternehmen sind dafür unabdingbare Grundvoraussetzungen."

Verena Scholz (MA),
Wolfsburg Wirtschaft und Marketing GmbH

E-Mail: scholz@wmg-wolfsburg.de

Strategische Kommunikation der WMG

„Kommunale/Regionale Wirtschaftsförderung bedeutet für mich ...

... in einem engen Austausch mit den Unternehmen vor Ort zu stehen und sie bestmöglich bei ihrer Entwicklung zu unterstützen und zu begleiten – für die Zukunft des stadtgesellschaftlichen Zusammenlebens."

15.2 Verzeichnis der Autorinnen und Autoren (alphabetisch)

Michael Stolte (Dipl.-Kfm. Univ.), Gesellschaft für Wirtschaftsförderung im Kreis Höxter mbH

E-Mail: stolte@gfwhoexter.de

Geschäftsführer

Vor Übernahme der Geschäftsführung im Jahr 2010 sechs Jahre Prokurist in der gleichen Gesellschaft und zwei Jahre Tätigkeit als Referatsleiter Wirtschaftsförderung bei der IHK Ostwestfalen zu Bielefeld.

„Kommunale/Regionale Wirtschaftsförderung bedeutet für mich ...

... die Vertriebsorganisation für die kreisangehörigen Kommunen zu sein und ein Dienstleistungsportfolio von hoher Qualität vorzuhalten, welches Bestandsunternehmen am Standort und ansiedlungswilligen Unternehmen Beratungsleistungen und Informationen aus einer Hand anbietet."

Marie Ting, Südwestfalen Agentur GmbH

E-Mail: m.ting@suedwestfalen.com

Prokuristin und Mitglied der Geschäftsführung, Leitung Regionalmarketing

Visionärin und Leiterin des Regionalmarketings in Südwestfalen seit der Idee in 2012; Beiratsvorsitzende im Gründernetzwerk Südwestfalen; Jurymitglied Kunstpreis Fobikus; Jurymitglied Junge Spitzenforschung an der TU Dortmund

„Kommunale/Regionale Wirtschaftsförderung bedeutet für mich ...

...vernetztes, kreatives, lösungsorientiertes Denken und Handeln."

15

15.2 Verzeichnis der Autorinnen und Autoren (alphabetisch)

Matthias Ullrich,
Wirtschaftsförderungsgesellschaft Hildesheim Region (HI-REG) mbH

E-Mail: gf@hi-reg.de

Geschäftsführer

Stellvertretender Vorstand des Netzwerks der Wirtschaftsförderungseinrichtungen in Niedersachsen e. V.; Vorstandsvorsitzender des Open MINT in der Region Hildesheim e. V.

15

„Kommunale/Regionale Wirtschaftsförderung bedeutet für mich ...

... nicht, Zuständigkeiten festzustellen, sondern Verantwortung zu übernehmen für die Mitgestaltung der wirtschaftlichen Entwicklung."

Jens Wrede,
WLH-Wirtschaftsförderung im Landkreis Harburg GmbH

E-Mail: wrede@wlh.eu

Geschäftsführer

Jens Wrede war in verschiedenen norddeutschen Wirtschaftsförderungsgesellschaften als Innovationsmanager und Geschäftsführer tätig. Insbesondere die Geschäftsführung eines An-Instituts für Technologietransfer an der FH Westküste in Heide prägten den Blick auf die Bedarfe der Wirtschaft, um neue Technologien in ihren Betrieben umzusetzen. Die Leitung mehrerer ZIM-Projekte hat ihm die Vorteile von betrieblichen Entwicklungskooperationen gezeigt, die sich in der Praxis der Wirtschaftsförderung gut umsetzen lassen.

„Kommunale/Regionale Wirtschaftsförderung bedeutet für mich ...

... lösungsorientierte Projektarbeit mit Unternehmen, die mit Ideen und Innovationen zur Zukunftssicherung unserer Standorte und Arbeitsplätze beitragen wollen."

Stichwortverzeichnis